U0522883

中华当代学术著作辑要

寻求自然秩序中的和谐

中国传统法律文化研究

梁治平 著

商务印书馆
The Commercial Press

图书在版编目(CIP)数据

寻求自然秩序中的和谐:中国传统法律文化研究/梁治平著.—北京:商务印书馆,2022
(中华当代学术著作辑要)
ISBN 978-7-100-20652-5

Ⅰ.①寻… Ⅱ.①梁… Ⅲ.①法律—传统文化—研究—中国 Ⅳ.①D909.2

中国版本图书馆 CIP 数据核字(2022)第 016597 号

权利保留,侵权必究。

中华当代学术著作辑要

寻求自然秩序中的和谐
——中国传统法律文化研究

梁治平 著

商务印书馆出版
(北京王府井大街36号 邮政编码100710)
商务印书馆发行
北京通州皇家印刷厂印刷
ISBN 978-7-100-20652-5

2022年4月第1版　　开本 710×1000　1/16
2022年4月北京第1次印刷　印张 24¼
定价:148.00元

中华当代学术著作辑要
出版说明

学术升降，代有沉浮。中华学术，继近现代大量吸纳西学、涤荡本土体系以来，至上世纪八十年代，因重开国门，迎来了学术发展的又一个高峰期。在中西文化的相互激荡之下，中华大地集中迸发出学术创新、思想创新、文化创新的强大力量，产生了一大批卓有影响的学术成果。这些出自新一代学人的著作，充分体现了当代学术精神，不仅与中国近现代学术成就先后辉映，也成为激荡未来社会发展的文化力量。

为展现改革开放以来中国学术所取得的标志性成就，我馆组织出版"中华当代学术著作辑要"，旨在系统整理当代学人的学术成果，展现当代中国学术的演进与突破，更立足于向世界展示中华学人立足本土、独立思考的思想结晶与学术智慧，使其不仅并立于世界学术之林，更成为滋养中国乃至人类文明的宝贵资源。

"中华当代学术著作辑要"主要收录改革开放以来中国大陆学者、兼及港澳台地区和海外华人学者的原创名著，涵盖文学、历史、哲学、政治、经济、法律、社会学和文艺理论等众多学科。丛书选目遵循优中选精的原则，所收须为立意高远、见解独到，在相关学科领域具有重要影响的专著或论文集；须经历时间的积淀，具有定评，且侧重于首次出版十年以上的著作；须在当时具有广泛的学术影响，并至今仍富于生命力。

自1897年始创起，本馆以"昌明教育、开启民智"为己任，近年又确立了"服务教育，引领学术，担当文化，激动潮流"的出版宗旨，继上世纪八十年代以来系统出版"汉译世界学术名著丛书"后，近期又有"中华现代学术名著丛书"等大型学术经典丛书陆续推出，"中华当代学术著作辑要"为又一重要接续，冀彼此间相互辉映，促成域外经典、中华现代与当代经典的聚首，全景式展示世界学术发展的整体脉络。尤其寄望于这套丛书的出版，不仅仅服务于当下学术，更成为引领未来学术的基础，并让经典激发思想，激荡社会，推动文明滚滚向前。

商务印书馆编辑部

2016年1月

目　　录

再版前言 …………………………………………………… 1
题记 ………………………………………………………… 13

导言 ………………………………………………………… 15
第一章　家与国 …………………………………………… 21
第二章　刑法律 …………………………………………… 46
第三章　治乱之道 ………………………………………… 69
第四章　《法经》与《十二表法》 ……………………… 104
第五章　个人 ……………………………………………… 121
第六章　阶级 ……………………………………………… 143
第七章　义利之辨 ………………………………………… 167
第八章　无讼 ……………………………………………… 195
第九章　礼法文化 ………………………………………… 224
第十章　礼与法：道德的法律化 ………………………… 257
第十一章　礼与法：法律的道德化 ……………………… 283
第十二章　自然法 ………………………………………… 329
第十三章　转捩点：过去与未来 ………………………… 353

参考文献 …………………………………………………… 365
索引 ………………………………………………………… 372
后记 ………………………………………………………… 382

再 版 前 言

  本书完成于1988年,出版于1991年。过了这么长时间再回过头来看这本书,一方面感到其中尚有许多不能令人满意的地方,另一方面又觉得有可能重新把握它的主旨。

  正如我自己曾经一再强调的,本书是一种所谓"事实研究"。然而,这样说究竟是什么意思呢?是说我所做的就是完全客观地观察和描述"历史事实"吗?如果是这样,就可能引出下面的问题:我们实际上有可能不偏不倚、不存任何偏见地去研究"事实"吗?而且,是不是真的有这样一种"事实"在那里等着我们去发现呢?卡西尔认为,历史学的事实是符号性的而非物理性的,这种事实只存在于历史学家的工作当中。① 其实,不只历史事实如此,当下的事实也是如此。克利福德·格尔兹(Clifford Geertz,也有学者译为"吉尔兹"或"格尔茨")指出,人类学知识的源泉不是社会实在而是学者们的人造之物。② 说到底,无论历史学家还是人类学家,他们所面对和处理的"事实"都是文化的,因此也都是符号的。而"发现"和了解这种事实的惟一办法,不管我们承认与否,只能是解释。那么,解释有可能不偏不倚、完全客观吗?如果我们承认人的有限性,则我们的回答就一定是否定的。事实

---

  ① 参见〔德〕卡西尔:《人论》,甘阳译,上海译文出版社1985年版,第十章。
  ② 参见〔美〕吉尔兹:"深描说:迈向解释的文化理论",于晓译,载《文化:中国与世界》(1)。

上,现代阐释学正是基于人类存在的有限性而建构其认识理论的。说到这里,人们也许更有理由追问,既如此,你所说的"事实研究"到底是什么意思?与其他人的法律史研究相比,它又有什么特别之处?

"事实研究"这种提法,一方面可用以标示本书的性质,同时也可以用来强调研究者的立场,即旨在辨别异同而不是比较优劣,说得更明白些,本书所关注的不是"应当怎样"一类问题,而是"实际怎样"以及"为什么这样"的问题。当然,这样的问题也可以不同方式提出,比如历史学的方式,①或者,社会学的方式。② 而本书所采取的却可以说是解释学的方式。这首先是因为,我从一开始就把所要探究的"事实"自觉地视为文化的和符号的。这就是为什么本书的副标题写作"法律文化研究"。

"文化"的定义很多,我比较倾向的是格尔兹一派的观点,即把文化视为一个符号学的概念,认为文化就是人们自己编织并且生活于其中的所谓"意义之网"。③ 这样一来,我所谓"事实研究"就不是"一种寻求规律的实验科学,而是一种探求意义的解释科学"。④ 当然,历史研究不同于人类学研究或者哲学研究,况且本书原本不是按照某种人类学或哲学观点来设计的。那么,是什么使我把它说成是"解释的"?换句话说,本书采用的分析方法在哪些地方表明了所谓文化的立场和解释的取向?

---

① 这种方式可以杨鸿烈的《中国法律发达史》(商务印书馆1930年版)为代表。实际上,杨氏以前和以后的绝大多数法律史著作都属于这一种。

② 这种方式可以瞿同祖的《中国法律与中国社会》(中华书局1981年版)为代表。另一部关于清代法律的杰出的社会学研究是:Sybille van der Sprenkel, *Legal Institution in Manchu China*, London:The Athlone Press,1962。

③ 参见吉尔兹:"深描说:迈向解释的文化理论"。又可以参见林同奇:"格尔茨的'深度描绘'与文化观",载《中国社会科学》1989年第2期。

④ 吉尔兹:"深描说:迈向解释的文化理论",第263页。

用我当时习用的说法，本书所要探究的乃是植根于特定"文化式样"中之特定的"法的精神"。文化式样的说法，暗示文化是在不同类型的意义上来把握的。文化类型由长期的历史经验中形成，其中，一个社会的早期经验尤其重要。文化类型概念的提出，有助于我们从文化内部的立场去了解一种文化。而"理解一个民族的文化"，正如格尔兹所说，"即是在不削弱其特殊性的情况下，昭示出其常态。（我越是努力地仿效摩洛哥人所做之事，他们就越发显得合逻辑，富有独特性,）把他们置于他们自己的日常系统中，就会使他们变得可以理解。他们的难于理解之处就会消释了。"①显然，这种可以称之为"同情的了解"的立场，也是所谓"事实研究"的题中应有之义。

本书采用了一些拟人化的说法，如谓"文化性格""法的精神""文化选择"等等。我相信，文化类型在某种意义上也是人们选择的结果。这种选择不仅表明了人们的好恶，而且表明了他们关于生活意义的思考。从这个角度看，则包括法律在内的社会制度就不仅仅是安排社会生活和解决社会问题的工具和手段，它们同时也是特定人群价值追求的某种显现。换言之，法律并不只是解决纠纷的手段，它也是传达意义的符号。当然这并不是说，一个社会中法律的内容和形式与这个社会的物质发展状况毫无关系，而是说，法律从来都不是物质发展状况的简单反映。归根到底，法律是人创造出来的，而人对于世界的反映必得通过文化这一中介。法律因此而秉有"客观"与"主观"、"反映"与"创造"两重性质。以往的中国法律史研究，或多或少都是由"客观"的方面入手，而不注意法律的符号意义。本书的进路正好与之相反。它并非不理会法律的社会功能，但是它更注重其文化意义，或说"制度的文化性格"。所以，它总是追问法律安排（既包括内容，也包括形式）后面

---

① 吉尔兹："深描说：迈向解释的文化理论"，第276页。

的"根据"。直到今天，我仍然把这一点视为文化分析的要义之一。

以往的法律史研究，因为主要从客观的方面入手，多半趋于求同，即把世界上各种不同的法律制度，分配于统一的人类发展图式的各个不同阶段上，其中的差异，不过是程度上的。这里所包含的预设也在很大程度上支配了中国法律史的研究，不论这些研究是否以"比较"的面目出现。本书以"法律文化"相标榜，正是要导入一种新的研究范式，据此，求同为辨异所取代。同中之异被强调，而且往往被认为不可通约，因为它们出于不同的文化类型，而这些类型本质上是不可通约的。这里，对文化类型的强调，不但暗示要反对比如"西方中心主义"一类文化和种族的"中心主义"，而且表明将反对现代人自以为是的"现代中心主义"。问题是，以往关于中国古代法"是什么"的论说带有太多不自觉的文化的和时代的"偏见"，这使得本书关于"是什么"的论说往往要从"不是什么"开始，结果是加重了它的辨异色彩。

作为一种有效的方法，辨异往往从严格的语词分析入手。我假定语言与文化的关系密不可分，假定一个民族的语词浓缩了这个民族的经验，以至人们可能沿着语词的轨迹追溯乃至再现这个民族的历史与文化。在此背景之下运用的语词分析方法，既是批判性的，也是建设性的。批判性的一面，主要表现在有关"不是什么"的分析中。如上所述，以往关于中国古代法"是什么"的研究因为受各种偏见影响，颇多似是而非之处。这方面最明显也最常见的事例就是将现代学术的概念和术语硬套在历史材料上面。又由于通行的所谓现代学术概念、范畴和分类基本上来源于西方，上述做法就不仅是"现代中心主义"，同时也是"西方中心主义"的。本书就法、法律、道德、公法、私法、刑法、民法、法治和自然法等概念所作的辨析，首先就是针对这种情况。这是进入"事实研究"的第一步。

语词分析同时具有正面的和建设性的意义，这一点显而易见。本书关于国、家、刑、法、律、公法、礼法、自然、礼、义、利、公、私以及治人与治法等概念的分析可以为证。然而，字源的考证与字义的辨析既不是我所谓语词分析的全部内容，也不是本书的主旨所在。它们只是帮助我深入不同经验世界的一些必要和有效的办法罢了。一个与此相关的问题是，这种借助于语词去了解他人的观念，进而深入不同经验世界的做法，是否就是历史学家们常说的使自己置身于另一个时代，依当时人的概念和观念而不是我们自己的概念和观念去思考？据说只有这样才可能确保历史的客观性。但这显然不是我所要追求的目标。上面的讨论业已表明，这种所谓历史的客观性乃是虚妄的，因为任何人都不可能脱离开自己的"视域"去观察和了解世界。因此，问题就不简单是怎样丢弃自己（它既无可能也无必要），而毋宁是如何在置身于某种历史视域的同时，既超越自己固有的视域，也超越此一历史的视域，并通过此二者之间循环往复而又富有成效的对话实现某种更高程度的统一。①语词分析的重要性在这一点上也表现出来。当然，它的内容在这里远不止于对字词的考辨，而是包括对我们惯常使用的许多似乎具有无可辩驳之普适意义的概念、范畴、分类、原则乃至学说的重新审视。由于概念和范畴（更根本地说，语言）是我们观察和认识世界必须依靠的中介，这种知识自觉意义上的语词分析就成为理解的先决条件。又由于这里对语言的重新审视是借助于各种特殊经验（各种不同的视域）来进行的，最后达致的结果就可能是富有新意的。

解释学的立场如此强调认识活动中的主观性，以致否认有那种外在于人并且与人类认识活动全然无关的所谓"客观实在"，这是否意味着解释活动无所谓客观性，解释的结果无从衡量因而解释也可以任意

---

① 参见〔德〕加达默尔：《真理与方法》，洪汉鼎译，上海译文出版社1992年版，第373—394页。

而为？应当承认，解释性知识不像科学知识那样可以累积性增长，毋宁说它更接近于艺术性知识。"诗无达诂"，解释的可能性也是无限的。不过，解释有好坏和优劣的差别，"对于任何事物——一首诗、一个人、一部历史、一项宗教仪式、一种习俗、一个社会——一种好的解释总会把我们带入它所解释的事物的本质深处"。① 在格尔兹那里，好的解释不但是层层深入和论辩巧妙的，而且是具有客观性的，他通过使符号形式的分析尽可能紧密地与具体的社会事件和场合，即普通生活的公众世界联系在一起，来抵制主观主义和神秘主义。②

格尔兹所提示的原则也适用于历史研究，只不过，历史研究不大可能建立在直接观察上面，所以，历史解释的客观性部分要靠坚实的材料来保证。当然，材料本身并不能说明什么，意义只能通过解释得出。同样，遵循那些材料运用中最起码的规则只是防止任意妄为的基本条件。这些规则并不能告诉我们选择什么样的材料和怎样组织这些材料。在1980年代，甚至直到今天，我们经常能够看到那种语录式的文化研究，即从一些历史人物的思想和言论出发去构想所谓中国文化。这种方式的解释，即使合乎语词解释的规则，也注定是缺乏说服力的。因为文化乃是内涵丰富的复杂整体，而思想只是其中一部分，况且一种言论或者思想的含义经常不很确定，同一个人的言论和思想也往往前后不相连贯甚至自相矛盾。结果，这类研究引致的混战和造成的混乱几乎无限地超过它们可能取得的成绩。本书小心地避免落入这种陷阱，尽管它同时也非常重视历史上的思想。我采取的办法是把思想史的材料同制度史以及稍低程度上社会史的材料放在一处，在其中寻找共同的东西；探查同一时代各主要思想派别争论的问题，看它们所争的是什么，不争

---

① 吉尔兹："深描说：迈向解释的文化理论"，第281页。
② 参见同上文，第294—296页。

的又是什么;追溯那些在历史上长期困扰和激动人们的主题,看在无数细微而重大的变化之中,可有什么不变的和很少变化的。在我看来,那些共同的、不争的和不变的,即是这文化中埋藏较深也较具恒久意义的东西。这里,强调学科的和材料的分界是没有意义的,器物、思想、文字、言辞、事件和行为,所有这些都是符号,问题只是如何通过一种好的解释把它们连缀成一个有意味的结构。

作为一种"事后"的总结,以上关于本书的说明就只能是对于解释的解释,而且,后一种解释也像前一种解释一样,不可避免地要把解释者的主观活动带进去。具体地说,这种"事后"总结包含了我最近几年对自己以往研究的思考在内。不过,这里的理论阐述又确实不简单是此刻从外面附加上去的,它们的基础是在以往的研究里面,只不过,当时那些具有理论意义的思考通常只是贯彻在对具体问题的分析当中,而较少集中和系统的阐述。在此意义上,前面的说明又不妨理解为一种描述性的总结。然而,这样说并不意味着本书可以被视为实践此种理论的典范。因为,这里所描述的东西首先是它努力去追求的目标,而不是已经完成的使命。那么,它的尝试成功吗?它所作出的解释有说服力吗?甚至,它为自己设定的目标有可能达到吗?以上面提到的"事实研究"为例,本书真的摈除了一切价值判断而只问"事实"吗?且不说它是否能够始终如一地坚持这一点,它依靠什么做到这一点?退一步讲,即使本书确实只是探究而非评判"事实",那些它所感兴趣的"事实"又是根据什么标准被选定的呢?如果说,对问题的取舍本身就不能免于价值判断,那是否意味着,问题的答案可能已经潜在地包含在问题提出的过程之中?关于这些,它实际上具有多少自觉?或者,即使意识到了,又有什么方法能够在整个研究过程中保持开阔的眼界而避免偏狭之害?这些问题都可以针对本书提出。

本书完成之时,我以为自己关于这一主题的研究可以告一段落,然而很快我就发现,事实远非如此。在过去的五年里,我发表了一些与本书主题相关的研究,它们不但扩大和丰富了我原来的研究,而且因为提出一些新的有意义的问题而有可能深化这一主题。下面提到的是这些研究中主要的两项。

1993 年发表的论文"法律的文化解释"①试图就我以往的"法律文化研究"作某种相对系统的理论思考,这时,它实际是以本书为主要省思对象的。自然,这也是那种事后总结,是解释的解释。在从实践向理论的升华中,问题一步步深化了。在我看来,这是正常的,也是可欲的。如果理论与实践的关系完全是一一对应的,则理论讨论与实践探索都将失去意义。这里,所谓"文化解释"的分析方法虽然来自一些具体研究,它的意义却不以这些具体研究为限。它可以用来指导许多新的研究,我们也可以而且应当通过这些新的研究进一步检验其有效性,探寻它可能具有的潜在意义。这方面的考虑可能决定我未来几年里的研究课题,而无论该文还是那些将来的研究,都可以在某些方面被视为对本书的回应和对相关主题的深入。

另一项研究完成于 1995 年上半年。这部关于清代习惯法的论著,②就像上面提到的文章一样,也是紧接着本书中的问题写成的。

本书曾以相当大的篇幅讨论中国古代的"民法"问题。在西方文化传统中,民法的学说和理论具有极其广泛和重要的影响,它们不仅模塑了西方古代和近代的法典,而且深深渗入到西方人的思想和思维之中。与此形成鲜明对照的是,这个在西方文化和法律传统中具有如此重要意义的部分在中国古代社会完全没有对应物。这意味着什么?

---

① 该文原载于《中国社会科学季刊》(香港)1993 年第四卷,后收入梁治平编:《法律的文化解释》,生活・读书・新知三联书店 1994 年版。

② 详见拙著《清代习惯法:社会与国家》,中国政法大学出版社 1996 年版。

以往的学者着眼于中国古代没有"民法典"以及古代法典中"民事"规定少一类表层现象，或谓中国古代民法不发达，或谓中国古代法乃是"诸法合一"（一种经常用来概括早期法典特征的说法）。这种主要（通常是无意识地）从现代的和西方的立场去看待中国古代法的做法，没有例外要遮蔽对象物的自主意义，从而导致其完整性的丧失。本书认为，就其固有形态而言，中国古代法已足够成熟，而根据其内在逻辑，不但民、刑分立缺乏依据，私法之说更是一种自相矛盾。中国古代法自有其统一性，这种统一性植根于文化，因此，法律应该首先根据它置身于其中的文化的类型来把握。如果说，孕育了罗马私法同时又深受其影响的西方文化可以被恰当地称为"私法文化"的话，中国文化则可以在同样意义上被说成是"礼法文化"，而在这种所谓"礼法文化"里面，"民法"或"私法"自始便无由产生。

在这个例子里，西方的法律被引为一种参照，但是这种参照不是"硬"的和惟一的，也就是说，它不是一个简单的取舍和评判的标准，相反，它是"软"的和流动的。引入这一参照乃是为了更好地了解和说明中国法律文化的特质（尽管以西方而不是其他文化为参照这一点，除理论上的考虑之外，明显也有现实的原因）。着眼于这些，我认为本书的分析仍然是独特的和值得重视的。问题是，就中国传统法律文化这个大题目而言，这种分析是不是完全的和充分的呢？如果我们稍作改变，更多考虑到法律解决社会问题的实践品格而不只是其符号意义的话，研究视野的扩展以及研究方法的综合就是必要的和有益的了。

本书虽然多次谈及精英文化与大众文化之间的对立和互动，并且认为这一类关系可能是我们理解中国文化性格形成与发展的关键，实际上却没有就这些问题展开深入的讨论。严格说来，本书关注的基本是人类学家所说的"大传统"，即来自国家的、统治者的和精英的文化传统，而非大众的和民间的各种传统。应该说，在诸如中国这样历史悠久、文明发达的文化中,"大传统"的影响无论如何都是不可低估的。然而,同样明白的是,单由"大传统"入手又是不够的。在诸如"民法"这样的问题上,这种认识尤其重要。因为自唐、宋以降,中国社会内部有了相当大的变化,特别是在经济生活方面,出现了许多民间的交往形式。进入明、清以后,随着社会人口的急剧增加,这方面的发展更加令人瞩目。这种情形与国家法(首先是作为一种符号体系)的相对不变形成鲜明对照。而这可能意味着,对这一方面社会要求的满足主要是在"小传统"中求得。

《清代习惯法:社会与国家》一书系统讨论了清代习惯法的性质、功用、特征、表现形态以及它在当时社会中的位置等一系列重要问题,其中也包括作为"小传统"的习惯法与作为"大传统"的国家法之间的种种复杂关系。尽管这些问题主要是以清代为背景提出,实际具有广泛得多的意义。因为习惯法的传统渊源久远,而且这种传统本身也只是所谓"小传统"中具有自身形态的一支。那么,应当如何看待包括习惯法在内的"小传统",如何把握"大传统"与"小传统"之间的关系,如何透过这些本身就很复杂的传统和它们之间更加错综复杂的关系去理解整个文化,以及如何在此更加广大的背景下运用文化解释的方法,这些都是可以进一步思考的问题。

最后,可以谈谈有关本书修订的几个问题。

本书最初由上海人民出版社1991年印行。初版本存在若干问题,它们主要集中在两个方面。第一个方面是技术性的:原书所引用的古代文献的底本不尽相同,引文也未曾仔细核对,注解体例亦有不一致的地方,这些主要是因为交稿时间紧迫,成书过于仓促的缘故。此外,书中因排版造成的错误亦甚多,这些都亟需改正。第二方面的问题涉及一些措词和字句:有些地方提法欠妥或不够准确,有些地方甚至有情绪化的用语,这些均有害于学术思考的完整性和严肃性,也是需要改过的。到了 1992 年 6 月，一个比较完整的修订本完成了。除上面提到的订正之外，这个稿本还就原书作了局部的损益。这番工作基本不改动原书论点，但有刈除繁冗、充实材料之功。这类改动主要集中于本书第七章第四节、第九章第七和第八两节、第十一章第十三节及第十二章第四节等处。遗憾的是，这个订正后的稿本始终没有机会付梓。事实上，本书自 1991 年出版，迄未重印，而其初版印数只有 2000 册，以致从一开始就很难在坊间见到。这次再版除了在 1992 年稿本的基础上增补了少量注释和修改了个别字句之外，又编制了"参考文献"和"索引"附于书后。总的来说，这个修订本没有改变原书的结构和基本观点，而只是使它变得完善些了。这样说并不表明我认为本书不再有改善的余地。相反，如果现在有可能重写此书，我大概会作甚至是结构性的调整。问题是，本书早已写成，它反映了我阶段性的研究成果，我没有理由在原来的书名和篇章中作大量内容上的改变，以致令一段历史面目全非，更何况本书所取的基本立场、方法和其中一些主要论点至今仍为我自己所坚持。又由于上面提到的原因，社会想要了解这项研究的要求未能满足。在此情形之下，出这样一个修订本也许是必要的和有益的。

我希望本书的再版能进一步促进有关的研究，更希望通过这些研究，我们能够获得更多和更深的对于历史、社会、法律和文化的了解。

梁 治 平

1995 年 7 月写于北京万寿寺寓所
1996 年 10 月订正

那时,天下人的口音、言语,都是一样。他们往东边迁移的时候,在示拿地遇见一片平原,就住在那里。他们彼此商量说:"来吧!我们要作砖,把砖烧透了。"他们就拿砖当石头,又拿石漆当灰泥。他们说:"来吧!我们要建造一座城和一座塔,塔顶通天,为要传扬我们的名,免得我们分散在全地上。"耶和华降临要看看世人所建造的城和塔。

耶和华说:"看哪!他们成为一样的人民,都是一样的言语,如今既作起这事来,以后他们所要作的事,就没有不成就的了。我们下去,在那里变乱他们的口音,使他们的言语彼此不通。"于是,耶和华使他们从那里分散在全地上;他们就停工不造那城了。

——《旧约·创世记》11:1—8

导　言

　　法律，作为社会的有组织的暴力，或者某种专门的社会控制手段，原是所有文明共存的现象。然而正好比文明本身可以划分为不同类型一样，从属于不同文明的法律也各不相同。不同的人群以不同的方式看待和解释世界，他们评判事物的标准不同，据以行动的准则，以及因此而形成的行为模式也大不相同。由这里，不但产生了特定的文化样式，也产生了各种不同的法的精神。

　　孟德斯鸠曾经于历史中去寻求法的精神，我们却要在文化中探求法的精神。这仍然是一种历史研究，只是把重点放在了制度的文化性格上面。法律制度中的文化因素曾被人说成是"整合（有效的法律）制度，决定这一法律制度在整个社会文化中位置的价值和态度"①。法律文化所要研究的，首先就是这样一种价值和态度。它要问，人们如何看待法律？他们是否愿意通过法院来解决纷争？法官们受过什么样的训练？他们实际上怎样判案？法律与宗教的关系怎样，与道德的关系又怎样？法在整个文化中居于何种地位？它有何种社会功能？它对此一社会中的成员具有什么样的意义？等等。对于这些问题的回答，显然超出一般法律制度史、思想史乃至历史社会学的研究。它要通过文化来阐明法律，透过法律来审视文化。其结果，无论它所论及的法律在它

---

① Lawrence M. Friedman, Legal Culture and Social Development, *Law and Society Review*, Vol. 4, No. 1, p. 34.

们各自社会与文化中的地位和意义怎样不同,这种研究本身却是同等重要的。它们必须涉及的领域同样宽广,需要解决的问题同样复杂,当然,最后的收获也可能同样丰厚。

就中国传统法律文化的研究来说,困难首先在于,如何认识和把握所谓"文化"? 根据什么样的原则对头绪纷繁的史料剪裁、取舍? 以及,怎样由其中抽取出中国文化的"性格",中国古代法的"精神"?

今天我们知识界谈论的"文化",已经越来越像是一门玄学。而实际上,作为一种实际支配着人类生活的活生生的东西,文化完全是经验之物。它固然可以是某个圣者的哲学认识,但也可以是青铜器物上的某种纹饰;它不但凝聚在古代的园林、建筑里面,而且也表现在人们日常生活的言谈举止之中。在这层意义上说,古代话本小说中的"文化",并不比圣贤经典中的"文化"更少,或者更不值得重视。我们没有理由只看重经典乃至圣人语录,却完全忽略了数量要多得多的普通文献。同样,我们也没有理由只在文献材料中来寻找和论证"文化",而将器物、建筑等非文献材料弃置不顾。当然,这并不意味着所有的文化符号都具有同等价值。史料的意义相对于问题而有所不同。有时,史料的真伪对于论题可能至关重要,但是换一种场合,伪史的价值也可能丝毫不低于信史的价值。我们可以而且应当综合运用所有可能得到的历史材料,通过这些材料的比较、参照和相互印证,求得文化的性格,法的精神。

诚然,文化是一种复杂的系统,它不但有着多种渊源,而且可以依据不同的标准划分出许多不同的层次。这些不同的渊源和层次既有联系又有区别,并且在历史上的不同时期,程度不同地参与创造了传统。它们之间的相互影响和作用,是我们理解中国文化的关键。

有一种很有力的意见认为,中国古代法基本上只是儒家思想的产物。埃斯卡拉(Escarra)写道:"从远古一直到19世纪终了,中国知道并且使用一种非常独特的、与大多数西方国家所接受的希腊、罗马观念极不相同的法的概念。这一中国的概念虽然不是儒者们创造,但至少是为他们异常精确地表述出来的。或许可以说,两千五百年来,中国是靠着'儒家的玄想'来维持的,靠着它关于人类秩序与自然秩序相互作用的理论,关于君主对社会与宇宙之间和谐负责的理论,关于依靠对礼仪的示范和遵守而非法律和惩罚而达于和谐的理论。中国实在法所特有的近代法典编纂之前的表征,就浸淫于这种玄想之中。"① 一位严肃的中国学者也认为,"二千年来华夏民族所受儒家学说之影响最深最巨者,实在制度法律公私生活之方面"。② 这些看法虽然不无道理,但是我们既要探寻文化的性格、法的精神,就不能只专注于儒家一脉。中国历史上有过众多的思想派别,儒家仅其中之一,它在与其他思想派别的对抗与交流中成长起来,自不能避免兼收并蓄,吐故纳新。有时,对抗正是建立在某种文化的共识之上。先秦儒、法之争建立在当时人对"法即是刑"的共同认识上面;由先秦一直延续至清代的义利之辨,则隐含了"去私"的共同前提。这些共同的认识和前提乃是异中之同,它们往往隐而不彰,悄悄地贯穿于文化的始终,可以说是未经省察的传统。文化的真精神,便体现在这些未曾经过省察和批判而又一以贯之的传统里面。因此,我们不会像古代法研究者通常所做的那样,对中国古代文明生长初期的历史——那无论对于古代法还是古代文明都是至关重要的一段历史——轻描淡写,一笔带过,或者,竟至不置一语;我们也不会对历史作出"非此即彼"的划分,把先秦法家和儒家截然对立起来,又把秦或秦汉时期的法律说成是纯法家的,视魏晋以后的法律为纯

---

① 转引自:Yoshiyuki Noda,The Far Eastern Conception of Law,in *International Encyclopaedia of Comparative Law*,Vol. II,*The Legal Systems of the World*,p. 128。

② 陈寅恪为冯友兰著《中国哲学史》卷二所作之"审查报告",详见冯友兰:《中国哲学史》(下册),中华书局1984年版。

儒家的。文化是复杂的,但又是统一的。复杂的统一就在诸多的相反相成之中。

在下面的历史研究中,我没有套用人们习用的社会发展五阶段论,①也没有按照简单化的阶级观点去分析历史。这倒不是因为这是一部由文化角度所作的法律研究,而是因为,那些人为预设的前提原本是些神话,它们无视中国历史、文化的独特性,徒然将人们引入歧路。一些文化史的研究者们惊奇地发现,"黑火药武器的出现相对而言给中国国内及其周围地区的战争带来的变化极小,而在欧洲它却摧毁了封建制度的城堡和身披甲胄的骑士。马镫的发明使中国人居于世界领先地位,但东亚的骑兵射箭用具却一如既往。磁罗盘和轴向舵使欧洲人发现了美洲,而中国的船长们却一成不变地在印度洋及太平洋里航行。印刷术在西方帮助了宗教改革和文艺复兴运动的兴起,而在中国,除了保存了大量书籍(否则就不能流传下来)以外,它产生的惟一结果却是把文职人员的招募范围扩大到更广泛的社会范围"。② 这些事实靠着上面提到的方法是无法解释的。因为,古代中国此种极强的溶化那些震撼世界的发明创造的能力,恰好表明了一种独特的文化立场。循着这条路径走下去,我们还会发现,不但在科学技术的利用方面,而且在有关社会、人生乃至宇宙的许多基本问题方面,古代中国人都有自己独特的看法,这些特殊的看法或态度与西方人对几乎是同样问题的看法往往迥异其趣,它们构成了中国人的哲学,中国文化的范式。古代法的精神就孕育其中。当然,我们不是从抽象的文化类型中去求法的精神,正好比我们不会由一段圣人语录或是某种事先设定的抽象理念

---

① 这种理论认为人类社会将共同经历五种阶段,即原始社会、奴隶社会、封建社会、资本主义社会和社会主义社会。

② 《李约瑟文集》,辽宁科学技术出版社1986年版,第291—292页。

去推导文化类型一样。这不是一部谈玄的论著,而是一部带有历史社会学色彩的文化史著作。我想要通过对文化整体的认识来把握法律,通过对立法原则、法律条文、判例等不同类别材料的互相参证探求法律内里的精神。自然,这也不是一部一般意义上的文化史著作,它是一项关于中国古代法的专门研究,其中不乏细节上的论证。然而,古代法的精神,乃至中国文化的性格,不正是蕴涵在这类数量众多的细节之中的吗?

有些读者也许会发现,我对许多问题的讨论是由具体的字、词着手的。这不奇怪。因为,至少在我看来,语言文字总代表着一种文化最核心的东西。语言文字的差异直接就是文化的差异。当然,这也为我们的研究带来了某种特殊的困难。

作为一种特殊类型的文明,中国文化在近代以来已经被根本地改变了。古代文明已经死去,就好比古汉语已成为一种"死语"一样。现代汉语中充斥了大量的外来语和经过改造的语汇,它们代表着现代工业文明,并且带有西方文明的印记。就此而言,古代汉语与现代汉语不啻是代表着两种不同的文明,而想要用现代语言来述说古代的事物,便不免要遇到中、西语言翻译中可能出现的同样的难题。在某种意义上说,这些困难是不可逾越的。考虑到这一点,在这部是写给用中文阅读的人读的书里,我宁愿在所有可能的场合都引用原文。这样做可能影响阅读的流畅,但是至少能够降低文化上的错解和误读,从而加强学术的精确性。我相信,后面这一点要更重要些,同时我也相信,有耐心的读者,将通过原文所传达出来的难以言说的神韵,更多地体悟到中国文化以及中国古代法律所固有的精神。

第一章　家与国

溥天之下,莫非王土,
率土之滨,莫非王臣。

——《诗·北山》

一

　　通常认为,文明出现的主要标志是文字、城市、金属工业、宗教性建筑和伟大的艺术。与之相伴的还有分化为阶级的社会以及在社会冲突中间逐渐演成的国家。然而,具体形态的文明总是各不相同的,正好比不同人群所使用的语言文字从一开始就不同一样。事实上,只要指出语言文字的不同就足够了。它们是以往历史的沉积,是人类记忆的物化形态。顺着这条链环上溯,我们可以触及人类最为久远的经验,窥见不同文明所由形成的特殊路径,以及因此形成并且构成文明之核心的那些隐秘的特质。讨论中国传统法律文化,选"家"与"国"二字作开篇的题目,正是出于这样一种考虑。

二

　　现代人对于国家的概念是熟知的,至少,他们知道这是一种特别的政治组织。没有人会把它与其他一些性质迥异的社会单位,比如建立在血亲基础上的家庭混为一谈。在现代人看来，国是国，家是家，这是两种截然不同的东西。当然，这并不妨碍生活在现代的中国人用"国家"一词来指称政治学上叫做"State"的那种特别的政治组织，这一点颇耐人寻味。

由词的构成来看，"State"或西文中其他与之对应的同义词从不含丝毫"家"的意思，这是绝无问题的。但是要把这一组词翻译成中文，我们就会看到令人惊异的结果：现代汉语中用以指称与一种"家"无任何关联之特别政治组织的词恰好不只是"国"或者其他什么单字，而是吸收了"家"字的构成词——"国家"。单从逻辑上看，这种构词法是一种自相矛盾，除非我们预先了解了这些字词后面的历史、文化背景。

在古人的观念里面，家与国的界限并不十分清楚。古人惯以忠、孝相提，君、父并举，视国政为家政的扩大，纵没有将二者完全混同，至少是认为家、国可以相通，其中并无严格的界限。实际上，古时候的家亦非现代人习见的原子式小家庭，而是在结构上近乎人类学上所谓氏族的那种依单系亲属原则组成的社群。这种我们通常以家族名之的社群拥有广泛的社会职能，其中甚至包括一定的行政与司法职能。这样的观念与现实，很难说何者为因，何者为果，它们各有其存在的依据，但又相互影响着，这至少是汉以后的情形。再往前追溯，家与国的观念更显得奇特。周时（也许更早），诸侯称国，大夫称家，这又是一种情形。这里，除有尊卑、高下、大小等方面的差异之外，国与家都指拥有一定土地（封地和采地）的政治—宗族组织，二者竟是可以归于同一类别。古人以"国家"二字连用，或者指诸侯国（如《韩非子·爱臣》："社稷将危，国家偏威。"），或者指"天下"（如《尚书·立政》："其惟吉士，用劢相我国家。"），正好表明了二者的一致性（如果不说是同一性的话）。然而以现代人立场观之，这种"国"、"家"或者"国家"究竟何属，家耶？国耶？这实在不是个容易回答的问题。仅由人类学角度来看，这些亦家亦国的政治—宗族组织已经有资格被称为国家了，但它们至少还不是现代意义上的国家,甚至,也不正好能与今人知道较多的西方古代国家归于同一种形态。后面这个问题尤其值得注意,因为人们能够透过它间接了解到一些属于某一种或某一类文明独有的东西:文明发展的内在动力,它所经由的途径,它的表征与特质,等等。在我看来,弄清楚这些问题,对于深入了解我们有五千年历史的文明可以说是绝对必要的。

三

文明的起源乃是极为复杂的问题。只是在经过考古学家和人类学家百余年来的发掘、考察和研究之后,人们对于这个问题才逐渐有了些比较明确、可靠的看法。根据现今西方的一般学说,导致文明社会产生的主要因素有四:

> 最常提到的是生产工具、生产手段的变化所引起的质变。这主要指金属器的出现,金属与生产手段的结合……
> 第二种因素是地缘的团体取代亲缘的团体。即在人与人的关系中,亲属关系愈加不重要,而地缘关系则愈加重要,最后导致国家的产生。
> 第三种因素是文字的产生。产生文字的主要动机据说是技术和商业上的需要。……
> 第四种因素是城乡分离。城市成为交换和手工业的中心。……①

---

① 张光直:《考古学专题六讲》,文物出版社1986年版,第14页。总的来说,我们对这种理论并不陌生。早在19世纪末,恩格斯研究雅典和罗马国家的发生发展史时,就特别强调了铁器,尤其是铁制农器的出现,不依亲属集团而是按地域划分居民,以及城乡对立等因素的重要意义。参见"家庭、私有制和国家的起源",载《马克思恩格斯选集》第4卷,人民出版社1972年版。

这种关于文明起源的理论首先提到"生产工具、生产手段的变化所引起的质变",隐隐表露出一种基本的立场,即认为最早发生于生产领域的技术革命,在人类文明史上据有某种突出地位。这当然不无道理。青铜工具乃至铁制工具的出现,确曾促使人类生活发生深刻的变化,因此而产生的文明,事实上"反映了人类社会从生态系统束缚中的首次突破"。① 技术和商业的发展造成社会关系的复杂化,它一方面产生了文字,用以记录人与人之间的复杂关系,一方面促使城乡分离,把前者变成手工业和贸易的中心。社会分工的扩大逐步瓦解了旧有的血缘组织,新的以职业标准划分的社会集团渐次出现。社会的流动与混杂日益普遍,社会构成愈益复杂,旧的氏族组织几乎完全失去了旧有的社会职能,于是,依照地域原则施行统治的国家便起而代之。这正是西方文明演进的历史。上面提到的文明起源理论就是由这段历史中归纳出来的。换句话说,这种理论首先是西方文明历史经验的总结。正因为如此,在考察中国古代文明发展轨迹的时候,我们一方面可以保持警醒,不至先入为主,误将某种特殊经验当成是人类的普遍经验,另一方面又可以把它作为一种有益的参考系来看待。

按照传统的说法,中国最早的国家是夏,这个传说中的国家的存在已经为最近几十年的考古发掘所证实。但是,迄今为止,关于这一段历史我们仍然所知无多。从现有材料看,夏文化远不及后来的殷商,特别是周文化发达,这是没有疑问的。然而从文化史的角度来看,则夏、商、周所谓三代实际构成了一个完整的时代,即中国青铜时代。② 虽然在考古记录中,金属器物的出现远在青铜时代以前,但是青铜器的制作与

---

① 张光直:《考古学专题六讲》,第 23 页。
② 参见张光直:《考古学专题六讲》,第 110—132 页;《中国青铜时代》前五章,生活·读书·新知三联书店 1983 年版。

使用真正在古代中国人的生活中占据重要地位,却是在这个时代。文字的出现、国家的产生以及城乡的分离,也都发生在这样一个时代。因此有人说,中国青铜时代的概念与古代中国文明的概念"相合到几乎可以互换的程度"。① 显然,作为中国文明的形成阶段,中国青铜时代在中国文明的发生发展史上乃是至为关键的一环。

四

以前面提到过的文明理论与中国青铜时代的历史相印证,一个最为显著的差异就是,"在整个的中国青铜时代,金属始终不是制造生产工具的主要原料;这时代的生产工具仍旧是由石、木、角、骨等原料制造"。② 这表明,中国古代文明的出现,并不是或者主要不是上述技术革命的结果,而另有其原因。这个原因,简单地说,主要是人与人之间关系的变化。

任何一种文明的产生,都必定是以"剩余财富"的出现作为前提的。然而,"个人生活需求量是相对的,因此社会的剩余物资不会是生产量提高以后自然产生的,而必须是人工性产生的。换言之,社会关系越不平等,越能产生财富的集中,越能产生使用于所谓文明现象的剩余财富。"③在中国史前史上,至迟在新石器晚期,社会的分层就已出现。

---

① 张光直:《中国青铜时代》,第26页。
② 同上书,第11页。这种说法在商周考古上有着充分的依据。参看陈梦家:《殷墟卜辞综述》,科学出版社1956年版,第542、549页;《新中国的考古收获》,文物出版社1961年版,第46—47、52—53页;《商周考古》,文物出版社1979年版,第39、167页;马承源:《中国古代青铜器》,上海人民出版社1982年版,第12—28页。后引书强调青铜农具在当时已见使用,并且认为,当时实际使用的青铜农具多于今天可能发现的数目。问题在于,这种推测的理由并不充足。石、骨、木、蚌、角等农具在中国青铜时代的普遍使用依然是事实,而在这种现象的背后,正隐含着历史文化的深刻原因。详见下。
③ 张光直:《中国青铜时代》,第54页。

这种社会分层,就其特殊的文化意蕴来说,主要表现为少数人对于沟通天地人神之各种手段的独占,①而从技术上看,这一变化又是促成青铜时代的一项必要条件。

一件青铜器的形成需要经过一系列复杂的程序,包括金属的开采、运输、冶炼和熔铸。这个过程的完成没有相当程度的权力集中是难以想像的。可以说,青铜器的出现正意味着某种具有分层和权力集中特点的社会秩序的存在。正惟如此,青铜器本身也就具有了一种特殊的社会功能,它不仅成为这种秩序的表征,而且成了使之进一步发达、强化的手段。在中国青铜时代,青铜器极少见于生产工具,却大量地用来制造兵器和礼器,这一特殊现象正可以在青铜器当时所具有的特定社会功能中得到解释。

《左传》上说:"国之大事,在祀与戎。"中国青铜时代,青铜器的制作与使用主要就是围绕着战争与祭祀这两件大事展开的。

在中国古代文明的形成时期,战争繁多,且往往具有重要意义。夏、商、周三代的更替自然都是以战争为手段完成的,更早些时的战争至少也有助于权力的集中与巩固。青铜兵器的广泛应用和不断改进,提高了战争的效能,使其拥有者能够有更多的俘获。这一方面促进了生产力的发展,另一方面则强化了它赖以产生的社会秩序。周时天子

---

① 这里涉及的中国古代文明的特定形态,乃是一个复杂而又重大的问题,对我们把握中国古代文明的特质可谓关系重大。关于这个问题,张光直先生有相当精彩的论说,我们可以把他的观点概述如下:中国古代文明是所谓萨满式文明,它的一个主要特征便是把世界划分成不同的层次,而由巫觋担任其中的沟通任务。最初,只要借助于巫术、动物和各种法器,任何人都可以与神相会,但在社会发展至一定程度之后,通天地的手段便为少数人所独占。在中国古代文明的发展史上,这件事有着头等重要的意义。"通天地的各种手段的独占,包括古代仪式的用品、美术品、礼器等等的独占,是获得和占取政治权力的重要基础,是中国古代财富与资源独占的重要条件。"(《考古学专题六讲》,第11页)这正是中国古代文明所由产生的契机。又可以参见张光直"从商周青铜器谈文明与国家的起源",载氏所著《中国青铜时代》(二集),生活·读书·新知三联书店1990年版。

的册命赐物中有"瑂戈"一项,专以赐武职,这里,兵器超越了它的物化形态,转而成为身份与权力的象征了。在这方面,礼器的作用更为明显。因为礼器的独占意味着对于沟通天地人神之手段的占有,意味着对于古代资源与财富的独占,礼器本身也就成了政权的象征。《左传·宣公三年》谓:"桀有昏德,鼎迁于商,载祀六百。商纣暴虐,鼎迁于周。"《墨子·耕柱》亦云:"九鼎既成,迁于三国。夏后氏失之,殷人受之,殷人失之,周人受之。"鼎在这里变成了政权的象征物。青铜礼器便是政治权力。① 当然这是现代人的说法。如果换了古人,恐怕首先要把礼器看作是祭祀活动不可或缺的器物。这两种看法其实并无矛盾,因为祭器与作为国器的礼器原本是一物,礼器在祭仪中的重要性与它在国家生活中的重要性也可以说是一回事。透过这种奇异的结合,我们可以窥见中国青铜时代国家的特殊形态。

一种由人与人之间关系变化而非技术革命促成的文明,产生了一个按照变化了的人际关系而非地域原则实行统治的国家。在一个基本上是全新的环境里面,要求"保持一个可能不稳定的系统的稳定",不能不求诸"一个严密的上级控制系统"。② 这个"严密的上级控制系统"就是所谓宗法制国家。这种国家固然大不同于旧的氏族组织,但却是按照氏族的组织原则建构起来的。现代人类学研究表明,"中国古代的父系氏族实际上是由许多由系谱上说真正有血缘关系的宗族组成的;这些宗族经过一定的世代后分枝成为大宗和小宗,各据它们距宗

---

① 由于这种特殊的社会功能,青铜礼器在商、周社会据有极高的地位,并且渗入到了当时国家生活的所有重要领域。从现在所能见到的西周青铜器铭文来看,它的内容包括分封诸侯、朝觐王室、参与祭祀典礼、宴飨、狩猎等各种王室活动、征伐方国、胜利记功、世官的尊荣、家族的祭享、婚媾乃至交换、诉讼等等。请参见马承源:《中国古代青铜器》,第18—28页;《新中国的考古发现和研究》,文物出版社1984年版,第264—270页。

② 张光直:《中国青铜时代》,第18页。

族远祖的系谱上的距离而具有大大小小的政治与经济上的权力。当宗族分枝之际,族长率领族人去建立新的有土墙的城邑,而这个城邑与一定的土地和生产资源相结合。从规范上说,各级宗族之间的分层关系与各个宗邑的分层关系应该是相一致的。"① 事实上,大的宗族本身就是一个分为许多阶层的社会。有理由认为,在中国青铜时代到来之前,社会内部的分层正是循着血缘亲族的线索展开的,而当氏族之间的战争转变为族姓之间的统治与被统治关系的时候,统治者内部基于血缘的分层就渐渐具有了国家组织的内蕴。② 由于这种转变,祖先崇拜的祭仪就从单纯的宗教仪式上升成为国家组织的政治活动。《礼记·祭统》:"凡治人之道,莫急于礼;礼有五经,莫重于祭。"祭的重要性就在于它既是维系血族团体的纽带,同时又是对国家组织的强化。在中国青铜时代,能够证明这一点并且最能够表现这种结合的,正是青铜礼器。这些用于祭祀的礼器在数量、式样、种类、花纹等方面表现出严格的等级差别。这种差别不仅表明祭祀者在血亲网络中的位置(血缘上的亲疏远近),而且指示出其在国家组织中的相应地位(政治上的权力大小)。这种亲缘关系与政治权力,氏族组织与国家结构的密切结合,正是宗法制国家的基本特征。我们在周代看到的是这种国家的完备形态。吕思勉先生论及古代的宗法与封建制度时写道:

---

① 张光直:《中国青铜时代》,第110页。
② 中国青铜时代和更早时期的战争,毫无例外都是氏族之间的征战。夏、商、周三代的更替也不出一族一姓的兴衰之外。正因为如此,社会的统治者(包括异姓联盟)与被统治者同时可以根据族姓来划分。周初大封建时,周王所赐物中至少有两项特别值得注意,那就是氏族的姓氏和以宗族为单位的人民。这种亲族群的政治性,或说政治集团的亲族性,据张光直先生的意见,早在青铜时代之前的龙山文化期业已出现。在龙山期新石器时代的文化基础上发展起来的商代,承袭了这一重要特征。参见《中国青铜时代》,第303页。

古代天子诸侯间之关系,实多宗族之关系。天子之抚诸侯,宗子之收恤其族人也。诸侯之尊天子,族人之祇事其宗子也。讲信修睦,同族之相亲也。兴灭继绝,同族不相翦也。盖一族之人,聚居一处,久则不足以容,势不得不分殖于外,此封建之所由兴。而分殖于外者,仍不可不思所以联结之,此宗法之所由立。《传》曰:"有分土,无分民。"有分土,则封建之谓。无分民者,同出一始祖之后者,无不当受治于大宗之宗子也。……封建之行也,得一地,则分同族之人处之,同族之人多,则又辟新地,灭人国以处之。所分出之同族,又复如是,如干生枝,枝又生叶,而其一族之人,遂遍布于天下。①

这种由战争中强化的权力与族长传统相结合所构成的奇特形态显然不同于西方古代国家组织(比如雅典或罗马),在那里,国家乃是金属器(尤其是铁)与生产工具相结合而产生的技术革命的产物,国家形成之先,宗族组织已经崩坏,所以它的出现,便是以地域原则来取代亲属原则。但在这里,国家是人与人之间关系变化的一个结果,因此,它的产生并非以氏族组织的瓦解为代价,而是恰恰相反,保留原有的血缘关系,把氏族内部的亲属关系直接转化成政治国家的组织方式,从而将旧的氏族组织与新的国家形态熔铸于一。与此相应,它划分居民的标准依然是氏族的而非地域的。对于这种国家来说,旧的氏族组织并非可有可无的外在形式,而是它作为惟一选择承受下来的内在本质。因为在当时的条件下,这是它可能采取的最自然最有效的统治方式。古人有"天家"一说,谓天子无外,以天下为家。这并非文学上的夸张或比喻,而是关于古代"国家"(我们应该在其原初的意义上去理解这个

---

① 吕思勉:《中国制度史》,上海教育出版社1985年版,第373—374页。

词)的如实述说。同样,《大学》所谓"齐家、治国、平天下"的著名公式,虽然后来只具有一种文化上的规范性意义,当时却是关于社会现实形态的直接反映。春秋时的霸业,战国时的乱国,讲的都是以"小家"乱"大家"的事情。古时的"家"与"国"根本上是一回事。其时所谓"国家",实较这个词的今义更多一层含义。

五

　　自然,上面讲的故事距今天已相当遥远。且不说现代人关于"国家"早有了全新的认识,即使是在二千年以前,家国合一的宗法制国家,严格说来也已经不存。秦汉的大一统国家产生于铁制工具的广泛应用。这一次真的发生了深刻的技术革命,亲缘关系亦最终让位于地域原则。看上去,西方学者描述过的文明社会的各项特征,正更多地在这里得到实现。然而,这毕竟已不是初始的文明,进化了的新国家不能不承受前此旧国家遗留下来的一切。

　　成熟的文明好像是一棵枝叶繁茂的大树,树干挺拔,枝条交错,绿叶重重叠叠遮蔽云天。但那勃勃生机和无限的复杂性,原本来自一粒普通的种籽。人类的早期历史经验就是这样一粒种籽,它孕育了传统,将它原初的混沌体验化作一种组织起来的隐秘经验,一代一代传递下去。事实上,在每一个时代的转折点上,都有人挺身而出,自觉不自觉地担负起这样的使命。我们历史上的所有伟大人物,毫无例外都是这传统的传达者与体现者。我们可以并且应该由这样的立场来看待和评判中国历史上第一代思想家——先秦诸子的活动,他们的历史地位。

　　中国第一代思想家生活在一个新旧交替的时代,因而注定要担负起继往开来的重大使命。这些后人所熟知的人物在历史上的地位是显赫的,但他们实际上并没有从无到有地创造出传统。他们首先是继承了传统,并且体现和传递了传统。① 如果说这中间也包含了创造的话,那主要是把一个在实体上已经破碎了的旧世界在理论上连缀起来,用哲学的语言将以往的经验作系统的表述。这套理论或者哲学当然是新的,但它们源自旧时的经验或者传统也是事实。通过这样一种方式,新旧两个世界就被连结到了一起。家国合一的传统延续下来,但不是以旧有的方式。国家已脱去氏族的躯壳,并且按照地域的原则施行统治,但是另一方面,它不但把家族(仍然不是现代意义上的家庭)变成一个基本的社会单位,而且把治家的原则奉为治国的准绳。于是,家的兴衰与国之兴亡又变得息息相关。这正是二千年来中国古代社会的一项根本特征,也是汉唐文明由青铜时代继承下来的最大遗产,甚至我们可以大胆地说,中国古代文明的基本性格即便不正好是由家国合一的传统中得来,至少与它有极为密切的关联。

早期的家国合一,直接表现在国家组织的实体上面,改造了的传统则是在一种不甚严格但却同样严密并且更为广泛的形式上延续下来。它造成了一种浑然无外的社会关系状态,其中,无所谓个人生活,也就是说,没有私生活的领域。关于这一点,我们可以由西方古代社会的演变得一极好的反证。

六

古代西方的个人主义至罗马帝国发展臻于极境,那正是西方古代

---

① 实际上,具有不同倾向和分成不同派别的思想家只能分别从不同的方面承受和传递传统。这一点,我将在本书有关部分论及。这里需要的是从总体上来把握先秦思想家的历史活动及其意义。事实上,所有在中国历史上产生了深远影响的思想家,其学说对于早期经验—传统的整理、阐说必定最准确、最成功(就有关方面而言)。

国家完备成熟的时代。① 这种相合不是偶然的,因为从某种意义上说,早期社会的个人发展必须以国与家的分离作前提。

西方古代国家的形成虽然以氏族组织的瓦解作为前导,但它不可能立即将社会生活中的亲缘关系消除干净。初生的国家还无力全面地接管社会,父系家长统率的家族依然是社会的基本单位。在罗马共和国早期,家族的社会职能还十分广泛。公元前5世纪制订的《十二表法》承认家父对于家子拥有的生杀予夺的权威,但是这部法典同时又规定,家父若出卖家子三次,后者自动获得解放。② 这个限制性条款表明了国家的权威,透露出家与国之间继氏族瓦解之后的又一重对立。我们可以借用罗马人独有的"公法"的概念来理解和说明这种对立。

公法的概念强调法律与国家事务或社会公益相关的一面,本身即是某种社会公共权力存在的标志。罗马法中有格言曰:"家父权'不触及'公法。"这意味着在公法所及之处,"家父权"即归于无效。于是,战场上担任将军的子可以指挥其父,充任高级官吏时则能够审理其父的案件乃至惩罚其父的失职行为,这与他们在家族里面受家父权支配的地位恰成对照。不过,为国效力的人理应得到酬劳,而在家与国业已分离和对立的时候,这种得自国家的酬劳必定采取损害"家父权"的形式。在罗马帝国初期,现役军人的取得物变成一种国家特许财产,可以不受"家父权"的干预。逐渐地,这种"特有产"也仿例授与文官,作为对他们报效国家的酬答。这种缺口的不断扩大,使得个人渐渐由家族中解放出来。到了查士丁尼时代,子对于自己独自取得的财产已经有了差不多是完全的所有权。当然,我们无须夸大这种变化,因为直到罗马帝国终了,"家父权"始终是罗马文明的标记之一,但

---

① 因为用中文写作,我们这里不得不使用"国家"这个词,然而其中绝不含丝毫"家"的成分,这是需要提请读者们注意的。

② 详见本书第五章"个人"。

是另一方面,我们又不能不注意到家与国关系前后所经历的巨大变化。起初,国家的审判只及于家族首长,"至于家族中的每一个个人,其行为的准则是他的家庭的法律,以'家父'为立法者。但民法的范围在开始时虽然很小,不久即不断地逐渐扩大。……而在每一个发展过程中必有大量的个人权利和大量的财产从家庭审判庭移转到公共法庭的管理权之内。政府法规逐渐在私人事件中取得了同在国家事务中所有的同样的效力。"① 著名的罗马"私法"正是在此过程中发展发达起来的。我们可以说,罗马人在建立公法的同时,也创造了他们的私法。换句话说,使得罗马人把国家生活与个人生活、公共生活与私生活区分开来的,乃是同一个原因,那就是在西方文明的形成时期,家与国的分离。

七

历史的前提不同,结果也就不同。

在中国古代社会,我们找不到类似于古罗马公法与私法一类的区别,却只能看到某种包罗万象的单一规范。这种规范,便是联结家国于一的礼。

传说周公曾制礼作乐,当然那只能是周礼。《论语·为政》云"殷因于夏礼……;周因于殷礼……"《礼记·礼器》亦云"三代之礼一也,民共由之",可见三代各有其礼,而那时的礼,可以说是古代典章制度、礼仪、乐舞乃至风习的总汇。礼的起源很古,并且一直是众说纷纭的问题。有人说它渊源于古代求神祈福的仪式,也有人说它是宗族之间带有援助性质的馈赠,只是这种馈赠后来变成了要求还礼的"交易

---

① 〔英〕梅因:《古代法》,沈景一译,商务印书馆1984年版,第95页。

行为"。① 两说各有根据,不过未必矛盾。宗族之间带有援助性的"馈赠"是有的,但是至少在青铜时代,恐怕它们多半不是"交易行为",而是政治行为。当时,资源(包括人力)在空间中的流动,有相当的部分不能算作贸易,而是附随政治组织在地理上的分布所产生的现象。②在很多情况下,这类资源的流动在数量、质地等许多技术细节方面遵循着严格的规则。③ 这些规则便是礼,当然,它们远远不是礼的全部,广义上的礼,实际是包罗万象的。传说中由周公亲自厘定的《周礼》(又称《周官》),④以天、地、春、夏、秋、冬六官为纲目,分述治、教、礼、政、刑、工六大门类,其中不但有今人所谓国家事务的种种内容,而且于寝宫、膳食、饮料、衣服、祭祀、教化、礼仪、乐舞、卜祝、车骑诸项皆设有专职管理,其繁复琐屑实为常人难以想见。然而在当时,所有这些繁文缛节并不只是单纯的道德礼仪,它们同时具有确定的政治与社会含义。事实上,它们本身就构成了一种包容极广的秩序网络,生活于其中的人在各个方面都角色化了。换句话说,礼既是道德,又是法律。逾越礼制,即是紊乱政权。孔子见季氏"八佾舞于庭",认为是忍无可忍的事情,就因为礼崩乐坏,实即是整个旧秩序的瓦解。《后汉书·舆服志》述及春秋战国之际的历史大变迁,不言政治秩序之变更,只讲诸侯如何

---

① 参见杨向奎先生为陈汉平《西周册命制度研究》一书所作的序,学林出版社1986年版。
② 参见张光直:"古代贸易研究是经济学还是生态学",载《中国青铜时代》。
③ 今人对于西周册命赐物的研究表明,这些赐物与所命职官爵位及职务性质之间有严格而鲜明的等级对应关系。参见陈汉平:《西周册命制度研究》第5章:"册命赐物及舆服制度"。
④ 关于《周礼》的真伪问题,历史上一直聚讼纷纭。除上述《周礼》出于周公一说之外,还有刘歆伪造说,战国时人所作之说等等。然而最近有学者就西周册命之金文与《周礼》之内容做了详细的对比研究,充分肯定了它的史料价值。参见陈汉平上引书。因此,无论《周礼》一书出于谁人之手,把它看作是一部西周时代的文献记录,大致是可以信赖的。

僭天子之礼，大夫又如何僭诸侯之礼，①亦是如此。此所谓礼，实即是法，违反了便是严重的犯罪，应该予以惩罚的。王国维先生说，"周之制度典礼，乃道德之器械，……此之谓民彝。其有不由此者，谓之非彝。《康诰》曰：'勿用非谋非彝。'《召诰》曰：'其惟王勿以小民淫用非彝。'非彝者，礼之所去，刑之所加也。"②这正是后来"出于礼则入于刑"之礼法的原始模型。

当然，礼法之礼又是经孔子诸人加工、改变了的。三代的礼直接合家、国于一，并且是不下庶人的。这种礼在春秋时业已崩坏，再无恢复之可能。经孔子一班人理论化、观念化和系统化了的礼是新礼，其中被注入了更多的道德内容，并且逐渐有了一种心理学基础。这使它倾向于成为一种个人修行的功夫，实际上能够适用于所有人。但是另一个方面，礼依然是融家、国于一的单一规范，与以往不同的，只是其基础不再是家国直接合一的实体形态，而是建立在官绅政治间接基础上的一套发达的政治哲学。在这种新的秩序里面，家族既是社会的基本单位，又是文化的最小实体。舍此则社会无以维系，传统无由立足。于是，家的伦常上升而成了治国的纲领，国之法律变成为执行道德的工具。礼与刑相合，因此有礼法。礼法是道德，也是法律，它包罗万象，混然一体，其中没有家与国、内与外、私与公的界限。汉代的皇帝们声言以孝治天下，最能够表明礼或礼法的这种特质。

---

① "至周夷王下堂而迎诸侯，此天子失礼，微弱之始也。自是诸侯宫悬乐食，祭以白牡，击玉磬，朱干设锡，冕而舞《大武》。大夫台门旅树反坫，绣黼丹朱中衣，镂簋朱纮，此大夫之僭诸侯礼也。《诗》刺：'彼己之子，不称其服'，伤其败化。《易》讥：'负且乘，致寇至。'言小人乘君子器，盗思夺之矣。自是礼制大乱，兵革并作；上下无法，诸侯陪臣山棼藻梲。降及战国，奢僭益炽，削灭礼籍，盖恶有害己之语。竞修奇丽之服，饰以舆马，文罽玉缨，象镳金鞍，以相夸上。……"（《后汉书·舆服志》）

② "殷周制度论"，载《观堂集林》卷十，中华书局1959年版。侯外庐先生视礼器为"周代氏族贵族专政的成文法"（重点号系原文所有），亦是此意。《中国思想通史》第一卷，人民出版社1980年版，第15页。

八

现代人讲孝,纯由道德的立场出发。而在血亲关系具有更多社会意蕴的古代,孝亲之事就不全是"家"的或道德的。摩西十诫之五即为"孝敬父母",这或可以表明一个早期父系家长社会的某种特征。不过,摩西传达给犹太民族的是上帝的诫命,它先要充分肯定耶和华神的地位(前四条),而这与孝敬父母原本是两回事。早期希腊和罗马的立法都主张薄葬(如纪元前6世纪的梭伦立法和纪元前5世纪的《十二表法》),其原因与墨子反对厚葬的根据恐怕不尽相同。这里有苏格拉底与游叙弗伦的一段对话,颇能说明问题。

苏:你的是什么官司,游叙弗伦? 辩诉呢,还是起诉?

游:起诉。

苏:对谁?

……

游:我的父亲。

苏:你的父亲? 你这个好家伙!

游:的确是他。

苏:什么案件?

游:杀人案,苏格拉底。

……

苏:被你父亲杀的是你家的一位亲戚吧? 一定是的,否则你不会为一个非亲非戚者告发你父亲杀人。

游:可笑,苏格拉底,你也以为被杀者有亲戚与非亲戚的区别,却不想惟一需要厝意的是杀人正当与否;正当,便听之,不

正当,虽一家人也要告发。明知某人犯罪而与之共处,不去告发以涤除自己和那人的罪愆,便与他同罪。……①

无论如何,在一般人看来,为子而讼父杀人毕竟有碍于人情,所以,游叙弗伦受到家人埋怨,也有人认为这样做乃是慢神的事情。游叙弗伦以为,这些人关于"敬"与"慢",茫然于神的意旨之所在。于是,讨论便围绕着敬神与慢神的问题进行下去。

> 苏:那么请告诉我,你说虔敬是甚么,亵慢是什么。
> 游:我说虔敬就是我方才所做的事;凡有罪,或杀人,或盗窃神器,或做其他坏事,不论是父母或任何人,都要告发,否则便是亵慢。……凡慢神者,无论什么人,都不能免于惩罚,这是公平正当的,大家承认帝士是神之至圣最公者,相信他因父噬子而缚父,其父也以类似的原因肢解乃父。我父为非作恶,我告发,他们却恼我。他们对神和对我如此相反。②

希腊的神祇们确实没有那许多伦常纲纪,希腊的宗教亦是城邦化的。这里,宗教与伦常并不相干,而公民赖以安身立命的东西只是城邦,是城邦的宗教。这同样是家与国分离的结果。

罗马人较希腊人更进一步,他们在家与国对立的基础上实现了古代的个人主义。这种个人主义,不但是发达的私法的沃壤,同时也是西方宗教的基础。本质上是个人主义的基督教,在早先家与国分离的基

---

① 〔古希腊〕柏拉图:《游叙弗伦·苏格拉底的申辩·克力同》,严群译,商务印书馆1983年版,第14—15页。重点号系引者所加。以下若无专门说明,引文重点号均系引者所加。

② 同上书,第17—18页。

础上又加上了灵与肉的分离,从而把前一次的变化扩大了,深化了。"所有的人在天地间都是平等的",这一点就表现在他们的精神总是自由的这件事上面。"在那些取决于意志的内在活动的事情上,人并无对人服从的义务,而只有对上帝才负有这种义务。"虽然"关于肉体的外在的活动方面,人必须对人服从",但即使在这里,当涉及比如缔结婚姻或誓守贞操一类问题时,人们依然是平等的,"奴隶毋需服从主人,子女也毋需服从父母"。① 罗马人区分了社会生活的两种领域,并且以不同的原则分别来处理它们。基督教则通过强调每个个人在上帝面前的平等,强调他们的精神自由,创造出另一种"私法",即开始在道德与法律中间作出某种重要的划分。② 就解放个人于家庭,甚至于国家,创造一个真正属于"个人"的私生活领域这一点来说,灵与肉的分离是继家与国的分离之后的又一次革命。

九

自然,中国历史上不曾有过这样的革命,如果说我们确实有过一种意义不甚严格的宗教的活,那么它只能建立在"家"的基础之上。因此应该被称作"家"的宗教,"孝"的宗教。

殷人的宗教是祖先神崇拜。"这是适应于宗法制度而产生的,古代中国的'孝'字也是从这里产生出来的",③这意味着,孝的宗教同时又是"国教"。周人继承殷人的宗教,同时又给予新的发展,将殷人合

---

① 〔意〕托马斯·阿奎那:《阿奎那政治著作选》,马清槐译,商务印书馆1982年版,第147页。

② 在这个问题上,基督教不可能是彻底的,甚至新教也做不到,这场革命只可能在近代的世俗社会中完成。但是从历史上看,灵与肉的分离毕竟意义重大。

③ 侯外庐等著:《中国思想通史》第一卷,第82页。

祖先与神于一的一元神宗教分解开来，使"祖先的世界与神的世界逐渐分立，成为两个不同的范畴"，①复以"德"、"孝"两种基本的伦理观念把它们联结起来。德以对天，孝以对祖，从这里生出"天人合一"的观念来。侯外庐先生借庄子对周人的评说写道：

> 周人"以天为宗，以德为本"，在宗教观念上的敬天，在伦理观念上就延长而为敬德。同样地，在宗教的观念上的尊祖，在伦理观念上也就延长而为宗孝，也可以说，"以祖为宗，以孝为本"。先祖克配上帝，是宗教的天人合一，而敬德与孝思，是使"先天的"天人合一，延长而为"后天的"天人合一。②（重点号为原文所有）

因为事关祖宗的千秋基业，"德"、"孝"便不仅是统治者的道德纲领，而且也是政治宪章。古人有五礼，曰：吉、凶、宾、军、嘉，是为礼之大纲，其中吉礼第一，即是祭祀之礼。在古人看来，"凡治人之道，莫急于礼；礼有五经，莫重于祭"。③ 因此在《周礼》里面，除以"六官"之一的春官专掌礼典之外，尤多祭祀之职。天官冢宰据以治都鄙的八则，第一便是"祭祀"，以致邦国之用的九贡，第一即是"祀贡"。六官中以掌教典的地官司徒以"乡八刑"纠万民，一曰不孝之刑，二曰不睦之刑，三曰不姻之刑，四曰不弟之刑，五曰不任之刑，六曰不恤之刑，在此六者当中，不孝乃是核心。秋官司寇以五刑纠万民，其中第三曰乡刑，"上德纠孝"，也是突出了孝的。凡此种种，都可以表明孝在社会生活中的特殊意义。孔子以奉天的"郊社之礼"和宗祖的"禘尝之义"为治国的大

---

① 张光直：《中国青铜时代》，第306页。
② 侯外庐等著：《中国思想通史》第一卷，第92页；又见张光直：《中国青铜时代》，第306—307页。
③ 《礼记·祭统》。

道,可以说尽得其中精粹。这种政制安排的本旨,用近人王国维的话讲,就是纳上下于道德,合天子诸侯卿大夫庶民为一道德的团体。① 而这正是贯穿于中国古代社会数千年发展中的一般特征。

汉以后历代帝王无不推崇孝道,或亲自为《孝经》作注,颁示天下,或列不孝为"十恶"重罪。其实都是古时传统在新时代的延续,而使此种传统得以具有不息之生命力的,正是古代社会的"家国合一"。②

礼或礼法所具有的无限包容性,造就了某种整齐划一的"大一统秩序"。这一点也表现在古人合富贵为一的传统里面。

十

在西方的历史上,富与贵常常不能够合一,至少,两者之间没有必然的对应关系。一个人的物质享受通常取决于他的消费能力与消费欲望,而不受法律的限制。但是另一方面,在古代和中世纪,政治权力往往表现为特权甚至身份,这就造成政治上的特权集团与另一些在政治上无权但拥有大量财富的社会集团之间的对立,在某些特定的历史时期,这种对立可能发展成为剧烈的社会冲突,从而导致阶级对抗、竞争乃至社会革命。欧洲历史上屡见不鲜的贵族与平民之间的争斗,即属于这一类。中国历史上不见有这类阶级对抗或社会冲突,因为在某种根本的意义上,中国古代社会里面原本没有与欧洲历史上贵族和平民正好相对应的社会集团。而这又部分是因为,在这里,富与贵乃是合一的。

---

① 参见《观堂集林》卷十。
② 中国法律史上屡见不鲜的"复仇"情形,颇可以表明"家"与"国"之特殊关系。参见拙文"复仇情结",载梁治平:《法意与人情》,中国法制出版社2004年版。

如上所述,礼是一种囊括了几乎所有社会生活领域的单一行为规范,依此,则一个人的物质享受应该与他所处的社会地位相一致。于是,物质享受就转而变成一种特权,一种待遇,一种特定的身份。这即是董仲舒所谓"饮食有量,衣服有制,宫室有度,畜产人徒有数,舟车甲器有禁。生则有轩冕之服位贵禄田宅之分,死则有棺椁绞衾圹袭之度。虽有贤才美体,无其爵不敢服其服;虽有富家多赀,无其禄不敢用其财"。① 此种社会生活中的等级名分制度,即是礼的主要内容,周礼是如此,孔子以后的礼也是如此。这里,差别的广泛与彻底,到了令人惊异的程度。上下有等,贵贱有差,"是以高下异,则名号异,则权力异,则事势异,则旗章异,则符瑞异,则礼宠异,则秩禄异,则冠履异,则衣带异,则环佩异,则车马异,则妻妾异,则泽厚异,则宫室异,则床席异,则器皿异,则食饮异,则祭祀异,则死丧异"。② 于此,我们不但可以想见古时礼典的庞杂与法网的致密到了怎样一种程度,而且能够对于所谓富贵合一有某种切实的把握。当然,富贵合一并非没有主从。我们注意到,在诸多的差别当中,贵贱、高下、名号、权力的差别是首要的,其他种种差别都可以说是由此派生出来的。换言之,因为身份不同,则一切都表现出差别,这种富贵合一,实际是以贵统富,贵至富随,它表明了一种政治—道德(道德化了的政治与政治化的道德)本位的态度,一种政治特权对于财富的压倒优势,以及一整套围绕着贵贱、义利、君子、小人建立起来的价值观念。中国历史上没有能产生出平民阶级,没有出现

---

① 《春秋繁露·服制》。"汤令:未命之为士者,车不得朱轩及有飞軨,不得乘饰车骈马、衣文绣,命然后得,以顺其德。"(《玉海》六十五《帝王纪》)这是殷商时的制度,而周礼在这方面的繁复致密更是不必说了。

② 《新书·服疑》,转引自瞿同祖:《中国法律与中国社会》,第 137 页。关于这个问题,瞿先生有很好的论述。需要说明的是,虽然并非礼的全部都具有完全的法律效力,并且因为时代的不同,它们所获得的法律保护的程度也不尽相同,但是第一,富贵合一的传统大体上贯穿于整个古代社会,第二,它们对于社会的影响和意义超出了法律保护之外。

富对于贵的真正有力的挑战，这是原因之一。而中国历史的进程之所以不同于西方，在很大程度上也是因为这个缘故。

十一

除上述合富贵于一的礼的影响之外，平民阶级之不见于中国古代社会还有其他一些原因，这些原因或者是观念的，或者是物质的，不过都与中国古代文明所由形成的特别途径，与其家国不分的传统有密切的关联。

顾准先生曾以中国古代政治与希腊城邦政治作比较研究，发现二者有一个显著的不同，那就是在前者那里，"不许可社会的各个阶层组成为政治上的各个阶级，那里没有以其政纲体现为代表不同阶级的利益的政党或政派。专制主义政体自以为'抚民如抚赤子'，亦即一切阶级无论其利害如何不同，均被视为皇帝的子民，皇帝自命为一视同仁地照顾他们的利益，不许结党，不许发表不同于皇帝的政见，不许干预皇帝的施政"。① 这无疑是个非常敏锐的判断。但把问题归结为"专制主义政治"却未免失之泛泛，这里，历史的和文化的把握显然较政治性的说明更接近于问题的实质。这个实质就是，中国古代国家并非阶级对抗的产物，而是政治性的亲族集团之间征服的结果，所以，它采取了家国合一的族姓统治形式，在旧有的"家"的组织里面灌注以新的政权的内容。这就是天子无外、以天下为家的真实含义。在这样的意义上理解《诗·北山》中"率土之滨，莫非王臣"一语，我们对于中国古代社会家、国、人之间特殊而又至为密切的关系，当有更深一层的认识。

与人际关系相连的是地域关系，西方古代国家的产生是以地域原

---

① 顾准：《希腊城邦制度》，中国社会科学出版社1982年版，第142页。

则取代亲缘关系,这是一种相应变化的关系。中国古代国家的形成是一面保留亲缘关系,一面以"封建"制度造成分布于空间的政治网络,这又是一种相应变化的关系。此或可以视为《诗·北山》以"溥天之下,莫非王土"与"率土之滨,莫非王臣"并举的新义。最能够表明这一点的,是中国早期城市的性质与地位。

卜辞中有"封"、"邑"等字,周初文献中更有大量"作邦"、"作邑"一类记载,所讲大抵是建造城邑的事情,此即是吕思勉先生所谓一族之人分殖于外的封建,亦是张光直先生讲的,当宗族分枝之际,族长率领族人去建立新的有土墙的城邑的过程(见前)。汉字里面,"城"字最初有两种含义,第一是"城墙",第二才是"城市",后一种意思是由前一种意思引申发展出来的。这不但是因为古代的城必定是有墙垣围绕着的,而且是因为,建造城垣总是建城中一项首要的和主要的工作。① 相反,西方古代的城市虽然也有城墙,西语中"城市"一词,却不含有城墙的意思。比如在希腊文、拉丁文和英文里面,城市通常是与一定的政治团体和生活方式联系在一起。② 这多半是因为,西方古代和中世纪城市大都是形成了市区之后才修筑城墙,带有自发的性质。而中国古代城市的形成,大部分是基于政治、经济、军事等需要而人为策划的,并不曾经历一个成长的过程。"这是一种〔依着〕'由外而内'的方式发展起来的城市,城市的建立基于人的主观能动性多于自发地自然地形成。"③这样一种建城的举动,实际上是一种政治行为,自然,也是依礼而为的道德安排。古代关于礼的文献中保有许多有关房屋、城邑建造的资料,以至后人据以整理出《三礼图》,使今人得以窥见古代建筑的

---

① 参见李允鉌:《华夏意匠》,中国建筑工业出版社1985年版,第377页。
② 参见同上书。又参见〔古希腊〕亚里士多德:《政治学》,吴寿彭译,商务印书馆1981年版,第110页译注。
③ 李允鉌:《华夏意匠》,第378页。

风貌。它表明了古代城市的起源与国家形成的一致性,城市的兴筑实际是被纳入到合家国于一的礼的统一格局之中去的。① 侯外庐先生指出,"由于氏族制的存在,城市并未形成经济的堡垒,并未坚固地地域化起来,而是'宗子维城'、'公侯干城'一类的政治堡垒。"②

中国早期城市的这种特点,一直延至明清。虽然在中国历史上,并非所有城市都是循着由外而内的途径,为着政治与军事的需要而建造起来,但至少大多数和主要的城市,都是统治者寄身的行政中心和政治堡垒,而不像西方古代与中古的城市,经历了自然的发展,成为工商业和贸易的中心、市民阶级的历史舞台。李约瑟先生注意到了这种差别,并且把它们上升到了文化的基本问题上去,认为在中国文化与文明当中,从来没有城邦的概念,也绝无由城邦产生的文化。③ 这种概括是深刻的。中国历史的独特性,在很大程度上是因为这样一些差异而形成的。而追根溯源,我们又把这些差异归于中国人的早期历史经验,归于中国古代文明所由形成的特殊路径,归于在此种特殊程序中形成的家国合一的大一统格局。

十二

在数千年文字记载的中国文明史上,早期文明形成的青铜时代确实至为关键。许多绵延至今的古老传统都发源于这一时期,它们或隐

---

① 周时,城邑的大小、墙围的短长、高低,宫室的格局、大小等等皆入于礼制。"礼和建筑之间发生关系就是因为当时的都城、宫阙的内容和制式,诸侯、大夫的第宅标准都是作为一种国家的基本制度之一而制定出来的。建筑的制度同时就是一种政治上的制度。"(李允鉌:《华夏意匠》,第40页)这种传统一直延至后世,我们在比如《唐六典》和《唐会要》中可以看到这方面非常系统的规定。这也是古代富贵合一的传统的一个重要方面。
② 侯外庐等著:《中国思想通史》第一卷,第13页。
③ 《李约瑟文集》,第61页。

或显地存在着,深刻而持久地影响着中国人的心态、行为、价值取舍和政制安排,塑造了中国文化的基本性格。在众多的传统里面,我们抓住了中国古代文明和国家所由形成的特殊程序,抓住了因此而形成的家国不分的混一格局,我以为,这是理解中国传统文化特质的关键所在。从根本上说,中国人事事以道德为依归的泛道德倾向和态度,只能由"家"在中国古代社会和传统文化中的特殊地位得到说明;而"礼"之所以据有如此重要的位置,又正是因为,它是联结家国于一的惟一价值和规范体系,是中国古代社会家国合一的大一统格局的最好表征。中国历史上的朝代更迭,甚至春秋战国之际的社会激变,都不曾打破此种家国合一的大一统格局,它们最多只是更换了其中某些不合时宜的内容,使这旧时的传统更好地延续下来。我们传统文化中的"天人合一",泛道德化,先王观,"人惟求旧,器惟求新"的新旧纠缠,①贤人政治,"政教合一",法律与道德合一以及富贵合一等许多堪称为特色的东西,或者渊源于这一传统,或者与它有密切关联,实际上都是这个家国合一秩序中不可或缺的部分。

这就是我们的传统,这就是我们数千年来置身其中的文化格局。它们从根本上决定着我们的文化的基本性格,左右着我们民族及其各项政制安排的命运。探究中国传统法律文化,必得由此入手。

---

① 参见侯外庐等著:《中国思想通史》第一卷,第一章第一节。事实上,家国合一本身就表现了此种"新旧纠缠"的特点,这是中国古代文明(而不仅仅是青铜时代之早期文明)演进的一般特点。

第二章　刑法律

律,法也。
——《尔雅·释诂》
法,刑也。
——《说文》

一

《唐律疏议》简述法律之沿革曰:

> 昔者,三王始用肉刑。赭衣难嗣,皇风更远,朴散淳离,伤肌犯骨。《尚书大传》曰:"夏刑三千条"。《周礼》"司刑掌五刑",其属二千五百。穆王度时制法,五刑之属三千。周衰刑重,战国异制,魏文侯师于李悝,集诸国刑典,造《法经》六篇:一、盗法;二、贼法;三、囚法;四、捕法;五、杂法;六、具法。商鞅传授,改法为律。

这段话提到中国法律史,也是中国文明史上的三个重要时期:古代文明的形成、转换和大一统帝国的出现,并且相应地使用了三个用以指称古代法律的关键词:刑、法、律。这是很耐人寻味的。

揆诸中国古代文献,刑、法、律三字除了上面这种因时继替的纵的关系之外,还有内容方面互注互训的横的关系。《尔雅·释诂》:"刑,法也","律,法也"。《说文》:"法,刑也。"《唐律疏议·名例》:"法,亦律也。"这种语言现象本身,可以说是非常独特的。在另一些语系比如印欧语系的希腊、罗马、日耳曼等语族里面,"法"字不但与"刑"字无关,而且其本身也丝毫不含刑罚的意思。值得注意的,倒是西语中的"法"字,几乎可以同时读作"权利"。① 这种语言现象也同样地独特。它表明了西方人对于法的特定看法,就好像法即是刑的说法表明了古代中国人关于法的特殊观念一样。

古时"刑"、"罚"异义。《慎子》谓"斩人肢体,凿其肌肤,谓之刑"。《吕刑》中墨、劓、剕、宫、大辟所谓"五刑"即是如此。这种专指肉刑、死刑的"刑",与后世包括了笞、杖、徒、流诸种刑罚的"刑",显然不尽相同。关于古代的"五刑",还有另一种说法。《国语·鲁语》:

> 大刑用甲兵,其次用斧钺,中刑用刀锯,其次用钻笮,薄刑用鞭扑,以威民也。故大者陈之原野,小者致之市朝,五刑三次,是无隐也。

这里的两种说法虽然不同,但是并无矛盾。《吕刑》的"五刑"是狭义的刑。讲刑的种类,做的是技术性的分类。《国语·鲁语》的"五刑"是广义的刑,它讲刑的手段,实际是讲中国古代刑(法)的起源,有着丰富的历史文化蕴涵。所以,关于古时"刑"以"斩人肢体,凿其肌肤"为其基本性格的现象,《吕刑》中的"五刑"只能予以印证,《国语》中这段

---

① 拉丁语的 Jus,法语的 Droit,德语的 Recht,意大利语的 Diritto 以及西班牙语的 Derecho 都可以读作"法"和"权利",此外,它们还具有正义、平衡的含义。一个明显的例外是英语中的 Law,这个词不可以读作"权利"。这大概是因为,Law 原本来自北欧而非地中海文明的缘故。不过,英语中与 Jus 相近的词还是有的,那就是 Right,这个字的基本含义是"权利",但也指作为一切权利基础的抽象意义上的法。

话却能够提供一个历史的解说。

在上引《国语·鲁语》的这段话里面,最引人注意的是古人把刑罚与征伐混为一谈的"兵刑不分"的观念。这种在今人看来颇为费解的做法,在古人却是习见乃至视为当然的。这一点有充分的历史和文献资料可以为佐证。现且将钱锺书先生一段精辟的文字引录于下:

> "故教笞不可废于家,刑罚不可捐于国,诛伐不可偃于天下";《考证》谓语本《吕氏春秋·荡兵》篇。按兵与刑乃一事之内外异用,其为暴力则同。故《商君书·修权》篇曰:"刑者武也",又《画策》篇曰:"内行刀锯,外用甲兵"。《荀子·正论》篇以"武王伐有商诛纣"为"刑罚"之例。"刑罚"之施于天下者,即"诛伐"也;"诛伐"之施于家、国者,即"刑罚"也。《国语·鲁语》臧文仲曰:"大刑用甲兵,其次用斧钺;中刑用刀锯,其次用钻笮;薄刑用鞭扑。故大者陈之原野,小者致之市朝";《晋语》六范文子曰:"君人者,刑其民成,而后振武于外。今吾司寇之刀锯日弊而斧钺不行,内犹有不刑,而况外乎?夫战,刑也;细无怨而大不过,而后可以武刑外之不服者。"《尉缭子·天官》篇曰:"刑以伐之"。兵之于刑,二而一也。杜佑《通典》以兵制附刑后,盖本此意。杜牧《樊川文集》卷一〇《孙子注序》亦云:"兵者,刑也。刑者,政事也。为夫子之徒,实仲由、冉有之事也。不知自何代何人,分为二途。曰:文、武。"①

这种观念来源于古代中国人的早期历史经验,因此虽然看上去费解,却不是不可解的。讨论这个问题又涉及中国古代文明的起源,特别是古代国家的性质,以及它们所由产生的特殊程序。

---

① 钱锺书:《管锥编》(一),中华书局1979年版,第285页。

二

据古代文献和现在的考古研究,夏、商、周三代之间除了直接承继的纵向关系之外,还有不容忽视的横向联系。① 横向联系的内容是丰富的,敌对状态乃至公开的征战则肯定是其中颇具重要性的一面。三代王朝的更替照例是通过战争手段完成的。而更重要的,则是在此一过程中,国家机器渐渐地成型、强化和完备起来。自然,当时乃至更早的战争,毫无例外地都是氏族之间的征伐,夏、商、周三代的更替亦不出一族一姓的兴衰之外。这归根结蒂还是人与人之间关系的变更。而这正是中国古代国家发展的特异之处。

西方古代国家如希腊和罗马国家循着另一种途径产生,这一点已在前一章里说明。这里我们只是要强调,西方古代国家得以产生的催化剂并非战争(更不用说族姓之间的战争),而是社会中不同利益集团的激烈斗争。最初,这种斗争的内容是全新的,并且带有随意性。就是说,还没有获得某种全社会共同认可的方式。这是因为,在旧的氏族组织随着社会生活的深刻变化渐渐衰微之后,社会还没有找到一种与新的社会生活相适应的新的社会组织。当然,必须有这样一种组织,否则,社会将因为内部的冲突而解体。这便是西方古代国家产生的契机。用恩格斯的话来说:

> 国家是表示:这个社会陷入了不可解决的自相矛盾,分裂为不可调和的对立面而又无力摆脱这些对立面,而为了使这些对立面,

---

① 参见张光直:"从夏商周三代考古论三代关系与中国古代国家的形成",载《中国青铜时代》。

这些经济利益互相冲突的阶级,不致在无谓的斗争中把自己和社会消灭,就需要有一种表面上驾于社会之上的力量,这种力量应当缓和冲突,把冲突保持在"秩序"的范围以内;这种……力量,就是国家。①

这是一种新的秩序,它做的第一件事就是依照财产的多寡把社会划分成为不同的阶级,并且在此基础上确定社会各阶级的地位,它们的权利和义务。它据以做到这一点的,正是法律。

法律不但被用来分配和确定权利、义务,而且被当作权利的保障,就是因为这个缘故,古代希腊、罗马平民与贵族的每一次重大斗争都在法律上表现出来,它们之间权利、义务的每一次调整和重新分配,也都以法律的形式确定下来。② 西语中法与权利通用一字的现象,也正导源于此。

中国古代国家的产生有其特殊的程序,因此而产生的国家权力严格说来并非恩格斯所说的"驾于社会之上"的"公共权力",而是赤裸裸的族姓之间的征服和统治。这样一种国家形态,甚至难以完全满足一些人类学家关于国家的定义。比如照肯特·V.弗兰纳利(Kent V. Flannery)的说法:

国家是一种非常强大,通常是高度中央集权的政府,具有一个职业化的统治阶级,大致上与较为简单的各种社会之特征的亲属纽带分离开来。它是高度的分层的,与在内部极端分化的,其居住型态常常基于职业分工而非血缘或姻缘关系。国家企图维持武力的独占,并以真正的法律为特征;几乎任何罪行都可以认为是叛违

---

① 恩格斯:"家庭、私有制和国家的起源",载《马克思恩格斯选集》第4卷,第166页。
② 参阅拙文"'法'辨",载《中国社会科学》1986年第4期。

国家的罪行,其处罚依典章化的程序由国家执行,而不再像较简单的社会中那样是被侵犯者或他的亲属的责任。国民个人必须放弃用武,但国家则可以打仗,还可以抽兵、征税、索贡品。①

如前所述,中国古代国家未完成由亲缘向地缘关系的转变,但我们仍把它叫作国家,因为它也不再是旧日的氏族组织了,它拥有相当复杂的分级统制,并且取得了"武力的独占"。它依着"一种与合法的武力有关的特殊机械作用"团结起来,"它把它使用武力的方式和条件说明,而依以从法律上对个人之间与社会的法团之间的争执加以干涉这种方式来阻止武力的其他方式的使用。"②人类学家所谓"合法的武力"即是法,这种社会的有组织的暴力至少是国家得以维系的一项必要条件。而在中国青铜时代,这种"合法的武力"就是"刑"。

据清人沈家本考释,最初的刑有对外与对内两面。

> 其命皋陶也,曰"蛮夷猾夏,寇贼奸宄。汝作士,五刑有服",是五刑者所以待蛮夷者也。《史记·五帝纪》"怙终贼刑",《集解》"郑玄曰,怙其奸邪,终身以为残贼,则用刑之"。则五刑者,又所以待怙恶者也。③

不过,我们也注意到,对外的可能转化为对内的,对内的又未尝不可以包含着对外的。换句话说,对异族的征伐可以变成为统治,维系内部的统治也可以征伐的形式表现出来。殷人对于夏人,以及周人对于

---

① 转引自张光直:《中国青铜时代》,第53页。
② Service 语,转引自张光直:《中国青铜时代》,第51—53页。
③ 沈家本:《历代刑法考》(一),中华书局1985年版,第8页。

殷人的征服和统治,属于前一类;周人镇压殷人的叛乱,以及周天子之讨伐乱臣贼子,属于后一类。因为国家建立于族姓统治的基础之上,且采取家、国、天下合为一体的大一统格局,刑罚中便包含着征讨,征伐里便有了刑罚。兵之于刑,便总是一而二,二而一的。这一特点,对于中国古代法的发展,有着极为深刻的影响。

三

中国古代国家既然不像古代希腊、罗马国家那样产生于代表不同经济利益之社会集团的冲突与妥协,中国古代的法律也就不像西方古代法那样具有某种"社会契约"的性质。虽说国家总是以对于"武力的独占"为其特征,但是在古代中国,法律同时也为一族一姓所专有。与中国古代国家这种家、国不分的族姓专政的本质相适应,中国古代法只能是合兵刑于一的强暴手段,是一方以暴力无条件强加于另一方的专横意志。看周人作了统治者之后对殷人说话的口吻,可以真切地了解中国古代法的本质。

> 王曰:"告尔殷多士。今予惟不尔杀,余惟时命有申。今朕作大邑于兹洛。予惟四方罔攸宾,亦惟尔多士,攸服奔走臣我多逊。尔乃尚有尔土;尔乃尚宁干止。尔克敬,天惟畀矜尔;尔不克敬,尔不啻不有尔土,予亦致天之罚于尔躬。"①

如果说这段话表明了中国古代法中族姓专政的一面,那么古代法在统治集团中的运用或可以表明国家超然的一面。夏时有"军法"谓:

---

① 《尚书·多士》。

"左不攻于左,汝不恭命。右不攻于右,汝不恭命。御非其马之正,汝不恭命。用命赏于祖,弗用命戮于社,予则孥戮汝。"①王命即是法律,违背法律的人必将招致惩罚。周时有"刑不上大夫"之说,但那恐怕主要指《吕刑》所列刑种,②否则,不但在逻辑上说不通,我们又如何解释"刑乱国,用重典"一类原则?周时法度严密,对于违礼逾制,篡弑叛逆之人(无论"家"、"国"),绝不会宽宥的。值得注意的倒是,在上面提到的不同场合里面,我们叫作中国古代法的那种"合法的武力"有若干共同特征显露出来,其中最重要者,由性质上言,"兵与刑乃一事之内外异用,其为暴力则同";③从渊源上看,兵与刑同出于王者(他同时又是统治者族姓的最高代表与象征),实为王者所专有;由功能上讲,它们又都是执行统治者意志,使令行禁止的基本手段。这便是古代中国人合兵刑于一的客观基础,亦是最早人们关于法的观念所由形成的历史与文化背景。它们构成了中国古代法的传统。

四

以上所讨论的中国古代法,实际只是中国古代文明形成时期的法,而且它在当时主要不是被叫作法,而是刑,如禹刑、汤刑、吕刑、九刑、五刑、刑书等等。这样一个特别的名称,曲折地向我们展示出中国早期文明发展的特异性。因此,当"刑"字逐渐为后来的"法"字和"律"字先后取代的时候,我们首先应该考虑的,就是社会生活的变化。

正好像青铜器具在社会生活中具有显著重要性乃是青铜时代到来

---

① 《尚书·甘誓》。
② 关于这一点,瞿同祖先生有极好的分析,参见瞿同祖:《中国法律与中国社会》,第200—207页。又可以参见《吕思勉读史札记》,上海古籍出版社1982年版,第340—341页。
③ 钱锺书:《管锥编》(一),第285页。

的标志一样,铁制工具的普遍应用是另一个时代到来的信号。它造就了一种新的秩序,以便适应随着社会财富增加和社会流动增加而愈益复杂的新的社会关系。秦汉的大一统帝国可以说就是这种新秩序的标本,它们是真正的地域性国家。在此转变的过程中,还有一个过渡性阶级,一个承上启下的转折期。曾对中国古代法的发展产生过重要影响的法家就出现在这一时期,在中国法律史上开一代风习的《法经》也在这一时期完成。其时,人们在旧秩序业已崩坏而新秩序尚未建立的当口寻觅生路,身上兼有传统与变革的两重性格。这一点,同样可以在刑、法、律三个字的继替衍变中见出。

　　战国时最早出现的所谓"成文法"要算晋之刑鼎,郑之刑书,然而《唐律疏议》讲"战国异制",却只提到魏李悝的《法经》,这大概不是偶然的。将《法经》篇目拿来与旧时的法律"体系"相对照,可以发现一个显著的差别。《周礼·司刑》注"夏刑大辟二百,膑辟三百,宫辟五百,劓墨各千",这便是《唐律疏议》引《尚书大传》所说:"夏刑三千条。"值得注意的是,此三千之数分系于五个刑种之下,换句话说,这是以刑种为纲领的刑罚体系。① 这种情形在李悝的《法经》里面有了根本的改变。《法经》的头两篇"盗"和"贼"并非刑种的名称,而是概括性的罪名,刑罚的名称则放在"具法"里面。这里,按照刑名分类,以刑种为纲领的体系,转变成了依罪名分类,以罪名为纲领的体系。这在中国古代法的发展史上是一次重要的转变,它表明了古人在立法技术方面的一个突破性进步。这种进步表现在语言文字方面,便是以"法"代"刑"的转变。《尔雅·释诂》:"法,常也。"《管子·法法》:"不法法,则事毋

---

　　① 《隋志》:"夏后氏正刑有五科,条三千。"《说文》:"条,小枝也。"《后汉书·章纪》注:"条,事条也,事之由纲领而分为条,犹木之由本根而分为枝条也。"依沈家本之说,"科条之名,始见于夏。"参见沈家本:《历代刑法考》(二),第816页。

常。"又其《正第》:"当故不改曰法。"这里,法是恒常,是度量行为的尺度,与基本只含杀戮之义的刑相比较,显然更宜于用来表达已由刑名体系转变为罪名体系的古代法。① 战国以后,"法"字的使用频率日高,相关讨论也不断深入,不仅出现了上面提到的《法经》,而且产生了名之为法家的著名思想派别,究其缘由,恐怕都与上述变化有关。

比较令人费解的,是商鞅的"改法为律"。从字义上看,"法"、"律"二字含义非常接近。《尔雅·释诂》:"律,常也,法也。"《释言》:"律,述也。"赦氏《义疏》:"古文'述'皆作'术'。按术,《韩诗》云'法也',法与律其义又同矣。……奉为常法,即述之义,故又训述。"又,《坎》:"律,铨也。"注:"《易·坎卦》主法,法律皆所以铨量轻重。"② 可见"法"、"律"同类。只是比较起来,律的具象更为确定、恒定。《说文》:"律,均布也。从彳,聿声。"段《注》:"《易》曰'师出以律',《尚书》'正日,同律度量衡',《尔雅》'《坎》:律,铨也'。律者所以范天下之不一而归于一,故曰均布也。"③ 这种细微的差别值得注意。杜预《律序》云:"律以正罪名,令以存事制。"《唐六典》亦云:"凡律以正刑定罪,令以设范立制,格以禁违止邪,式以轨物程事。"这里,"律"并非法律的泛称,而是众多法律形式中的一种。这里讲的虽然是汉以后的情形,辨其源流却要追溯到商鞅的"改法为律"。事实上,现今的考古发掘也已证实,当时诸种法律形式并存的现象业已出现。因此,较为合理的解释是,商鞅改革法制意在将法律的主体部分以最正规的形式确定下来,而

---

① 参见沈家本:《历代刑法考》(二),第809—810页。
② 同上书,第809页。
③ 同上书,第810页。字词的继替除表示变的一面之外,还有其不变的一面。据考证,"刑"字最初还有简册的意思,后既指刑罚,又指刑书。这种说法值得考虑。《韩非子·难三》:"法者,编著之图籍"云云,讲的是成文法,也是战国时人们所习见的法。我们似可以由"简册"与"图籍"之间的联系来看从刑到法的运动的另一面。详见拙文"中国历史上的刑、法、律",载梁治平:《法意与人情》。

把它与另一些在效力、范围等方面不尽相同的法律形式区分开来。这种尝试虽然开始可能粗陋,但它满足了一种比较复杂的社会需求,因此为后人承袭和发展。

在经历了上面这些变革之后,似乎可以说,中国古代法便渐趋发达成熟了。不过,我们也注意到,即便是以罪名体系取代刑罚体系,说到底也还是技术性的变化。这类变化虽然未始不带有文化进步的意味,毕竟没有涉及古代法的性质、功用以及古人相应之观念一类更深一层的文化因子。研究古代法律文化,后面这些问题显然更为根本。

五

通常论及汉字"法"者,照例要引《说文》中那个著名的解说。"法"的古体为灋,《说文·廌部》:"灋,刑也,平之如水,从水;廌,所以触不直者去之,从去。"今人蔡枢衡先生以为,"平之如水"四字乃"后世浅人所妄增",不足为训。考察这个字的古义,当从人类学角度入手。这里,水的含义不是象征性的,而纯粹是功能性的。它指把罪者置于水上,使随水漂去,即今之所谓驱逐。① 这种解释大胆而新颖,成一家言。当然,这并不是说,"平之如水"的说法不值得我们考虑。《尔雅义疏》释"铨"曰:

> 铨者,《说文》云"衡也",《广韵》云"量也,次也,度也"……坎者,水也,水主法者。《左氏宣十二年》杜预注"坎为法象"。《说文》云"法,刑也。平之如水,从水"。《考工记·轮人》云"水之以眡其平沈之均也,权之以眡其轻重之侔也。"然则水主均平,权知

---

① 蔡枢衡:《中国刑法史》,广西人民出版社1983年版,第170页。

轻重,水即坎也,权亦铨也,铨衡所以取平,故坎训铨矣。①

这里,"法"、"律"同义,讲的是它们度量以知轻重的功能,其中的道德意味并不显著,特别值得注意的是,用以训"法"的"刑"字可以说完全没有度量轻重的铨或常的意思。这似乎表明,"法,刑也"的公式里面还有一层深刻的历史、文化意蕴没有被发掘出来。

据蔡枢衡先生考证,灋字古音废,钟鼎文灋借为废,因此,废字的含义渐成法字的含义。《周礼·天官大宰》注:"废,犹遏也。"《尔雅·释言》:"遏,止也","废,止也"。《战国策·齐策》注:"止,禁也。"《国语·郑语》注:"废,禁也。"法是以有禁止之义。又,法、逼双声,逼变为法。《释名·释典艺》:"法,逼也,人莫不欲从其志,逼正使有所限也。"其中也含有禁的意思。《左传·襄公二年》注:"逼,夺其权势。"《尔雅·释言》:"逼,迫也。"这里强调的是强制服从,乃命令之义。可见,"法"字的含义一方面是禁止,另一方面是命令。要保证令行禁止,便不能没有得力的手段,这手段便是刑罚。古意法、伐相近,法借为伐。伐者攻也,击也。这里,法就有了刑罚的意思。②《周礼》授权夏官司马"以九伐之灋正邦国",这是将征伐之事视同于法,其根据还是"法,刑也"和"刑,法也"的对等式("大刑用甲兵")。延至后世,兵与刑虽然两分,法与刑的关系却不曾改变。《管子·心术》云"杀戮禁诛谓之法";《盐铁论·诏圣》谓"法者,刑罚也,所以禁强暴也",都还是视法为刑的。在中国古代文献资料中,法的这样一种特征有着统计学上的根据,比如,古代语汇中所有含法字的构成词,只要是用以指称法律现象的,照例包含了刑的意思在内。如"法官"一词是指掌法律刑狱的官

---

① 郝懿行:《尔雅义疏》(二),北京市中国书店1982年版。
② 参见蔡枢衡:《中国刑法史》,第4—6页。

吏；"法吏"实即是狱吏；"法司"则是掌司法刑狱的官署。其他如"法杖"、"法室"、"法科"、"法寺"、"法曹"、"法场"、"法辟"、"法禁"、"法网"等等，无一不与刑有密切的关联。表面上看，这种关联也许只是法律与刑罚的相通，实际上却是远古时人们称作"刑"的古代法传统完整的延续，其中包括法之作为君王独占之手段的强暴性和工具性，以及它在贯彻统治者专横意志方面的社会功用。《管子·正第》："……法以遏之，……遏之以绝其志意，毋使民幸。"这正是《释名》中训法为逼的含义（见上）。《释名》又谓"法，累也，累人心使不放肆也"，讲的是同样的意思。从历史上看，"律"乃是"法"的进一步发展，由逻辑上讲，"律"又只是"法"的一种特定形式，其一脉相承至为明瞭。因此，古人讲"律以正刑定罪"，一方面表现出了古代法体系上的完备与技术上的成熟，另一方面却让人感觉到一种渊源久远之传统的绵延。

六

讲中国古代法传统的由来，我们必须由青铜时代开始，而要考察这传统的流变与绵延，却不能忽略春秋战国之际新旧秩序交替的那段特殊历史。在中国古代法乃至中国古代文明的发展过程中，这段历史有着特别的重要意义。

就中国古代法自身的发展来说，这一时期重大而又可见的变化可以举出两种，那就是前面提到过的以《法经》为代表的一批成文法典的出现，和名为法家的思想派别的崛起。前一种变化也曾为世界其他一些文明所经历，然而其社会意义却不尽相同，这种不同与我们所要讨论的法律传统的差异显然有着密切关联。至于后一种变化，它带来了古代社会关于法的意义、价值、功用等问题的第一次大论辩，因此也同样值得注意。

在世界法律史上，成文法的出现虽然都以一定的文化发展如一定程度的文字普及和社会关系复杂化作为前提，其具体原因和社会意义却各不相同。在古代罗马，成文法并非文化发达的自然结果，它借平民与贵族的斗争而出现。因此也是平民胜利的标志，是他们获得的新的各项权利的保障。因为事关不同社会集团的切身利益，成文法的确立本身必然会引起重大争议。这与古代中国成文法的发展似有很大的不同。

按现今学界的通说，战国时魏李悝的《法经》是中国历史上第一部成文法典。这里，一些技术上的根据可以不予讨论，但是我们要补充指出，严格意义上的成文法并非始于《法经》，甚至并非起于战国。《法经》之前较著名的成文法作品有晋的刑鼎和郑的刑书，而最早关于所谓"成文法"的批评，正是针对着"铸刑鼎"、"铸刑书"而来的。《左传·昭公六年》：

> 三月，郑人铸刑书。叔向使诒子产书，曰：始吾有虞于子，今则已矣。昔先王议事以制，不为刑辟，惧民之有争心也。犹不可禁御，是故闲之以义，纠之以政，行之以礼，守之以信，奉之以仁。制为禄位，以劝其从。严断刑罚，以威其淫。惧其未也。故诲之以忠，耸之以行，教之以务，使之以和，临之以敬，涖之以彊，断之以刚，犹求圣哲之上、明察之官、忠信之长、慈惠之师，民于是乎可任使也，而不生祸乱。民知有辟，则不忌于上。并有争心，以征于书，而徼幸以成之，弗可为矣。夏有乱政，而作《禹刑》，商有乱政，而作《汤刑》，周有乱政，而作《九刑》，三辟之兴，皆叔世也。今吾子相郑国，作封洫，立谤政，制参辟，铸刑书，将以靖民，不亦难乎？……民知争端矣，将弃礼而征于书，锥刀之末，将尽争之。乱狱滋丰，贿赂并行。终于之世，郑其败乎？肸闻之，国将亡，必多制，其此之谓乎！

这段著名的议论与其说是对于子产本人的责难，不如说是关于时势的慨叹。"三辟之兴，皆叔世也！"显然，在叔向眼中，作为"成文法"的刑鼎本身并无可惊可怪之处，其可悲叹者，"国将亡"之征兆也。由此推断，则禹刑、汤刑、九刑所谓三辟，虽然其时代、内容及形式可能不尽相同，却很可能与刑鼎一样都是成文的。

三代刑典早已亡佚，今人不得其详，然而考诸古代文献，关于古代的"成文法"却也不是无线索可寻。《周礼·秋官·布宪》："布宪掌宪邦之刑禁，正月之吉，执旌节以宣布于四方，而宪邦之刑禁。"注："宪，表也，谓悬之也。刑禁者，国之五禁，所以左右刑罚者，司寇正月布刑于天下，正岁又悬其书于象魏，布宪于司寇。布刑则以旌节出，宣令之于司寇。悬书则亦悬之于门闾及都鄙邦国。"又《小司寇》："正岁，帅其属而观刑象，令以木铎，曰不用法者，国有常刑，令群士，乃宣布于四方，宪刑禁。""士师之职，掌国之五禁之法，以左右刑罚。……皆以木铎徇之于朝，书而悬于门闾。"吕思勉先生谓"象之始当为刑象，盖画刑人之状，以怖其民，《尧典》所谓'象以典刑'也。其后律法浸繁，文字之用亦广，则变而悬律文，《周官》所谓治象、教象、政象、刑象也"。[①] 足见古代之成文法至晚于周代便已颇具规模，而这与叔向所谓"昔先王议事以制，不为刑辟"，其实并不矛盾。依清人沈家本之说，"月吉悬象与议事以制，实两不相妨且两相成也。"因为其一，"夫象魏之上，六象同悬，其所著于象者亦举其大者要者而已，细微节目，不能备载也。……其中情之同异、罪之轻重细微节目，仍在临时之拟议，其权上操之而民不得与争也"；其二，"其变通之制，自上议之，下不得而与闻"。这当然还算是"议事以制"，但是同时并不排斥"成文法"，只未铸刑于鼎而已。"若铸之于器，则一成而不可易，故民可弃礼征书，争及锥刀。若欲变法，必先

---

① 《吕思勉读史札记》，第355页。

毁器,岂不难哉?"①这是说战国之成文法如刑鼎、刑书与早先成文法的不同之处,而这种解说又显然偏重于技术,且过于简单化。实际上,刑鼎、刑书的出现,表明了一个大时代的转变,孔子对于晋国铸刑鼎一事的批评,很能够说明这一点。孔子曰:

> 晋其亡乎,失其度矣。夫晋国将守唐叔之所受法度,以经纬其民,卿大夫以序守之。民是以能尊其贵,贵是以能守其业。贵贱不愆,所谓度也。……今弃是度也,而为刑鼎。民在鼎矣,何以尊贵?贵何业之守?贵贱无序,何以为国?且夫宣子之刑,夷之蒐也,晋国之乱制也,若之何以为法。②

批评集中于两点,一是贵贱失其度,二是乱制。贵贱失度是因为"民在鼎矣",这说明铸刑鼎在当时是一种新生事物,这种"新"除了铸律文于鼎之外,可能还包括法律本身的新的内容、新的编排形式和新的体例等一系列技术性变化,而这类技术性变化之所以值得注意,主要还是因为它们蕴涵了深刻的社会意义。孔子认为范宣子所为刑书乃是"晋国之乱制",然而"民在鼎矣"的变化本身不也是种"乱制"吗?"春秋之时各国多自为法,如晋之被庐、刑鼎,郑之刑书、竹刑,楚之仆区,皆非周法。"③这正是当时王室衰微,诸侯力政局面的一种反映。由更深的层面来看,这又可以说是古代法适应着宗法制国家向地域性国家转变而生的变化。源自青铜时代之古代法传统的命运如何,经历了春秋战国之际社会变革的古代法向何处去,都在很大程度上取决于这一时期的社会变革本身。

---

① 沈家本:《历代刑法考》(二),第839—840页。
② 《左传·昭公二十九年》。
③ 沈家本:《历代刑法考》(二),第835页。

铁制工具的广泛应用确确实实改变了旧秩序,但是同样确实的是,它不曾创造出类似古代希腊、罗马平民那样的社会集团,更不曾造就与古代希腊和罗马社会中贵族与平民对峙的那种社会格局。与此相应,法不再用以对付异族,讨伐叛逆,但也完全不是什么"社会契约"。这一点可以由"变法"的历史背景中清楚地看出。

《通典》卷一百六十六议子产变法之事曰:"当子产相郑,在东周衰时。王室已卑,诸侯力政,区区郑国,介于晋、楚,法弛民怠,政堕俗讹,观时之宜,设救之术,外抗大国,内安疲甿。"这表明变法乃救世之举。而在当时,救世依然不能是民众的事情,相反,"民于是乎可任使也,而不生祸乱"倒始终是其要旨之一。叔向致子产书中,通篇讲的都是治民术。这很可以表明古代法的社会功用。只是叔向因为"昔先王议事以制"而视"刑辟"为末途,未免显得有些迂腐。沈家本认为,子产变法之举,是因为患法之难行,不得已而为之。① 这是由消极方面立论。《史记·商君传》记商鞅相秦,为秦孝公定变法之令,"令既具,未布,恐民之不信,已乃立三丈之木于国都市南门,募民有能徙置北门者予十金。民怪之,莫敢徙。复曰'能徙者予五十金'。有一人徙之,辄予五十金,以明不欺。"这却是铸刑鼎可能具有的积极意义。② 事实上,古代法不但顺应着当时新旧秩序的交替而发生相应之变化,而且其本身也

---

① 参见沈家本:《历代刑法考》(二),第838页。
② 美国学者卜德(Derk Bodde)曾以中国古代法与古代美索不达米亚的法律相比较,他的结论是,美索不达米亚法律的出现至少部分是为了保护私有财产和个人权利,而在中国,法律最初的动因既非宗教亦非经济。虽然经济的发展确实于社会变革有重大作用,然而此一法律的产生既不是用以维系传统之宗教,也不是用来保护私有财产,它的主要目的乃是政治的,即对此社会施以更为严格的政治控制。参见:Derk Bodde and Clarence Morris, *Law in Imperial China*, pp. 10-11 (Harvard University Press) (1973)。费正清亦指出,中国古代法律并不是用来保护个人政治权利和经济地位的,在法家那里,法律只是协助专制政府实行行政统一的工具。参见《美国与中国》,张理京译,商务印书馆1987年版,第85—87页。这无疑是正确的,只是我们不妨更进一步,把它与那些更为久远的传统联系起来看。

是摧毁旧的宗法制度，建立新的大一统帝国的有力手段。在这种背景下出现的刑鼎、刑书，既非旧法统的象征物，也不曾打上庶民的印记，毋宁说，它们只是礼崩乐坏的标志，是"乱臣贼子"们合法权力的象征。①因此之故，当时的法便依然是"王者之政"，是用以贯彻王者之专断意志的强暴手段，简言之，它依然是"刑"（《法经》六篇，皆罪名之制）。就这一点来说，春秋战国时代变化中的法依然保有源自青铜时代之古代法传统的全部本质特征，此种特征不但体现在主张以法治国的法家大师们的法律意识中，而且也体现于站在他们对立面的儒家圣哲的法律观念里面。

七

中国历史上的儒法之争常常被后人过分地强调，而实际上，它们的意义十分有限。法家任法，儒家任人，法家重刑，儒家重德，都只是偏重不同，倘说到法的本质、功用等更为根本的问题，大家的认识又是完全一致的。只是这种一致，从来都隐而不彰，它是儒、法之争后面的潜在背景。

法家以"任法"、"治法"相标榜，这种学说的核心却不过刑、赏二字。管子以号令、斧钺和禄赏为治国的三品；商鞅以壹赏、壹刑、壹教为圣人立国之道；韩子则以刑德为明主所以导制其臣下之二柄。在管子，号令以使下，斧钺以威众，禄赏以劝民。② 在商鞅，"所谓壹刑者，刑无等级，自卿相将军以至大夫庶人，有不从王令，犯国禁，乱上制者，罪死不赦。"③而在韩子，刑以行杀戮，德以为庆赏。④ 可见所谓法者，实在

---

① 前面屡屡谈到古代青铜礼器的政治意义，这种情形尤其突出地表现在鼎的象征意义上面。我们正应当在这样的背景下去理解春秋战国之际"铸刑鼎"的社会政治意蕴。
② 参见《管子·重令》。
③ 《商君书·赏刑》。
④ 参见《韩非子·二柄》。

只是以暴烈之手段,劝功止奸,使令行禁止的治国利器。关于这一点,先秦儒者们只有一点异议:法者固如是,但是未必能够作治国的利器。孔子云:"道之以政,齐之以刑,民免而无耻;道之以德,齐之以礼,有耻且格。"①这是说教化之长为严法所不及。汉以后儒生对于"任法"说的批评,皆是循着这一途径展开的。陆贾云:"夫法令者所以诛恶,非所以劝善。"②汉贤良文学谓:"法能刑人,而不能使人廉,能杀人,而不能使人仁。"③王符亦云:"民亲爱则无相害伤之意,动思义则无奸邪之心。夫若此者,非法律之所使也,非威刑之所强也,此乃教化之所致也。"④似这样在刑罚的意义上使用"法"字的例子,在古代文献里实在多得不胜枚举。事实上,在古人的观念里面,法与刑本为一事,乃是一事二名的。这里,对于"治法"、"任刑"的批评,绝没有要就法的本质与社会功用做重新认识的意思,相反,儒者们之所以主张"治人"、"任德",正是因为在关于"法是什么"这样一个根本问题上,它与法家有着完全一致的看法。也正因为此,历史上对于法家的批评只涉及效用问题(什么是更为有效的统治手段,是严刑峻法,还是道德教化,人格感召?),而不及于价值问题,换句话说,它只是一种关乎"工具理性"的评判,而与价值判断无关。这样,任人还是任法的德刑之争实际上成了一个可以验证的问题,这正是汉以后儒法合流的重要前提之一。

八

由实际内容上考辨,所谓儒法合流只是德刑并用,德主刑辅,说得

---

① 《论语·为政》。
② 《新语·无为》。
③ 《盐铁论·申韩》。
④ 《潜夫论·德化》。

更明白些,是礼与刑的结合。这意味着,"入流"的法家并非主张刑无等级、一断于法的法家,而是讲法以禁民为非的法家。在这个问题上,我们又可以看到儒法两派的同中之异,异中之同。

依法家理论,法之用在"兴功惧暴","夫刑者,所以禁邪也,而赏者,所以助禁也。……故刑戮者所以止奸也。"①韩子所谓"法者,宪令著于官府,刑罚必于民心,……而罚加乎奸令者也"②亦是此意。既然法总是针对奸邪愚顽者而发,自然要突出一个"禁"字。这也是源自青铜时代的古老传统。周有五禁,曰宫禁、官禁、国禁、野禁、军禁。③ 其实是法的另一种说法。明人邱濬论曰:"三代未有律之名,而所谓禁者,制于未然,已具律之意矣。然非徇以木铎,书于门闾,则蚩蚩之民,何以知其为禁而不犯哉!"④反过来说,徇以木铎,书于门闾,就是为使内有所闻,外有所见,使民众"知所禁忌而不犯刑法"。这正是古代立法者制定和颁布法律的出发点。先秦儒家当然承认这一点,只是强调其消极意义而弘扬教化之功。汉以后儒法合流的一个显著变化,是儒者们更多由积极的方面来阐说法禁的作用与意义。汉儒王符以讴歌德化为务,同时也认为"政令必行,宪禁必从"是治国的要务,因为法制的设立,即是要"威奸惩恶,除民害也"。⑤ 汉宣帝时有名郑昌者上疏曰:"圣王立法明刑者,救衰乱之起也。不若删定律令,愚人知所辟,奸吏无所弄。"⑥一千多年以后,大清皇帝在一道上谕中说:"国家设立法制,

---

① 《商君书·算地》。
② 《韩非子·定法》。
③ 清人沈家本在其《历代刑法考》中就周代刑禁之可考者汇为一编,曰"周刑禁"。参阅该书第828—830页。
④ 邱濬:《大学衍义补辑要》卷九,转引自《中国法律思想史资料选编》,法律出版社1983年版。
⑤ 王符:《潜夫论·述赦》。
⑥ 《通典》卷一百六十六。

原以禁暴止奸,安全良善。……故于定律之外复严设条例,俾其畏而知做,免罹刑辟。"①这种视法为禁条的立场是儒法之所同,也是儒法所以能够"合流"的前提条件之一。不同之处在于,儒家的"法禁"有更多的道德意味,这是礼与刑结合的另一面。

汉以后儒法合流的一个重要方面,便是道德的法律化,这是古代法继三代礼法秩序为秦的官僚帝国破坏之后的一次重大调整,也是古代法传统在新的历史条件下的衍续。青铜时代是以刑统罪,刑随礼而行;汉唐帝国改以刑统罪为依罪量刑,礼却转而成为律条。唐律体系完备,排列严整,然而清一色都是禁止性规定,犯禁者皆有刑罚,这表明了它的道德性质。禁民为非同时也是禁民为恶,犯禁即是不道德。这种法实际只是附加了刑罚的道德戒条,本质上只具否定的价值。古人以禁为法的代名词,视犯禁为犯法,同样可以由这一方面来理解。

法因为与道德完全混同而生禁之义,这是汉唐法律略不同于秦法的地方。秦法之为禁,道德色彩似乎弱些。② 它表明了法之为禁的另一重要原因,一种可以说是更为基本的原因。

汉儒王符尝云:"先王之制刑法也,非好伤人肌肤,断人寿命者也。乃以威奸惩恶,除民害也。"这段话也可以由另一方面理解。正因为法只是"伤人肌肤,断人寿命"的刑,所以它只能用来"威奸惩恶,除民害也。"本质限定功用,视法为刑即是视法为禁。正是在这样的意义上,我们可以拈出"法"和"Jus"(或 Droit, Recht 等)两个字作两种法的文化标记。换句话说,中国的法即是刑与西方的法等于权利这两组特殊公式可以被看作是具有决定意义的文化特征。

---

① 《大清圣祖仁皇帝实录》卷八十四,引自《中国法律思想史资料选编》。
② 秦法与道德的关系,包括秦法中的道德条款和以法律执行道德的倾向等问题,将在"礼与法:道德的法律化"一章中讨论。

以刑为核心,围绕着刑发展起来的法必定具有暴力的色彩。古代法自三代至清一概为刑律,古人言法必含有刑罚的意思在内,都是因为这个缘故。这种法的应用范围极为有限,基本上只具有否定之价值,因为它立足于惩恶,意在否定而不在肯定,儆戒而非保护。这种作为禁条的法律可以同某种道德体系一拍即合,但它本身最初并非道德体系的一部分,而只是具有暴力特征和"公"的性格。用现在的话说,后一方面表明了国家利益之所在。在这个问题上,中国与西方古代法律有共同之处,只不过,西方古代法原本是"中立的权威",凌驾于社会之上,"公"的性格只是其法律的一个方面。中国古代法却是"王者之政",只具有单一的政治色彩。法家鼓吹"治法",纯是为新兴的专制王权张目,在他们那里,法只是实现社会之政治控制的一种有力手段。这种法与早先以"外用甲兵,内行刀锯"的形象出现的国家法,在性质与功用等方面并无不同,它们都是王权的伸延,只可以为王者所专有。这又转而表明了它的工具性质。在中国古代社会,法律虽然实际上不可或缺,但从来不具神圣的意味,更不可能至高无上。这是中国古代法大不同于西方法的一点,中国古代政治模式的形成与发展,显然与此有密切的关联。

中国古代法中"公"的性格的另一方面,是把一切私人关系都公共化了。这固然可以说是古代合家、国于一的道德体系——礼所带来的一项特征,但也肯定与古代法的固有本质有深刻的渊源。就其性质而言,法辄以刑罚的面目出现,法之所及,刑罚随之。这即是说,法律所及之处,没有纯粹的私人事务,一切都与国家有关,与社会有关,与王者有关。中国历史上没有能产生出诸如古代罗马私法那样的法律体系,与此大有关系。

九

仅由上举数端可以知道,在中国古代社会,法在社会生活中的作用,它的重要性和适用的普遍性等等,必定都远逊于西方,但是反过来,造成这种状况的历史、文化和社会原因,以及这种状况本身对于整个文化发展的影响,并不会因此而变得简单或者微不足道。它们无论在哪里都是同样的复杂、同样的重要。因此,对于中国传统法律文化的研究,本章还只是一个开头,而作为头一个问题,我们选取了法即是刑的公式加以剖析,则不独是因为视法为刑、视法为禁、视法为"王者之政"构成了中国人法律观念的根本特征之一,而且是因为,这种观念本身在五千年的中国文明史上据有一个特殊的地位,是我们理解中国文化性格的一项重要环节。

总结上文,我们可以得出如下结论:我们所谓传统的法律观,滥觞于青铜时代,与古人的国家观同出一源,带有古代文明所由形成之特殊程序的明显烙印。这种古老的法观念在春秋战国之际的社会变革中经受考验,保留了它的全部本质特征。最早就法的作用、意义展开论辩的儒法之争、实际只是任德与任刑的体用之争,全不涉及法是什么以及法应当是什么的本质问题,相反,这场论辩之所以可能,却正是以各家对于法的潜在共同意识作基础的。这一点尤其可以表明传统本身的性质。事实上,中国历史上敢于抨击苛政、反对滥杀的人代皆有之,但是对于传统的法律观提出质疑者却始终不能有一人。问题不在于是否有人敢于提出这种疑问,而在于根本没有人能够提出这种疑问。这是历史加于思想的界限,是任何个人无法逾越的文化范式。如果说,在一个不断发展的变化着的文化当中,总会有为数不多的神圣传统能够贯穿始终,且以隐秘的方式支配人心与社会而不受挑战的话,那么,这种视法为刑、视法为禁、视法为"王者之政"的传统便肯定是其中之一。这样一种传统一旦生成,不但对于中国古代法自身的性格和命运会有决定性作用,而且对于一般所谓中国文化的前途,也必将产生深远的影响,这些,我们将在下面各章逐一讨论。

第三章　治乱之道

有乱君,无乱国。有治人,无治法。

——《荀子·君道》

唯治乱之机,系于人心敬肆(或振靡)之间,则上下数千年无二致。在中国,恒见其好为强调个人道德之要求,实为此之故。此一要求既难有把握,则治难于久,而乱多于治,盖属当然。

——梁漱溟《中国文化要义》

一

太史公论六家之要旨云:"夫阴阳、儒、墨、名、法、道德,此务为治者也。"①这里,太史公以一个"治"字来总结诸子百家异中之同,可以说深得其中三昧。因为,讲求治乱之道,实在不仅是先秦诸子百虑而一致、殊途而同归的所在,而且也是孔子之后两千年来历代读书人议论最多、用心最切的问题之根本。这与说中国人事事以道德为归依并无矛盾,相反,它倒是由另一方面表明,在我们传统文化的格局里面,道德、法律和政治诸领域原无畛域之分,讲道德亦就是讲法律、讲政治,反之亦然。因为这个缘故,现代人要想明了古时所谓"治乱之道"的真实内

---

① 《史记·太史公自序》。

涵，便不能不预先了解那时的法律与道德。

此外，在这种特殊原因之外，我们还有另一种比较一般化的理由，那就是，广义上作为社会控制手段的法律，从来都是文明赖以存在的基础。这一点，古今中外并无例外，就此而言，无论在哪里，只要谈论"治乱之道"，法律问题总是忽略不得的。中国古时有"治人"与"治法"之争，西方人则有"法治"与"人治"之辨，这些都可以为证。只是，中国古代法既然与古时希腊、罗马社会的法有着很大的不同，旧时中国人与西方人对法所持的看法与态度也就不同，而这又从根本上决定了他们各自阐说的政治理论从一开始就带有某种深刻差异。换句话说，"治法"之"法"既然不能是"法治"之"法"，"治法"与"治人"之争也就不能够等同于"法治"与"人治"之辨。细细辨析这些貌似相同的概念，有助于我们把握中国古代政治的真精神。

二

古希腊哲人亚里士多德在他的名篇《政治学》中写道：

> 法律应在任何方面受到尊重而保持无上的权威，执法人员和公民团体只在法律（通则）所不及的"个别"事例上有所抉择，两者都不该侵犯法律。①

这段议论或可以大略表明西方古时的法治观，它的特征是法律的至高无上。这与彼时雅典的公民政治格局是基本适应的。近时人们谈论的"法治"，大体仍保持着法律至上的特征，但是其形式与内容均与

---

① 〔古希腊〕亚里士多德：《政治学》1292^b，吴寿彭译，商务印书馆1981年版。

古时大不相同了。按照某种权威的说法,法治包含了这样一些内容:颁布在法律上限制国家权力的成文宪法;以基本法规来保障各种不容侵害的公民权利;法院依法保护公民之公权与私权不受国家权力之干涉;在因征用、为公献身及渎职而造成损失的情况下,国家有赔偿之义务;法院独立和保障法官的法律地位;刑法不得溯及既往;以及,行政机关必须依法办事,等等。① 这里的许多原则恐怕是古代希腊人感到陌生的。这除了由于现代国家制度的细密发达之外,更主要是因为近代法治原则里面引进了人权这样一种新的概念。规定国家组织形式和限定国家权力的宪法,划分政府权能并且保护公民权利免遭行政活动之害的行政法,都是建立在人权——公民权的基础上面的。下面讨论中国古代政治理论和法律制度的本质特征,这一点尤其不可以忽略。

从理论的渊源上看,先秦时代"治人"与"治法"的论争实本自德、刑之争,而德、刑之争又是源自礼、法之争的。这一点很可以表明那一时代的特色。其时,礼法一统的旧格局已经打破,"霸王道杂之"的新制度却还不曾建立起来,礼与法竟成了互不相干乃至彼此对立的两极。一方面,礼尊行亲亲的原则,旨在存异;法以"壹刑"相标榜,意在求同。另一方面,礼是以德行仁的,重礼的早期儒家即或不是完全地排斥法律政令,至少也是轻视和贬抑强暴外力的作用。相反,法是以力称霸,崇法的法家只相信赏罚严明的强制性手段,对于道德教化则不屑一顾。当然,这里的分歧依然只涉及效用问题,因为各家关心的同是一个"治"字,而大家想要实现的理想社会最终又是相近甚至相同的(这一点将在以后诸章一一予以阐说)。孟子云:"以力假仁者霸,……以德行仁者王,……以力服人者,非心服也,力不赡也;以德服人者,中心悦

---

① 参见《布洛克豪斯百科全书》第十五卷。

而诚服也。"①这里对于王道和霸业所做的区分与说明,正是以"成效"作最后依据的。所以,效用问题实际上成了当时儒法之争的焦点。

从根本上说,儒家厚德,实是重有德之人,所谓德治,其实只是君子之治。早期儒家相信,实现天下大治的最好办法,并非严刑峻法,而是道德教化,是统治者的言传身教,以身作则。孔子说:

> 政者,正也,子帅以正,孰敢不正。②
> 政者,正也,君为正,则百姓从政矣。君之所为,百姓之所从也。君所不为,百姓何从。③
> 其身正,不令而行;其身不正,虽令不从。④

孟子说得更明白:

> 君仁莫不仁,君义莫不义,君正莫不正,一正君而国定矣。⑤

依此,则人正而国治,人若不正,纵有千百种好的典章制度,亦必陷国家天下于大乱。可见,最要紧的是统治者的道德人格,这一点在荀子的一段话里被发挥和阐述得尤为透彻:

> 有乱君,无乱国。有治人,无治法,……故法不能独立,类不能自行,得其人则存,失其人则亡。法者治之端也,君子者法之原也。

---

① 《孟子·公孙丑上》。
② 《论语·颜渊》。
③ 《礼记·哀公问》。
④ 《论语·子路》。
⑤ 《孟子·离娄上》。

故有君子,则法虽省,足以遍矣;无君子,则法虽具,失先后之施,不能应事之变,足以乱矣。①

这段议论不但阐明了儒家的主张,而且明确了儒法两派争论的焦点:"治人"还是"治法"。这样归纳自然有其理由。因为依法家的说法,"释法术而任心治,尧不能正一国",②甚至"无庆赏之劝,刑罚之威,释势委法,尧舜户说而人辩之,不能治三家"。③ 要想有效地治理国家,必须依靠国家的强制力量,充分地运用法律政令这一套强制性手段。韩子云:

夫严刑者,民之所畏也,重罚者,民之所恶也。故圣人陈其所畏,以禁其衺,设其所恶,以防其奸,是以国安而暴乱不起。吾以是明仁义爱惠之不足用,而严刑重罚之可以治国也。④

这便是先秦法家"不务德而务法"的立场。当然,只这一段话还不足以说明法家思想的全部特征。事实上,法家除主张以严刑重罚治国之外,更强调要不分亲疏远近、贵贱上下地应用法律,这甚至是当时礼与法之间更为鲜明的一种对立。商君云:

有功于前,有败于后,不为损刑。有善于前,有过于后,不为亏法。忠臣孝子有过,必以其数断,守法守职之吏,有不行王法者,罪死不赦,刑及三族。⑤

---

① 《荀子·君道》。
② 《韩非子·用人》。
③ 《韩非子·难势》。
④ 《韩非子·奸劫弑臣》。
⑤ 《商君书·赏刑》。

他还明白提出了"壹刑"的说法:

> 所谓壹刑者,刑无等级,自卿相、将军以及大夫庶人,有不从王令,犯国禁,乱上制者,罪死不赦。①

其后如慎子所谓"骨肉可刑,亲戚可灭,王法不可阙也"②和韩子所说"法不阿贵,绳不绕曲,法之所加,智者弗能辞,勇者弗敢争,刑过不避大臣,赏善不遗匹夫"③等等,显然也都是遵奉"壹刑"原则的。从历史上看,"壹刑"原则只昙花一现,且为先秦法家所专有,因此,它最能够表明法家所谓"务法"、"治法"的主张。也正是因为这个缘故,我们不妨进一步探究这一原则的真实意蕴,不但看到它与儒家政治理论的分歧点,更找出两者的共同之处,这也许更有意义。

三

作为先秦时代显学的一派,法家是极力为新兴王权张目的。这一时代特点决定了法家的思想特征。在比如上引商鞅、慎到和韩非关于"壹刑"的种种议论里面,我们发现王权乃是最后的依据。法律之所以是威严的,不可违背的,只因为它们源自君主,是国禁、上制和王法。管子曾说:

> 有生法,有守法,有法于法。夫生法者,君也。守法者,臣也。

---

① 《商君书·赏刑》。
② 《慎子·外篇》。
③ 《韩非子·有度》。

法于法者,民也。君臣上下贵贱皆从法,此谓为大治。①

法乃是君主独占之物,这也可以算是中国古代法的神圣传统之一。早期儒家不赞同法家的政治主张,但不包括反对"生法者,君也"一类的意见。荀子大讲"有治人,无治法",根据却是"法者治之端也,君子者治之原也"。这样的思想在后来那些一面继续讲德治,一面更多地吸收法家思想,谈论法律政令之重要作用的儒生那里表现得尤为突出。汉儒王符云:

> 君立法而下不行者,乱国也;臣作政而君不制者,亡国也。是故民之所以不乱者,上有吏;吏之所以无奸者,官有法;法之所以顺行者,国有君也;君之所以位尊者,身有义也。义者,君之政也。法者,君之命也。人君思正以出令,而贵贱贤愚,莫得违也,则君位于上,而民氓治于下矣。人君出令,而贵臣骄吏弗顺也,则君几于弑,而民几于乱矣。夫法令者,君之所以用其国也。君出令而不从,是与无君等。主令不从,则臣令行,国危矣。夫法令者,人君之衔辔箠策也,而民者,君之舆马也。若使人臣废君法禁而施己政令,则是夺君之辔策而己独御之也。②

这段话看上去很像就是法家的议论,这固然表明汉以后儒法日益融和的大趋势,但也肯定是以儒法两派关于立法方面的共同思想作前提的。正因为如此,法家所谓"壹刑"的主张意义十分有限。太史公说"法家严而少恩;然其正君臣上下之分,不可改矣",又说法家"若尊主

---

① 《管子·任法》。
② 《潜夫论·衰制》。原文标点为"是故民之所以不乱者,上有吏吏之。所以无奸者,官有法法之。所以顺行者,国有君也。"恐于原意未洽,现酌改。

卑臣,明分职不得相逾越,虽百家弗能改也"。① 太子犯法,连勇敢的商君也只能"刑其傅公子虔,黥其师公孙贾"。② 这完全不足为怪。法家所主张的既然是赤裸裸的君主专制,自然做不到"不殊贵贱,一断于法"。因为同样的原因,作为统治术之一种的法,也未见得较权术、威势等手段更重要。韩子解释说:

> 术者,因任而授官,循名而责实,操杀生之柄,课群臣之能者也。此人主之所执也。法者,宪令著于官府,刑罚必于民心,赏存乎慎法,而罚加乎奸令者也。此臣之所师也。君无术则弊于上;臣无法则乱于下。此不可一无,皆帝王之具也。③

这段话把法、术的性质、地位说得再清楚没有了。依法家的见解,居君主之位,又能将法、术恰当地运用,必能造成威势,使令行禁止,国治民安。管子早就说过:

> 明主在上位,有必治之势,则君臣不敢为非。是故群臣之不敢欺主者,非爱主也,以畏主之威势也。百姓之争用,非以爱主也,以畏主之法令也。故明主操必胜之数,以治必用之民;处必尊之势,以制必服之臣。故令行禁止,主尊而臣卑。故明法曰:"尊君卑臣,非计亲也,以势胜也。"④

对此,儒者们会提出非难,他们要说君主立身之本在仁,在义,而不

---

① 《史记·太史公自序》。
② 《史记·商君列传》。
③ 《韩非子·定法》。
④ 《管子·明法解》。

在法、术、势。只讲权谋法术最多只能成就一时的霸业，一味地刑杀甚至会危及自身。汉儒王符视法为君命，极言法的重要，但最后还是要说"君之所以位尊者，身有义也"。这显然承袭了荀子一脉，而与法家的一般看法不同。虽然在当日的历史背景之下，这套仁义的讲法未免显得空疏迂阔，事实证明却还不无道理。至少，后人大多相信，秦命短祚的一个重要原因便是任刑滥杀，而这类责任又是要法家来承担的。"汉家自有制度，本以霸王道杂之"①是对以往历史经验的总结。汉武帝的罢黜百家、独尊儒术，并没有从一个极端跑到另一个极端，因为他所尊崇的儒家是汉儒董仲舒、王符辈代表的儒家，是大量吸收了法家思想并且在很大程度上与法家"合流"了的儒家。这个历史的变化固然与时势的变迁和人们对以往历史的总结有关，但是另一方面也是因为，儒法两派在诸如法即是刑，即是"王者之政"一类根本性问题上从一开始就有着共同的见解。有争议的只是效用问题，是哪一种统治术更容易奏效的问题，正因为如此，这场争论便可以拿到历史中去验证。事实证明，任何一个文明社会都不能没有法律，否则就连最起码的秩序也难以维持。只是，在一种法只能用以统治臣民，君主权力却不受其约束的政制下面，君主要施行有效的统治，权术与威势也是不可或缺的手段。如果我们再进一步，还可以说，在一个家与国相通，家政被看成是国政基础的社会里，君主还应该有一个慈父的形象，不教而诛只会损害这个形象，进而失去臣民的拥戴（反过来，在君主的权力并不受法律制约，而法律也不曾成为权力基础的情形下，强调君主道德风范的学说自然很容易为人所接受）。认识到这些的确需要时间，但是如果没有那些原初理论本身所具有的共同性与融通性，后来的发展也是难

---

① 《汉书·元帝纪》。

以想像的。①

现在，我们可以得出结论说，不但儒家的"治人"不是西方人说的法治，法家的"务法"、"治法"也未必不具有法治的精神。相反，以西方人关于法治的学说来衡量，则"治人"与"治法"之争是没有意义的。儒家"务德"，只是极度轻视法律政令的人治；法家之"务法"，乃是只信奉法术威势而不屑于说教的人治。二者的结合就叫作"德主刑辅"，"明刑弼教"，这种汉以后渐渐形成的格局消弭了早期儒法之间的冲突，而将它们融铸在一种新的政治传统里面。唐代以承续道统自命的韩愈在"原道"一文中写道：

> 是故君者出令者也，臣者行君之令而致之民者也，民者出粟米麻丝、作器皿、通货财以事其上者也。君不出令，则失其所以为君，臣不行君之令而致之民，则失其所以为臣，民不出粟米麻丝、作器皿、通货财以事其上，则诛。②

这就像是上引《管子·任法》篇中"夫生法者，君也"一段议论的转

---

① 这里要补充指出，在政治实践里面，儒法两种思想派别的界限实较它们在理论上所表现出来的更为模糊。秦始皇留下的石刻中屡屡可见"尊卑贵贱，不逾行"一类字句，这些东西即使不是出自儒生之手，也定为他们所赞同，至于像1975年在云梦出土的秦简《为吏之道》一类材料，更具有明显的儒家思想的痕迹。比如其中的一条曰："戒之戒之，材（财）不可归；谨之谨之，谋不可遗；慎之慎之，言不可追；綦之綦（之），食不可赏（尝）。术（怵）愁（惕）之心，不可[不]长。以此为人君则鬼，为人臣则忠；为人父则兹（慈），为人子则孝；能审行此，无官不治，无志不彻，为人上则明，为人下则圣。君鬼臣忠，父兹（慈）子孝，政之本殹（也）；志彻官治，上明下圣，治之纪殹（也）。"《睡虎地秦墓竹简》，文物出版社1978年版，第284—285页。

余英时先生认为，《为吏之道》乃是私人编纂，这或许不错，但是由它与官方文告《语书》一道被发现于墓主腹下这一事看，它在当时也是得到官方认可的。此外，早期儒法两派的互渗也表现在当时的法律实践中，详见本书第十章"礼与法：道德的法律化"。

② 《全唐文》卷五百五十八。

述。它出自千年之后一位儒生之口,不过表明了先秦时代诸子争鸣的重要意义。事实上,中国古代政治传统所由形成的指导思想,多半在那个时代就已成型。以后历代读书人有关"治乱之道"的种种议论几乎无一不是在早期思想家,尤其儒法两派所遵循的共同传统之下进行的,甚至他们所用的概念、术语也都是前人早已提出过的。我们在分析中国古代政治理论的基本特征时,集中注意于早期儒法之争,原因即在于此。

四

以上对中国古代政治理论所做的分析,自然有助于我们认识古时的政治传统,然而只有这些又是远远不够的。且不说上面引用的材料基本只限于先秦时代的少数思想家,对于古时中国人的政治实践这样一个更为广阔和复杂多变的领域,我们甚至还不曾进入。这就是为什么,我们现在要由纯粹的理论研究,转入对国家机器运作实际情形的考察。①

任何有生命的理论,都会有它的现实形态。在中国历史上,人治理论的现实形态,可以简单地概括为"吏治"。"吏治"即是君主通过官吏集团对国家实行的统治,它包含了两层内容,一是官吏对人民的统治,二是君主对官吏集团的控制。两者之中,君主对于官吏们的控制更直接也更重要。因此可以说是吏治的主要内容。

照现代政治学的分类,中国秦以后的国家都可以归入君主专制政

---

① 严格说来,本文只准备考察中国传统政治模式中与国家官吏活动有关的那一部分。尽管这种考察远不能涵盖古代政治实践的全部,但是用来讨论本章主题应当具有一般的说明力。

体一类。一般认为,这种国家通常由三种权力组成:决策权,执行权和监督权。其中,决策权是至高无上的,它不受法律监督,凌驾于法律之上。这种情形在中世纪的西方固然不大容易出现,但是由于文化上的差异,却正是中国古代社会中的常态。从规范上说,握有这种特权的总是称作天子的帝王。帝王之下是按等级排列的各级官吏。他们是执君命者,其中,又有些职司监督,这些人自然也是君主的臣属,只是由于他们负有纠弹百官的重任,自有一种特殊地位。在这样的统治格局里面,高高在上的君王与他下面的官僚集团有着某种相互依存的特殊关系:官吏的权威与恩宠固然来自君王,但是君主要贯彻其意志,施展其抱负,也不能没有各级官吏的服从与合作,倘不是这样,决策权便只是一句空话。此时,君主地位尚自难保,遑论施展什么政治抱负了。因此之故,如何选拔、任用、管理和控制官吏,便永远都是君主们处心积虑、意欲解决的基本问题。这也是为什么,在历代典章制度里面,官制总是占有突出地位的根由。

中国古时最重要的经籍之一《周礼》,完全根据官吏职司分类编成,因此又名《周官》,这种特别的情形我们在前面曾经提及。事实上,专以儆戒百官的法律远在殷时就已出现,这类法律与秦汉以后的"官法"在根本精神上不乏契合之处,只是,那毕竟是一个更早的时代的产物,我们可以暂存而不论。① 严格意义上的吏治,只是在秦统一中国,推行中央集权的郡县制前后才出现的。秦代关于官吏任用、管理的法

---

① 沈家本《历代刑法考》(二)"殷官刑"条:"《书·伊训》:制官刑儆于有位,曰敢有恒舞于宫、酣歌于室,时谓巫风。敢有殉于货色、恒于游畋,时谓淫风。敢有侮圣言、逆忠直、远耆德、比顽童,时谓乱风。惟兹三风十愆,卿士有一于身家必丧,邦君有一于身国必亡。臣下不匡,其刑墨,具训于蒙士。"

例条令,因此也可以看作是最早的一批"官法"。①

在1975年湖北云梦睡虎地出土的一批秦代简册里面,我们可以看到《置吏律》《除吏律》《司空》《行书》《内史杂》《尉杂》《效律》等一系列有关官吏的任免、奖惩和行政管理办法的法律。同时出土且同样具有法律效力的文件《语书》,更可以帮助我们了解当时官吏应当遵守的一般要求。由此,我们可以想见秦时"官法"的发达。史载,秦代以吏为师,且事事皆有法式,看来并非虚辞。汉以后,随着国家机器的巩固与完备,统治经验的日益丰富和立法技术的成熟,有关官制及官吏管理的法律也日益系统、完整了。汉代诏令繁多,其中《品令》《秩禄令》等是直接规定官吏品秩、俸禄的法规。魏晋南北朝时的法律演变纷繁,律、令之外又有格、式等新的法律形式,它们大都属于上面所说的官法。正因为有这一时期的发展,隋、唐时候以律、令、格、式排列整齐的法律体系才得以完成。寻常称作中国历史上第一部"行政法典"的《唐六典》编成于这一时期,自然也不是偶然的。

关于《唐六典》,史家陈寅恪先生写道:"开元时所修《六典》乃排比当时施行令式以合古书体裁,本为粉饰太平制礼作乐之一端,故其书在唐代行政上遂成为一种便于征引之类书,并非依其所托之《周官》体

---

① 历史上与官吏的选用、职守、考核、奖惩、品秩、俸禄等有关的法律不胜其多,无以名之,且总称之为"官法"。许多人不加分析地套用"行政法"概念来指称中国旧时的"官法",甚而谈论所谓"体现专制主义精神"的"中国古代行政法",只是表明了对于西方法制乃至世界近代法律发展的缺乏了解。当然,也有严肃的学者使用"行政法"概念的,但其意义颇为特殊。埃斯卡拉说中国古代法根本纯为刑事的,李约瑟先生却纠正他说,中国法首先是行政法(Joseph Needham, *Science and Civilisation in China*, Vol. II, p. 521, Cambridge University Press,1980)。在另一处他又说,"在某种意义上,整个中国法都是行政的,这里没有其纠纷要根据伴之以辩诉的正当法律程序来解决的封建领主和富商。朝廷指派的官吏不会受到控诉,个人则小心在意,非万不得已不要求官府公断。"(同上书,第529页)显然,这里使用"行政法"一词意在说明其"公法"的性质。

裁，以设官分职实施政事也。"① 这段话将《六典》的性质、功用都说得很清楚了，尽管如此，我们还是可以对于这部典籍予以相当的注意。毕竟它在内容上所依凭的主要是当时尚在施行的令、格、式等官法，而它本身的编成也只有在古代官法发达至于相当程度时才是可能的。近时不少人将古代如唐之令、格、式乃至《六典》看作是中国古代的行政法，这至少是用语上的欠妥。作为一个法律部门，行政法乃是近代的产物，它在行政安排方面表现出来的"限权"职能，实本自宪法，本自宪法中所认可的各项公民权利。行政法以处理国家与公民之间的关系，尤其是因行政部门侵害公民权益而引起的损害赔偿作为它最重要的职能之一，根据就在这里。② 这一点也正是中国古时的"官法"完全不同于行政法的地方。简单的说，"官法"是出自吏治的需要，由上而下地保证"臣守法"和"行君之令而致之民"的手段，它的完备只能表明吏治的发达，而与法治原则全不相干。进而言之，"官法"与行政法的区别不仅是名称上的和内容上的，更重要还是历史渊源上的和社会功能上的。从这一角度出发，我们就不但可以将历史上有关官吏的门类繁多的法律统一起来，而且可以理解在古代法律里面，何以这类法律数量如此之多。③ 当然，只看历代"官法"，特别是与官制有关的琐细条目，我们还难以体味出君主通过官制的安排控制臣属、独揽大权的苦心，而这一点，恰正是中国古代官制演变的核心。

---

　　① 陈寅恪：《隋唐制度渊源略论稿》，中华书局1977年版，第82页。关于《唐六典》是否为法律以及是否曾经实施等问题，一直存在着争议。本文从陈寅恪先生之说。
　　② 参见拙文"法 法律 法治"，载梁治平：《法辨》，第217—228页。
　　③ 在历代刑律里面，与吏治有直接、间接联系的内容往往也不下十之五六。以唐律为例，律文十二篇直接讲官吏职守的就有职制、厩库、擅兴、捕亡、断狱五篇，其他各篇大多也收有相关的条款。如果我们把历史上可以归入"官法"的内容全部收集到一起，一定蔚为大观，使人们对中国古代法有更深刻、更全面的了解。

五

秦制，中央设丞相、太尉、御史大夫三职，分掌全国行政、军事、监察之职，是为三公。这套安排原本是为了加强中央集权，使"天下之事无大小，皆决于上"，不料以后丞相权势日增，位极尊隆，遂成为君主心患，所以，自汉武帝始，汉代皇帝屡屡起用内臣以架空三公，削弱相权，以致渐有"中朝"与"外朝"之分。以后又经历了魏晋南北朝的种种演变，至唐代终于形成了较为稳定的中央机构设置。至此，"三公论道之官也"，皆不视事。实权归于中书、门下、尚书三省。三省长官共同行使宰相权，因此便于皇帝控制。宋代有二府三司制，反又架空三省，相权进一步分割，并使调兵权与指挥权相分离。至明代，干脆废除丞相制度，使六部直接向皇帝负责。凡此种种，"仔细考察起来，无非是专制君主及揽权者们弄权斗法的结果"。① 一部中国古代官制史，明里暗里，处处可见这类斗法的痕迹。矛盾尖锐时，大动刀兵的事也会发生。天下甫定诛杀功臣的事例不绝于史就很能够说明问题。宋太祖"杯酒释兵权"②算是极温和的一例。明太祖废相制，直接以丞相胡惟庸开刀。受此案牵连而被诛杀者逾三万人。不久又有"蓝玉案"，受诛者亦不下一万五千之数。这种大规模诛杀臣属的事例虽属极端，但在中国传统的政治模式中，却又必定是无法根绝的。我们只要看看由汉至清，禁止臣属内外交通、交结朋党的法令是多么之繁，何等之酷，就可以了解到历代君主在对付臣属问题上的恐惧与敏感的心理了。诚如王亚南

---

① 王亚南：《中国官僚政治研究》，中国社会科学出版社1981年版，第66页。本节及六、七两节，多参照王著。

② 参见《宋史·石守信传》。

先生所说："所谓寝食不安,所谓宵旰图治,在天下已定或大定之后,主要还不是为了对付人民,而是为了对付臣属哩!"①

对付臣属只反映了君臣之间矛盾、对立的一面,这虽然是吏治必有的结果,却不是它惟一的内容。从积极的方面看,官僚集团本身的素质怎样将直接决定政绩的好坏。这一点,古往今来的帝王们都是很清楚的。所以,在消极的防范之外,君主还须花大气力解决好官吏的选用和管理问题。

关于官吏的选任,起初并无定制。秦汉通行的办法大抵有荐举、辟除和征召三种,以这种办法铨选官吏,因为缺乏固定的标准,容易产生流弊。魏晋时的九品中正制看似具有客观性,实际是豪门世族用以维护其政治特权的有效手段。因此,随着隋唐之际分裂局面的结束和政治格局的转换,这种选官制度便为新起的科举制度所取代。采用科举制,既便于思想统制,又可以扩大官僚集团的社会基础,亦有助于改善吏治,可以说是人治—吏治模式中最具功效的选官制度,这一点由科举制初行时取得的成功和它为后人代代相承的事实即可以得到证明。当然,我们不要忘记,中国古代的科举制不过是吏治的产物,因此也是人治的一种历史表现。改善吏治绝非消除人治的手段,而是人治模式中的自我调节机制。正因为如此,科举制注定会具有人治—吏治模式本身所具有的种种弊端。清世祖福临在顺治十年的上谕中痛心疾首,历数科举流弊。

比来各府州生员,有不通文义,倡优隶卒本身及子弟,厕身学宫,甚者出入衙门,交结官府,霸占地土,武断乡曲。国家养贤之地,竟为此辈藏污纳垢之所。又提学官未出都门,在京各官开单属

---

① 王亚南:《中国官僚政治研究》,第63页。

托,既到地方,提学官又采访乡绅子弟亲戚,曲意逢迎。甚至贿赂公行,照等定价;督学之门,竟同商贾;正案之外,另有续案,续案之外,又有寄学,并不报部入册。以致白丁豪富,冒滥衣巾,孤寒饱学,终身淹抑,……种种情弊,深可痛恨。①

此外,还可以指出,与科举制同时而在科举之外,还有铨选、选授、荫补、捐纳等其他任官方式。所以保留这些方式,是因为"专制君主及其大臣们施行统治,没有用人的特殊权力,没有任意拔擢人才的特殊权力,就根本无法取得臣下的拥戴。任何人走上仕途,如全凭考试,他们就不会对上峰表示特殊的恩遇"。② 这正是人治—吏治模式中必有的规律。

六

在官吏的任用之外,另一个甚至是更重要的环节便是官吏的监督。无监督则无觉察,对于高高在上的君主来说,这是比一般吏治的腐败更危险的事情。所以,官吏的督察与整饬历来都是吏治的核心。这一点由中国古代监察制度的发达即可以说明。

古代监察制度发端于秦。依秦制,中央设御史大夫,职掌御史台,主要负责察举违法官吏。御史台还向各地派出监察官员,称监御史。这种制度不但为后人所承继,而且被不断地发扬光大。唐代监察组织分为台院、殿院、察院,分别对象、区域行使职权,这表明古代监察制度已经相当地细密、完善。这里,我们不但可以把监察制度看成是吏治的

---

① 《东华录》顺治十年,转引自王亚南:《中国官僚政治研究》,第109—110页。
② 王亚南:《中国官僚政治研究》,第110页。

重要标志,而且还可以把它用作衡量吏治发达程度的尺度。从客观上说,古代吏治的组织机制迟早要产生出这样一种制度,并将它置于不可或缺的重要地位。从主观上说,君主想要振纲纪,核名实,也不能不依靠那些"激浊扬清"的风宪官。事实上,古代的监察组织首先是"天子风纪耳目之司",是为着君主侦察和控制官僚集团设计出来的。监察之不存,无异使君主耳目失聪,束手无策。唐睿宗曾说:"彰善瘅恶,激浊扬清,御史之职也,政之理乱,实由此焉。"[1]明太祖亦云:"国家立三大府,中书总政事,都督掌军旅,御史掌纠察。朝廷纪纲尽系于此,而台察之任尤清要。"[2]监察制度的重要于此可见一斑。只是,监察官们虽负有如此重任,毕竟不都是圣贤之辈,就是与那些受其监督的官吏相比,也没有必然的贤与不肖的差别。更何况,那些作为管官之官的督察者本身并不受民众的监督与制约,只向皇帝负责,此刻,谁可以保证他们德才兼备,忠于职守呢?答案只有一个:圣明之君。于是,问题又回到"用人"上来。唐太宗李世民很有这样的自觉,他说:

> 致治之本,惟在于审。量才授职,务省官员。故《书》称:"任官惟贤才。"又云:"官不必备,惟其人。"若得其善者,虽少亦足矣,其不善者,纵多亦奚为?……使得各当所任,则无为而治矣。[3]

太宗曾将都督、刺史的名字写在卧室屏风之上,坐卧恒看,并将各人政绩录于其名下。用心如此良苦,无非是要用人得当。太宗云:

---

[1] 《全唐文》卷十九,简择内外文武官助。
[2] 《明史·职官志》。
[3] 《贞观政要》卷三。

朕居深宫之中,视听不能及远,所委者惟都督、刺史,此辈实治乱所系,尤须得人。①

可见,治乱的关键在于"用人",而人君的最高职责就是要身体力行,贯彻吏治的根本原则:选贤任能。

选贤须明察,明察则须纳谏。这就要求君主(当然也包括各级用人的官吏)有远大的目光和虚怀若谷的修养。对于那些手握大权而很少甚至绝无约束的人来说,做到这一点很不容易,不但做而且坚持下去则更难。唐太宗与魏徵曾有一段著名的对话,颇能说明问题。

太宗谓侍臣曰:"守天下难易?"侍中魏徵对曰:"甚难。"太宗曰:"任贤能,受谏诤,即可,何谓为难?"徵曰:"观自古帝王,在于忧危之间,则任贤受谏,乃至安乐,必怀宽怠,言事者惟令兢惧,日陵月替,以至危亡。圣人所以居安思危,正为此也。安而能惧,岂不为难?"②

魏徵所言,正是古来帝王的必行之路。后人往往把贞观之治的昌明景象归功于太宗从谏如流、居安思危的个人品质,又把太宗晚年渐生骄矜之心看作是贞观后期战争与徭役频繁的原因,这些当然不无道理,但是,如果我们能从人治—吏治的政治模式入手来把握问题,无疑会更深刻些。

七

王亚南先生提出:"选贤任能是官僚政治的口号,'能者在位,贤者

---

① 《贞观政要》卷三。
② 同上书卷一。

在职'的理想实现程度,确也能测定那种政治场面的休咎与凶吉。"①只是,"能者在位,贤者在职"理想的实现终究要归结到用人者的贤明,所以,反过来说,吏治清明必定以"天子圣明"为前提。然而,天子圣明又是靠什么来保证的呢?如果皇权之上之外没有一种有效的制约机制,那就只能指望人君内心的自我约束了。这样一来,政治问题就变成了修养问题,天子的一言一行也都具有了道德风范的意蕴。不是要选贤任能吗?"古人云,王者须为官择人,不可造次即用。朕今行一事,则为天下所观;出一言,则为天下所听。用得正人,为善者皆劝;误用恶人,不善者竞进。赏当其劳,无功者自退;罚当其罪,为恶者戒惧。故可知赏罚不可轻行,用人弥须慎择。"②可见,用当其人还有劝善止恶的巨大道德示范作用。这个问题甚至是治乱之道更根本的所在。太宗云:

> 若安天下,必须先正其身,未有身正而影曲,上治而下乱者。朕每思伤其身者不在外物,皆由嗜欲以成其祸,若耽嗜滋味,玩悦声色,所欲既多,所损亦大,既妨政事,又扰生民。且复出一非理之言,万姓为之解体,怨讟既作,离叛亦兴,朕每思此,不敢纵逸。③

这种对于利害关系异常清醒的理智态度,可说是贞观之治得以出现的主观条件。然而,也正是这种把治国大计转化为道德问题的做法暴露出中国传统政治模式固有的致命弱点。用身体力行的道德实践方式来团结臣民,说明维系着官僚集团的是共同的道德信念,而意识形态的联系最终又不可避免要归结于人心。不错,典章制度不可或缺,法律的威严也要时时加以强调。然而,圣上的贤明和官吏的廉正不能靠外

---

① 王亚南:《中国官僚政治研究》,第102页。
② 《贞观政要》卷三。
③ 同上书卷一。

在的规范来保证,相反,倒是个人内在的品行、修养可以决定政制的存亡。这并不是因为外部的规范不足以约束个人,而是因为那种可以有效约束个人的外部规范从来没有——在中国传统文化的氛围中也不可能——建立起来。孔子云:"其人存,则其政举,其人亡,则其政息。"①这是两千年间不移的道理。虽然历代帝王都极重视法典的修订,并为掣肘臣下而在官制安排上颇费心计,但那不过是弄权的结果,法律从来都不是权力的基础,至高无上的皇权反倒是法律的源泉。如果说,君主有时也会表示对于法律的尊重,那只是为了取信于民,树立自己的公正形象,使"民知罪之无私,故甘心而不怨;臣下见言无忤,故尽力效忠"。②谁不知道"君私于上,吏奸于下"的道理呢?因此需要明君。官吏们自然应该服从法律,但不必对法律负责,因为他们的权力乃是皇上的恩赐,而非来自法律。按照人治—吏治的原则,官职乃是身份和特权,让这些有特殊身份的人屈从于法律谈何容易,因是需要贤臣。然而,明君贤臣的理想在现实中总是很难实现的。汉廷尉张释之秉公执法之所以可贵,魏武帝曹操割发代首之所以可敬,唐太宗李世民任贤纳谏之所以可佩,宋丞相包拯铁面无私之所以可赞,全在其难能而能。历来对明君贤相的歌颂,归根结蒂,都是对制度的否定。只有在制度无望的情况下,人们才拼命赞美个人的道德操守。然而,这种赞美愈是热烈,期待愈是真诚,现实中的明君贤相便愈发地难得。纵观中国历史,自秦洎清,凡两千余年,贤明者如李世民、魏徵辈实在是"千世而一出",相反,昏庸之君,贪暴之吏倒是不胜其多。而且,愈是到了后期,官场愈是腐败,纵有励精图治的君主,也回天无力,难以挽回颓势了。明太祖朱元璋兴大狱、废丞相,严禁臣下交结朋党,谨防后宫、宦官干预

---

① 《礼记·中庸》。
② 《贞观政要》卷五。

朝政,严刑峻法,无所不用其极,末了反而促成了宦官揽权、阉党专政的局面,这不能不说是传统政治格局中以人制人的必然归宿。类似的情况还可以举惩治贪官污吏为例。

惩治贪官污吏一向是吏治的重要内容,历史上,规模浩大的打击贪吏运动也时有发生,但是这些措施纵可以行一时之计,结构性的腐败之风最后总是无法消除。明代的历史就是一个好例。据《明史·刑法志》:"太祖开国之初,惩元季贪冒,重绳赃吏。"根据明律规定,受人财物而曲法科断者,一贯以下杖七十,八十贯者,绞。对犯有赃罪的监察官吏,处刑更严。明律规定:"凡风宪官吏受财及于所按治去处求索借贷人财物,若买卖多取价利及受馈送之类,各加其余官吏罪二等。"①大明律之外,朱元璋还亲自编制《大诰》,取当世事之善可为法、恶可为戒者,著为条目,大诰天下。其中,有相当部分是惩治贪官污吏的案例。而且,与明律相比,《大诰》内容更为严厉,并有不见于律文的种种酷刑。对于当时轰轰烈烈的惩治赃吏运动,后人有翔实的记载:

> 明祖严于吏治,凡守令贪酷者,许民赴京陈诉,赃至六十两以上者,枭首示众,仍剥皮实草。州府县卫之左,特立一庙,以祀土地,为剥皮之场,名曰皮场庙。官府公座旁,各悬一剥皮实草之袋,使之触目警心。②

从这里可以看出明太祖惩治贪吏的决心。不过,客观效果未必总与主观愿望相一致。甚至朱元璋在时就已痛心地发现,"我欲除贪赃

---

① 《刑台法律》卷十二,"风宪官吏犯赃"。
② 赵翼《二十二史札记》卷三十三,"重惩贪吏"条。此书卷二十四有"宋初严惩赃吏"条,开篇即云:"宋以忠厚开国,凡罪罚悉从轻减,独于治赃吏最严。"事实上,这是中国历史上经常重复的一个主题。

官吏,奈何朝杀而暮犯。"①征诸史实,明代法律固严,明代贪赃枉法之风却较前朝更烈。问题似不在于统治者决心不大,努力不够,而在于人治—吏治模式的内在机制只能如此。"综观历朝贪污史录,愈接近近代,贪污现象亦愈普遍,贪污技巧亦愈周密,而与惩治贪污刑典的宽严似无何等重大关系。"②刑罚只可以惩处犯罪的结果,却不能消除犯罪的原因,这个道理,明太祖大概不甚懂得。他不知道,他意欲消除的,正是他竭力想要维护的制度的副产品。"中国社会经济发展至明、清两代,流通经济现象愈益活跃,高利贷业商业的扩展,对官吏贪欲的助长已非常明白;而凝固的政制措施,不能适应变动发展实况所造成的大小漏洞,复给予各种贪欲以发泄的机会。"③透过这个具体原因的说明,我们更可以了解,为什么愈是到了后来,吏治愈容易腐败,且这种腐败愈是不易救治。

八

通过上面关于中国古代政治传统的讨论,我们已大略勾画出了人治—吏治模式的轮廓。然而仅凭这些仍不足以把握其根本精神,除非我们能够深入到文化之中,找出它与沉积于文化底层的某些抽象观念之间的隐秘联系。事实上,一般所谓官僚政治的模式并不仅见于古代

---

① 刘辰:《国初事迹》。
② 王亚南:《中国官僚政治研究》,第119—120页。
③ 同上书,第120页。黄仁宇先生把这种情形概括为技术与道德之间的脱节。他在所著《万历十五年》一书中写道:"一个具有高度行政效率的政府,具备体制上技术上的周密,则不致接二连三地在紧急情况下依赖于道德观念作救命的符箓。说得严重一点,后者已不是一种好现象,而是组织机构违反时代,不能在复杂的社会中推陈出新的结果。这种局面不打破,文官的双重性格发展得越来越明显。这也是精神与物质的分离。一方面,这些熟读经史的人以仁义道德相标榜,以发挥治国平天下的抱负为国家服务,以自我牺牲自许;一方面,体制上又存在那么多的罅隙,给这些人以那么强烈的引诱。"(中华书局1982年版,第91页)这既是贯穿《万历十五年》全书的基本思想,也是对本文所谓人治—吏治模式固有矛盾的一个极好的说明。

中国。在欧洲,大约16—19世纪之间,先后出现了一批君主专制的官僚政治国家。如果只从政治的层面上看,则上面关于中国古代社会政治原则的某些一般性总结也未尝不可以移用于这些国家。不过我们还注意到,欧洲历史上的君主专制国家只是封建的中世纪与近代资本主义之间的过渡阶段,其历史不过二三百年。与中国古代绵延两千余年的君主专制的官僚政治相比,它们不但显出时间上的短促,而且具有全然不同的历史意义,这种不同恐怕只能以文化上更深一层的差异来解释。要说明这个问题,我们可以由中、西思想家对于人性的基本看法入手。因为,不管有没有明确的意识,一种政治哲学的提出通常是以关于人性的假定来作它的前提。而人性的善恶确也是古代政治哲学讨论的中心问题。虽然作为一个哲学或者道德命题,关于人性的任何一种立论都是可以反驳的,但是,这些立论一旦成为政治学上的假定和前提,立刻就会产生惊人的后果。

西方文化常被人称作"罪感文化",显然是以它的相信性恶为依据的。在西方,人性恶的思想由于基督教的缘故而得到广泛传布,原罪的观念在很长一段时间里面支配着人们对于人性的看法。① 相比之下,中国哲学中从来没有过类似基督教的"原罪"那样强固的人性恶的观念。在这里,善才具有根本的意义,恶只存在于过与不及之间。② 这种

---

① "耶和华见人在地上罪恶很大,终日所思想的尽都是恶"(《创世记》6:5);"人从小时心里怀着恶念"(《创世记》8:21)。这是《圣经》的传统,也是中世纪以来西方文化的传统。西方近代政治哲学正是在这种传统中成长起来的。详见下。

② 戴震云:"欲之失为私,私则贪邪随之矣;情之失为偏,偏则乖戾随之矣;知之失为蔽,蔽则差谬随之矣。不私,则其欲皆仁也,皆礼义也;不偏,则其情必和易而平恕也;不蔽,则其知乃所谓聪明圣智也。"(《孟子字义疏证》卷下)实际上,即便是宋明理学的"天理"和"人欲"也并非灵魂和肉体的决绝对立。诚如冯友兰先生所言:"饮食男女之欲,宋儒并不以为恶,特饮食男女之欲之不正者,换言之,即欲之失者,宋儒始以为恶耳。朱子谓欲为水流之至于滥者,其不滥者,不名曰欲也。"冯友兰:《中国哲学史》(下册),第1005页。关于中国传统观念中善与恶的地位,又可以参阅李泽厚:《中国古代思想史论》,人民出版社1985年版,第238、308页。

差别具有深刻的含义,如果人生来是有罪的。如果"人性已经腐化并且是从上帝那里堕落下来的"①,人怎么可能在内心找到善的泉源,又怎么能够指望依靠自己获得拯救?这种罪恶意识自然要导致灵魂与肉体、此岸与彼岸的尖锐对立。相反,中国式的达观绝不否弃现世的存在。因为,人性中有善端,有良知,有天然向善的倾向。善就在内心。这一点,朱子表述得非常清楚。理,亦即性,就在人的心里,它是善的,好的。人之贤与不肖,与理(性)没有直接的关系,而在于他所禀受的气的清浊。

> 但禀气之清者,为圣为贤,如宝珠在清冷水中;禀气之浊者,为愚为不肖,如珠在浊水中。所谓"明明德"者,是就浊水中揩拭此珠也。②
> 人性本明,如宝珠沉溷水中,明不可见。去了溷水,则宝珠依旧自明。③

求善不必向外,只须修身,是"就浊水中揩拭此珠也"。这里强调的是内省的功夫,而不是外求的必要。因此,儒家的人生最高境界不是灵魂向上帝的归依,而是通过道德修养的手段使物我界限不复存在,进而达到物我皆一的"天人合一"境地。这种不假外求,反身自诚,在内心(有限)中求宇宙(无限)的内修方式,是中国古代哲学把握世界的独特方式。习惯于"上帝"观念的西方基督教文明,要理解这种无须任何中介的"自救"方式一定是很困难的。帕斯卡尔认为,人没有上帝是可

---

① 〔法〕帕斯卡尔:《思想录》,何兆武译,商务印书馆 1985 年版,第 201 页。
② 《朱子语类》卷四。
③ 同上书卷十二。

悲的，因为那就意味着人失去了得救的希望。而古老的中国哲学却教导人们树立起一种独特的信念，相信内心的力量是无所不克的，这样一种信念在政治哲学上有着重大意义。

孔子论政云：

> 为政以德，譬如北辰，居其所，而众星共之。①
> 君子之德风，小人之德草，草上之风必偃。②

这是以人性本善的思想为依据的。正因为人性是善的，所以下民可教、可化，社会秩序亦可以建立于道德的基础之上。这样一来，政治道德化了。即便是采用强暴手段，也要使它从属于"道德"目的。所谓"德主刑辅"，所谓"明刑弼教"，便是此理。

孔子的政治纲领虽然以性善为依据，他却不曾明言人性究竟是善还是恶。中国历史上第一个阐明性善论，并以明确形式把政治建立在心理原则之上的是孟子。

孟子的"不忍人之政"，亦即上文所谓王道、王政或仁政，直接以人心为依据。

> 人皆有不忍人之心，先王有不忍人之心，斯有不忍人之政矣。以不忍人之心，行不忍人之政，治天下可运之掌上。③

在孟子看来，仁、义、礼、智并非强加于人的外在要求，而是人心固

---

① 《论语·为政》。
② 《论语·颜渊》。
③ 《孟子·公孙丑上》。

有的"善端",人只要将此"善端"扩而充之,便可以成圣成仁。这是"内圣"之道,然孟子并不以此为满足,与孔子相比,他更注意将此道应用于政治领域,使"内圣"与"外王"紧密结合起来。① 孟子以后的思想家,对人性之善恶虽有不同的看法和解说,其一般政治纲领却不能脱出孟子思想的框架之外。②"内圣外王"遂成为两千年来我国传统政治哲学的最高理想。这个最高理想在儒家经典《大学》里得到了系统而完备的表述:

> 物有本末,事有终始,知所先后,则近道矣。古之欲明明德于天下者,先治其国,欲治其国者,先齐其家。欲齐其家者,先修其身。欲修其身者,先正其心。欲正其心者,先诚其意。欲诚其意者,先致其知。致知在格物,物格而后知至。知至而后意诚。意诚而后心正。心正而后身修。身修而后家齐。家齐而后国治。国治而后天下平。自天子以至于庶人,一是皆以修身为本。其本乱而末治者,否矣。其所厚者薄,而其所薄者厚,未之有也。此谓知本,此谓知之至也。

这段话里,最可注意的是由"内圣"而"外王"的程序。从格物到修身,讲的是"内圣"之道;从修身到平天下,讲的是"外王"的途径。按照古代儒者"穷则独善其身,达则兼济天下"的标准来看,修身既是终点又是起点,有独立的价值,所以是"本"。这样,治平天下的政治问题就

---

① 参见冯友兰:《中国哲学史》(上册),第154页。
② 荀子曰:"请问为国? 曰:闻修身,未尝闻为国也。君者,仪也;仪正而景正。君者,槃也;槃圆而水圆。君者,盂也,盂方而水方。君射而臣决。楚庄王好细腰,故朝有饿人。故曰,闻修身,未尝闻为国也。"(《荀子·君道》)可见,荀子的性恶论并不彻底。以后如董仲舒、王充以及宋明理学各家,也都把"内圣外王"奉为政治的最高鹄的。

被归结为修身养性的道德要求,而这种道德要求又只能依靠内修的方式,依靠对人性中善的发掘才可能实现。这一点,宋儒朱熹说得清楚:"帝王之学,必先格物致知,以极夫事物之变,使义理所存,纤悉毕照,则自然意诚心正,而可以应天下之物。"①这是极端的政治道德化。由此产生了中国式的"政教合一":政治和道德打成一片,密不可分,政治问题便无所不在,所谓"是道也,是学也,是治也,则一而已"。②"学术、思想及至教育本身,完全变为政治工具,政治的作用和渗透力就会达到政治活动本身所不能达到的一切领域了。"③其结果自然是加深了政治的道德化,使之愈加彻底和难以动摇。

九

上述情形不见于、亦难见于西方基督教文明。在那里,灵魂与肉体的冲突,此岸与彼岸的割裂以及教会与国家的对立,实际上造成内心世界与外部世界的分离,堵塞了由"内圣"至于"外王"的途径。13 世纪的经院派大师托马斯·阿奎那说:

> ……世俗权力要受宗教权力的支配,如果这是由上帝如此规定的话;即在有关拯救灵魂的事情方面。在这些问题上,人们应先服从宗教权力,然后再服从世俗权力。可是,在有关社会福利的事情方面,应该服从的是世俗权力而不是宗教的权力。因为按照《马太福音》(第二十二章,第二十一节)给我们的指示,"该撒之物

---

① 《宋史·朱熹列传》。
② 龚定盦语,转引自王亚南:《中国官僚政治研究》,第 43 页。
③ 王亚南:《中国官僚政治研究》,第 43 页。

应归该撒"。①

教会所关心的是人的内心生活,是灵魂得救问题。国家则否,它所注意的是人的外部行为,是社会秩序问题。这样,人的内心生活和外部活动就分别受到不同规则的支配。对于世俗统治者来说,法律政令只与人的外部行为有关,因为,就事物的本质而言,"他只能对外在的行动作出判断",②"只有作为神法制订者的上帝才能判断意志的内在活动"。③虽然在圣·托马斯的理论构架中,政治学从属于伦理学,世俗国家的活动乃至其存在本身都是为了至高之善的实现,但是,他对于教会与国家各自价值的确认,他把人的内心活动和外在行为分别划归教会和国家管辖的做法,却在某种意义上为近代政治学和法律学的建立以及"政教分离"的实现奠定了基础。④

这里,我们不要忘记,作为一个西方思想家,一个中世纪神学理论的阐释者,托马斯·阿奎那当然是在人性恶的前提下讨论问题,他的思想同样无法逾越"外在超越"的宇宙观。国家必须注意控制人的外在行为,这不仅是因为人的内在活动只有神法才可以判断,而且因为腐败的人性不足以成为政治的可靠依据。⑤ 同样,灵魂的得救也不能依靠

---

① 《阿奎那政治著作选》,第153页。"耶稣说:该撒的物当归给该撒,神的物当归给神。"(《马可福音》12:17)这是教会与国家分立的原则,也是早期教父们信守的传统。承认教会与国家的二元论乃是中世纪欧洲思想的特征。

② 《阿奎那政治著作选》,第127页。

③ 同上。

④ 在某种意义上说,这种做法同时还隐含了道德与法律的区分。如果把这种教义拿来与中国古代关于道德与法律关系的学说加以比较,我们就会发现,作出这种区分的意义十分重大。请参阅本书第十章"礼与法:道德的法律化"。

⑤ 在圣奥古斯丁所描写的"地上的城"里,"人不为己,天诛地灭"乃是通行的格言。"自私统治着这个国,各种自私自利的目的互相冲突,使它终将沦为罪恶的渊薮。"(〔美〕G.F.穆尔:《基督教简史》,商务印书馆1981年版,第162页。)

内修的方式,人只有通过某个中介才可能最终到达善的彼岸世界。这种对于人的内在力量的怀疑和否弃归根到底是建立在人性恶的信念上的。在这种思想传统中成长起来的政治思想家,自然会采用现成的材料和工具来构建自己的理论。16 世纪的英国神学家胡克尔写道:

> 一句话,除非假定人的劣根性比野兽好不了多少,并针对这情况作出规定,以防范人的外部行动,使它们不致妨碍所以要组成社会的公共福利,除非法律做到这种地步,它们便不是完美的。①

胡克尔的理论与日后英国确立的政治原则有密切关系。近代最早提出分权理论的洛克深受其影响,他的名篇《政府论》正是以胡克尔《宗教政治的法律》一书所提供的政府理论为基础写成的。② 这当然不是某种偶然的、个人的联系,而有其历史的内在逻辑。正因为如此,近代启蒙学者和自由主义思想家几乎无一不是坚守性恶的立场。洛克说:

> 谁认为绝对权力能纯洁人们的气质和纠正人性的劣根性,只要读一下当代或其他任何时代的历史,就会相信适得其反。③

孟德斯鸠断言:

---

① 转引自〔英〕洛克:《政府论》(下篇),叶启芳等译,商务印书馆1983年版,第83—84页,注1。这段话使我们想到法家的刑罚理论。它也主张把法律建立在性恶的假定上。此二者的深刻差异在于,中、西思想家对于法的认识大相径庭。法家所谓法,辄与刑有关,而与权利无缘,这种法不可能用来约束君主,这意味着,它的性恶论也不能够应用于君主,而政治学上的性恶论主要是以权力阶层为对象的,所以,法家虽主性恶,宪法或近代政治学却不能够产生于其中。

② 胡克尔的政治、法律理论在许多方面继承了圣托马斯。所以,我们应该把他对于洛克的影响放在中世纪神学政治理论与近代政治理论的关系这一大背景下来理解。

③ 〔英〕洛克:《政府论》(下篇),第56页。

> 一切有权力的人都容易滥用权力,这是万古不易的一条经验。①

这种对于人性的深刻的不信任虽然是经验和观察的结果,却也明显带有基督教文明的印痕。② 与中古的神学政治理论相比,近代政治学虽然不再用神学的语言讨论问题,但它所由出发的立场,乃至它寻求解决办法所依循的途径,依然令人想到那些古老的模式。洛克指出:

> ……如果同一批人同时拥有制定和执行法律的权力,这就会给人们的弱点以绝大诱感,使他们动辄要攫取权力,借以使他们自己免于服从他们所制定的法律,并且在制定和执行法律时,使法律适合于他们自己的私人利益。③

解决的办法,是为权力划定界限,"以权力约束权力"!洛克之后的孟德斯鸠把国家权力一分为三:立法权、行政权和司法权。他认为,只要上述三权中的任何两项集中在一个人或同一机构之手,自由便不复存在。如果这三种权力竟都归而于一,"则一切便都完了"。④ 他由

---

① 〔法〕孟德斯鸠:《论法的精神》(上),第154页。
② 关于政治学中性恶的假定,我们甚至可以发现更为久远的传统。柏拉图最初曾设想过一种合政治的伟大和智慧于一的哲学家王,但他很快就发现,这个理想实在崇高得难以企及。在现实生活中,这种理想极易演为独裁。所以,在他晚年所著的《法律篇》里,哲人的统治让位于法律的统治。法律比之人心确有更多的优越性。这一点,亚里士多德也有明白的论述。在这位西方政治学的鼻祖看来,法律之可取不仅在于它是一种"没有情感的理智",更重要还在于它是实现一切善德的最基本条件。"人在达到德性的完备时,是一切动物中最出色的动物;但如果他一意孤行,目无法律和正义,他就成为一切禽兽中最恶劣的禽兽。"(参见《政治学》1253^{a}30)他又说:"传贤而不私其子之美德是不易做到的,我就不敢对人类的本性提出过奢的要求。"(《政治学》1286^{b}25)
③ 〔英〕洛克:《政府论》(下篇),第89页。
④ 〔法〕孟德斯鸠:《论法的精神》(上),第156页。

此得出结论,三权分立乃是一切政治自由的保障。这种权力制衡的观念正是西方近代宪政理论的核心部分。

十

现在,我们可以回过头来,再行审视古代中国的传统政治理论。与哲学意识的深层相比,表层的对立更为触目。

朱子论"帝王之学"云:

> 天下之务莫大于恤民,而恤民之本,在人君正心术以立纪纲。盖天下之纪纲不能以自立,必人主之心术公平正大,无偏党反侧之私,然后有所系而立。①
>
> 天下事有大根本,有小根本,正君心是大本。②
>
> 大抵立法必有弊,未有无弊之法,其要只在得人。若是个人,则法虽不善,亦占分数多了。若非其人,则有善法,亦何益于人。③

这并非腐儒的空谈,历来的明君贤相都有这样的自觉。唐太宗不是说过"若安天下,必先正其身,未有身正而影曲,上治而下乱者"一类的话吗?总结历代治乱兴亡,著有《资治通鉴》的宋人司马光也说:

> 夫治乱安危存亡之本源,皆在人君之心,仁、明、武,所出于内者也;用人、赏功、罚罪,所施于外者也。④

---

① 《宋史·朱熹列传》。
② 《朱子语类》卷一百八。
③ 同上。
④ 《司马文正集》卷七。

稳健、干练的明大臣张居正亦云：

> 臣闻帝王之治天下，有大本，有急务。正心修身，建极以为臣民之表率者，图治之大本也。①

这是我们的政治传统，它不但渊源久远，而且有着深厚的社会根基。因此，哪怕是异族的统治者，想要在这片土地上建立起有效的秩序，也不能不继受这传统。康熙十八年的上谕说得清楚：

> 治国家者，在有治人，不患无治法尔。②
> 从来有治人，无治法，为政全在得人。人臣事君全在辨心术之公私。③

这段话甚至连用语也是由朱子乃至荀子那里抄来的。这应该能够表明中国古时治乱之道的一贯精神了。从这里出发，政治批评只能变成为道德评价，政治改革也不能不以自省自修的道德拔高为目标。宋儒之提出"正君心"的口号，便是明显的一例。

十一

专横的权力，暴虐的法律，以及因权力腐蚀而沉沦的人性，这些都是"人治"之下最常见到的现象，并无中、西之别。同样，对于这些现象

---

① 《张太岳集》卷三十六。
② 《大清圣祖仁皇帝实录》卷八十三，转引自《中国法律思想史资料选编》。
③ 同上。

的观察与抨击,也屡屡见诸留存至今的中、西历史文献,只是,在分析弊端产生的原因和提供解决的办法等方面,中、西思想家所关注的问题是极不相同的。这里的原因可能复杂而多样,最根本的肯定是思维模式、价值评判等观念形态和文化传习的因素在起作用。

在传统的人治—吏治模式中,把社会进步的希望寄托在开明君主身上,不过反映了表层权力结构的特征。然而,汉儒董仲舒"天人感应"的"灾异说",和宋儒朱熹的"正君心"同时还是某种深层心理结构的再现。相信人的内心有无穷的力量可以发掘,把这种信念引入政治领域,化政治为道德,以为只依靠思想和道德的力量就可以解决一切社会问题,这便是中国古代政治传统的核心所在。明白了这一点,我们就可以懂得,中国古代社会不仅不曾有过"法治",而且也不大可能出现"法治"。

相对于政治变革,文化诸要素总是先在的、持久的和决定性的。从根本上说,政治变革不可能脱出文化所给定的条件之外,而只能在它固有的界域内进行。同样,思想家只能在他们各自的文化背景之下,借助于由他们置身于其中的文化给定的语言和方式来思考和讲话。这一点,就连现行秩序最激烈的批判者也不能够例外。西方近代启蒙学者必须由古代希腊、罗马和中世纪的政治、法律传统中获取其思想资源;西学东渐以前的中国知识分子亦只能以三代之治的理想模式作自己批判的武器。清初思想家黄宗羲写《明夷待访录》,不独非君,而且非法。但是他关于"置相"和"学校"的议论仍旧不脱贤人政治的窠臼。他所非之君,只是后世一姓之君,所非之法,实乃后世一家之法。他既不能在传统文化的符号体系当中创造出"权利"这样一种基本的概念,更无法发明一种与权利同其意蕴的"法"字。他只能标举为公之君,弘扬"天下之法",然而这种"天下为公"的理想实在不仅是传统儒学的最高鹄的,甚至还是中国传统文化的一种基本性格。①（详见第七章"义利之辨"）

　　文化的界限是无形的,却又是无所不在的。法既然与刑相通,既然只能有令行禁止的功用,则法不能至上,不能为全社会的调节器,都是自明之理。在这层意义上说,我们前面关于中国古代文明和古代法的起源及特性的考察,已经大略包含了本章的主旨。

---

① 有现代研究者认为,黄宗羲具有近代民主思想,他关于"置相"和"学校"的议论近于内阁制和代议制的理论。详见侯外庐:《中国思想通史》第五卷,第三章第二节;李泽厚:《中国古代思想史论》,第280—284页。对于这种说法,我不敢苟同。只是关于这个问题,本文不能详论。

第四章 《法经》与《十二表法》

夫立法令者以废私也,
法令行而私道废矣。

——《韩非子·诡使》

一

公元前451年,在经历了长时间抗争之后,罗马平民对贵族的斗争取得了一个突破性胜利,其标志乃是一部法典的颁行。这是罗马历史上的第一部成文法典,史称《十二表法》。①

比《十二表法》略晚,在黄河中游,现今山西安邑地方,也有一部法典问世,那就是李悝的《法经》。②

这两部法典有许多相似之处。

在中国法律史上,李悝的《法经》,正像《十二表法》之于罗马法律史,通常被认为是第一部成文法典。李悝亦因此被史家认为是中国历史上创立法典的鼻祖。

李悝撰写《法经》,虽说是私家编纂,却不曾因此而失去其社会影

---

① 又作《十二铜表法》。公元前451年制定出十表,翌年又增订二表,分别为前、后五表之补充。
② 《法经》写成年代不详,据李悝在世时间推算,当在纪元前400年前后。

响，它在中国古代法历史上所起的作用，正可以与罗马法中《十二表法》的地位相媲美。关于《十二表法》，梅因写道：

> 世界上最著名的一个法律学制度从一部"法典"(Code)开始，也随着它而结束。从罗马法历史的开始到结束，它的释义者一贯地在其用语中暗示着，他们制度的实体是建筑于"十二铜表法"……的基础上的。①

这个说法并不过分。尽管这是一部早期法典，但是自它在公元前5世纪颁行于世，一直到公元6世纪东罗马皇帝查士丁尼组织大规模的法典编纂，整整一千年间，从未有人表示要将它明文废止，相反，几乎所有伟大的罗马法学家，都留下了对这部早期法典的注释。

关于《法经》，也可以引一段研究者的文字来说明。

> 秦汉两律虽相环接，且各有其兴革，而两律骨干之所寄者，则皆李悝之法经也。
>
> 魏晋两律虽相继续，且各有其特质，而两律所取为蓝本者，则皆汉律也。
>
> 是汉律之精神，更直接延续于北魏，而又为唐、宋、明、清律之太祖也。②

简而言之，中国法律史上的《法经》，正像罗马法律史上的《十二表

---

① 〔英〕梅因：《古代法》，第1页。
② 陈顾远：《中国法制史概要》，中国台北三民书局1977年版，第28—30页。又可以参见陈寅恪：《隋唐制度渊源略论稿》之四"刑律"。

法》一样,是源,是流,是千年法律制度建立于其上的基石。这个结论把我们的比较推到一个更深的层次。

二

一般地说,一个社会的早期制度,往往就是这个社会的文化基因。它也像生物的基因一样,在其最原始的胚胎中,包含了成熟机体的若干重要表征。由这一点出发去研究和比较古代法典,我们可能得到一些全新的印象。

制定于公元前451—前450年的《十二表法》,其篇目依次排列是:传唤;审理;执行;家长权;继承和监护;所有权和占有;土地和房屋(相邻关系);私犯;公法;宗教法;前五表的补充;后五表的补充。① 这种排列本身就明显表露出一般早期法典的特征,比如将程序列于篇首,且独占三表;程序法、实体法不分;公法与私法,世俗法与宗教法混同,等等。考虑到早期社会文明发达的程度,这一点不难理解,因此,这里也不拟详论。我们感兴味的,是由人类学角度审视表现于法典中的文化特质。因为,诸如注重形式、僵硬而缺乏弹性、诸法合体一类情形,都是一个早期社会固有特征在法律上的表现,而从本质上说,它们又都是技术性的。随着社会文明程度的提高,这些技术性特征将逐渐消褪。真正富有生命力的,是法典中更能反映该社会文化特质而不只是文明发展程度的东西。它们的生长取决于此一社会的文化性格,但是反过来,它们也参与对其文化母体的塑造,并给予这个社会以有力的推动。具体说

---

① 《十二表法》原文久已亡佚,现在所见的《十二表法》系后人由相关古代文献整理而成。这里的引文据周枏先生的译文。下同。参见《罗马法》,群众出版社1983年版,第364—371页。

来，我们这里所指的，主要是《十二表法》中冠以"继承和监护"、"所有权和占有"、"土地和房屋"等标题的篇章。按照罗马法的传统分类，这一部分被归于"私法"。

私法的概念乃是罗马人的独创。一般认为，这个概念最早出自罗马著名法学家乌尔比安。他认为，有关罗马国家的法为"公法"，有关罗马人的法为"私法"。① 这种分类的意义在于，有关公益的法与有关私益的法被严格地区分开来。它们被看成是两个截然不同的领域，应该适用完全两样的原则、规则。在当时，这种做法在很大程度上保护了私法的健康发展。"因为公法与私法的截然两分，使得后者能够不受罗马国家所蒙受之宪政上动荡的影响而继续其独立的发展。"②

罗马私法就这样繁盛起来，它的历史意义难以估量。全部近现代法律学都从这里得到滋养，整个西方文明都带有罗马私法的印记。梅因写道：

> 罗马法尤其是罗马"契约法"以各种思维方式、推理方法和一种专门术语贡献给各种各样的科学，这确是最令人惊奇的事。在曾经促进现代人的智力欲的各种主题中，除了"物理学"外，没有一门科学没有经过罗马法律学滤过的。纯粹的"形而上学"诚然是来自希腊而不是来自罗马的，但是"政治学"、"道德哲学"甚至"神学"不但在罗马法中找到了表意的工具，并且以罗马法为其最

---

① 一般所谓私法，主要指用以调整所有权、债、婚姻、家庭和继承关系的那部分法律，约略相当于今之所谓民、商法。历史上，划分公法与私法的标准不尽相同，但是这一分类一直延续至今，对现代法律的发展有着巨大影响。

② Geoffrey Sawer, The Western Conception of Law, in *International Encyclopaedia of Comparative Law*, Vol. II. *The Legal Systems of the World*, p. 18.

深奥的研究养育成长的一个卵巢。①

事实上,不但近现代西方社会的学说、制度和科学受到过罗马私法的洗礼,而且近现代西方人的信念和生活方式里面,也渗透着罗马私法的精神:在这个社会里面,几乎所有的问题都可以依着法律的方式去思考,也都可以提交法律去解决。② 在这层意义上说,西方文化不啻就是法律文化,而且首先是私法文化。

自然,私法文化的概念具有极丰富的内涵,在下面的讨论中,我们将尽力勾勒出它的一些重要的特征。但是在此之前,我们还是回过头来,在同样的层面上对《法经》稍加审视。

三

《法经》的问世虽较《十二表法》略晚,中国古代法的发轫却远在公元前2000年的上古时代。换句话说,《法经》不独具有较《十二表法》更久远的历史渊源,而且就其自身所代表的文化形态而言,也处于一个更成熟的发展阶段。

据《晋书·刑法志》所载:

> ……魏文侯师李悝。悝撰次诸国法,著《法经》。以为王者之政,莫急于盗贼,故其律始于《盗贼》。盗贼须劾捕,故著《网》

---

① 〔英〕梅因:《古代法》,第191—192页。
② 杰弗里·索尔写道:"罗马私法体系的范围与稳步扩张,包含一种对于西方法极重要的假定;原则上,没有任何社会活动的领域不受法律影响,而使社会活动服从于法律规定,无论基于道德的、宗教的,还是政治或经济理论的原因或一般方便的考虑,都没有什么可耻的,或是有害的。"Geoffrey Sawer, The Western Conception of Law, p.19.

《捕》二篇。其轻狡、越城、博戏、借假不廉、淫侈、踰制以为《杂律》一篇。又以《具律》具其加减。是故所著六篇而已，然皆罪名之制也。

通观《法经》六篇，有两个特点可以注意：其一，《法经》早已脱去远古之巫术与禁忌的影响，而有较成熟的理性，纯为一世俗法律；其二，《法经》由"王者之政"而来，涉及的乃是"国家利益"，"统治者与被统治者"之间的关系。我们在《十二表法》中看到的，可以被称为"私法"的那部分，完全不见于《法经》。这种现象究竟是偶然的、随机的，还是蕴涵有某种逻辑上的必然性，这是一个非常有趣而且极为重要的问题。因为，这里所涉及的，已经不是表现于法典中的技术问题，而是法典的文化意蕴，即体现于法律中的文化性格的重大问题。

在中国法律史上，《法经》虽据有重要地位，毕竟还是一部早期法典。因此自"商君受之以相秦"之后，历代皆有损益。根据近几十年的考古发掘来看，秦朝法律繁多，远非一部《法经》所能囊括。至汉代，"萧何定律，除参夷连坐之罪，增部主见知之条，益事律《兴》《厩》《户》三篇，合为九篇。叔孙通益律所不及，傍章十八篇。张汤《越宫律》二十七篇，赵禹《朝律》六篇，合六十篇"。① 实际的情形，恐怕更复杂些。此后又经过数百年的发展，遂出现盛唐之际完备成熟的法典。中国古代法律，至此臻于极境，后来历朝的法律，除于细微处做些修订之外，没有也不大可能再图发展了。因此，我们注意到唐律，注意到《法经》与唐律之间的异同。

由法律调整社会生活所涉的范围，以及法典本身在技术方面的完备程度而言，唐律比之《法经》确是向前大大跨出了一步。《唐律》（永

---

① 《晋书·刑法志》。

徽律）十二篇，分别为名例、卫禁、职制、户婚、厩库、擅兴、贼盗、斗讼、诈伪、杂律、捕亡、断狱。其中，"户婚"及"杂律"的相当一部分，涉及今之所谓"民事法律关系"。表面上看，这部分正好与上举《十二表法》中所谓"私法"的那一部分相呼应。实际上，论者或谓中国古代法典皆是"诸法合体"、"民刑不分"，正是着眼于这样一类现象的存在。然而，恰恰是在这个问题上面，我们可以发现《唐律》与《法经》根本一致的所在，正好比我们曾在"禹刑"、"吕刑"与《法经》之间找见了一脉相承的"神圣传统"。

《十二表法》第七表第八条：

> 用人为的方法变更自然水流，以至他人财产受到损害时，受害人得诉赔偿。

遍翻《唐律》"户婚"、"杂律"诸篇，找不出一条相类的条款。相反，它的兴趣似乎只在"出令"，注意的只是对于"违制"的惩戒。《唐律疏议》凡三十卷，五百零二种禁条，①数十万言，只"罪名之制"一句便可以概括净尽。就此而言，它与《法经》全无不同。陈寅恪先生在其《隋唐制度渊源略论稿》中以"刑律"名之，自有充分的依据，而我们说中国历代法典都只是刑法典，大体上也并不为过。

四

关于中国古代法典皆为刑法典这一事实，近代以来的中外研究者

---

① 《唐律疏议》中除"总则"的说明性条款之外，皆是禁止性条款，涉及"户婚田土"内容时亦无例外，因为它全是关于"罪"的规定。

们大多是认识到了。不过,若是涉及中国古代法中"私法"或说"民法"的有无问题,则一般的意见竟又是肯定的。日本学者浅井虎夫谈到中国古代法的特征时说:

> 上下四千载,法典数百种,无虑皆公法典之属,而私法典乃无一焉,其为今日私法典规定之事项亦惟包含于此等公法典之内,绝无有以为特种之法典而编纂之者;且此等公法典中私法的规定亦云仅矣,故如亲族法之婚姻,离婚,养子,相续,物权法之所有权,质权,以及债权法之买卖,贷借,受寄财物等事,亦惟规定大纲而已。①

这是所谓中国古代法中私法之规定少而公法之规定多的观点。这种看法看似公允,实际上存在很大的问题。今人所谓民事关系,不仅着眼于此一关系的内容,更注意它在法律上的"效果"。而所谓法律上的效果,又主要不是取决于生活关系本身,而是以社会中据统治地位的法律观为转移的。事实上,任何一个文明社会(更不必说相对发达的文明社会),都拥有大量复杂的社会关系,包括社会治安方面的个人与社会关系,伦常方面个人与家庭的关系,所有权和占有方面人与物的关系,交换与分配方面个人与个人、个人与国家的关系,等等。然而,所有这些关系的客观存在是一回事,人们如何看待它们,以怎样的手段去处理它们又是一回事。前者主要取决于文明的发达程度,后者却基本是此一社会特定价值体系(包括其法律观)的表现,应以此一社会所具之文化特质来说明。

上文曾提到罗马人划分公法与私法时所依凭的根据,即认为,调整私人之间关系的法律(只涉私益)应该不同于处理国家与个人间关系

---

① 转引自杨鸿烈:《中国法律发达史》上册(一),第3页。

的法律(关乎公益)。这样一种看似简单的划分,实际包含了一些文化上的重要前提。

首先,私法之区分于公法,有赖于法律本身便具有能够被作此区分的性质。换句话说,法的概念本身,应当具有足够的涵盖性,能够同时容纳公法和私法两个方面。据我们对古代希腊、罗马法律的分析,西方法诞生伊始,便已具有了这种文化意蕴,而这一点,又取决于它与权利的密切关联。所以,其次,这个社会必定对权利有最一般的认可,而这社会中的法律,又不能不具有确定和保护"权利"(无论公权、私权、阶级之权利、个人之权利)的职能。再次,私法诞生之时,必已有私权的平等;私法发达之日,必定有私权平等的普遍化。私法之所以有别于公法,就在于它在自己的领域中排除治者与被治者的关系,命令与服从的关系,排除了与国家相关的一切特权。私法是建立在个人权利平等基础上的。虽然最后这一点的充分实现需要时间,但是私法的这一性质自始便可以见出。在《十二表法》时代,个人由家庭中的解放尚不充分,但是至少,平民与贵族在私法上的平等已经明白表现在法典当中了。

设若中国古代业已产生了私法(虽然其"规定少"),则不能不假定上述条件也在相应程度上存在着。但是,我们对于中国古代法律早期历史的研究表明,中国古代社会原本缺乏权利的观念,法律则自始便与权利无缘。作为一种暴力工具,古代法与刑同义;作为一种控制手段,它只是"王者之政"。在古人的心目中,法律是君主驾驭其臣民的"衔辔箠策",它所涉及的仅仅是并且只能是治与被治的关系。因此,说法律能够摆脱这种关系,成为"公法"之外的"私法",恐怕与中国古代法的性质不符。这里,我们不妨换一个角度来评价中国古代法典皆为刑律的事实:如果说刑罚乃是国家专擅的权力,那么,法律关系(包括在我们今天看来是纯粹的"民事法律关系")的普遍刑事化,则不过是表明了统治关系的普遍化;同样,如果说刑罚总是被用来惩罚不道德的行为,则法律关系的普遍刑事化又同时意味着道德关系被普遍化了。①古人将法仅仅理解为统治者的命令,把运用法律仅仅看成是一种政治行为和道德行为,他们的法律便不能不只是刑律。在这层意义上,中国古代法只可能是"公法"。②

关于中国古代"民法"问题的另一种有代表性的意见可以在下面这段引文中见到。

中国历代法典对于近代民法典中所规定之事项,规定极少,盖钱田户婚等事项多只涉私人与私人间之利益关系,专制国家以为与公益无涉,遂俱视为细故,因之律文亦多所疏略(钱田户婚等案大都可由初审衙门判结,命盗等大案则否,即此亦可想见其重视刑事案而轻视今人之所谓民事案),然钱田户婚等事之未经律文规定者,却亦大都有习惯法在那里支配。③

这种将中国历史上"钱田户婚"事项大部划归"习惯法"支配的意

---

① J. H. 威格摩尔(J. H. Wigmore)写道:"[中国古代法中]几乎所有条款都附以违犯时的刑罚宣告。所有私人'权利'(如我们所称)都涉及公益,对它们的破坏可能导致争闹、不义和公众的不满,并可能因此受到刑罚的压制。这一原则乃是基于一种更为广泛的事实:道德与法律之间并无分界。倘使一项规则已经如此确定而且明白无误,因而被写进法典,那末它就应该在道德上为所有人遵循;可能反抗它的极少数自然要受到刑罚的惩治。"(A Panorama of the World's Legal Systems, Washinton Law Book Company, 1936.)

② 费正清就中国古代法的一般性质写道:"正当的理由属于官方,是偏向政府和社会秩序这方面的。它是从政府下达到私人的上下关系,而不是为了无偏袒地解决私人间的纠纷。"(《美国与中国》,商务印书馆 1987 年版,第 87 页。)我们只是在这种特定意义上使用"公法"这个词,而这绝不正好是西方意义上的"公法"。因为"公法"原是"私法"的对称,不可以独存,况且近代以来的公法建立于健全的公民意识之上,这在古代中国又是不可能的。

③ 王世杰语,《社会科学季刊》第三卷第 1 号,转引自杨鸿烈:《中国法律发达史》上册(一),第 4 页。这段话没有就中国古代法的特质详加界说,且"专制国家"云云也忽略了较之政体更显重要的文化因素,但其中就公益与私益立论,却可以说接近了问题的要害。

见颇值得重视。

蔡元培先生尝云：

> 我国古代有礼、法之别。法者,今之所谓刑法也;而今之所谓民法,则颇具于礼。①

其意谓今之所谓民事关系在当时多由礼来调整,这大抵即是上引王世杰先生语中所说的"习惯法"。尽管这一点蔡元培先生未曾明言,但事实上恐怕正是过去和现在许多人都有的看法。关于这个问题,我们理应予以辨明。

五

因婚姻、田土、钱债等事所生的关系既然是客观存在的社会现象,则社会亦不得不提供相应的准则、规则,这是一个文明社会最基本的要求。问题在于,如何看待这类社会现象,以何种准则、规则来规范这类关系,首先是一个价值问题,其次才是技术问题。古代罗马人把法律分为公法和私法,进而将几乎全部的智慧和精力贡献于私法,正好包含了他们对于法所抱持的观念,表明了他们对个人与社会,个人与个人以及人与物诸关系的特殊看法。同样,古代中国人把绝大部分"户婚田土"事项摈除于国家正式律文之外的做法,也表明着他们独特的价值观。

基于某种特殊的历史经验,中国古代文化的基本兴趣专注于人际关系,而对人与物之间的关系有普遍忽视的倾向。在中国古代哲学里面,不见有人与自然的对峙和紧张,相反,只见有人伦化的自然和自然

---

① "《罗马法》序",《蔡元培全集》(三),中华书局1984年版。

化的伦常。天与人交感乃至交融,人与物的界限常常是模糊的。

具体说来,在古代中国社会,人际关系的核心乃是人伦,因此只强调人与人之间因亲疏远近、尊卑高下所生的义务,这种考虑远远压倒了对人与物之间关系的关切。这意味着,"义",对人际关系中各种"义务"的尊奉、履行,在价值上高于、优于、先于由人与物关系中生出的"利"。此外,对"利"的认可与坚持,往往直接或间接地损害了"义"的实行,因此在价值上愈发地不可取。① 这种态度在法律上产生了双重的效果:一方面,至少是部分出于重义的考虑,而将户婚田土中与人伦有关的情事采入法典;另一方面,因为轻利的缘故,而将大部分户婚田土事项视为"细故",不予重视,交由地方官乃至家族、乡里处断。这里似乎也做了一种划分,就像罗马人把法律区分为公法与私法一样。尤其可以注意者,划归州县自理的案件当中,正好包括我们现在认为应由民法处理的大部分问题,这就更使得问题复杂化了。我们是否可以认为,这就是与罗马私法正相对应的那部分法律,这就是中国古代的"民法"? 这是一个不容易回答的问题。除非我们把握了私法、民法这类概念的最基本含义,清楚地了解到它们得以产生、发展的必要条件,特别是,除非我们全面考察了中国古代社会所有相关的社会文化背景,则我们不可能给出一个接近于正确的答案。自然,做这样一种研究是非常困难的,困难首先来自概念乃至语汇。在这方面,古今之间的差异往往把人引入歧途,因此,我们不妨由这里入手。

六

古代文献里面,没有写作"私法"的这样一种文字的特殊组合,相

---

① 关于中国传统文化中"义"与"利"的问题,详见"义利之辨"章。

反,"公法"一词倒是屡见不鲜。这种现象值得进一步分析。

在古人当中,明确而且一再地使用"公法"概念,比较早的大概是韩非子。韩子所作《诡使》《五蠹》《八经》《八说》《问辩》《有度》诸篇,屡屡以"法"与"私"对举,在他看来,法的设立原就是为了去私的。

> 夫立法令者以废私也,法令行而私道废矣。私者所以乱法也。……凡乱上反世者,常士有二心私学者也。故《本言》曰:"所以治者法也;所以乱者私也。法立则莫得为私矣。"故曰:"道私者乱,道法者治。"上无其道,则智者有私词,贤者有私意。上有私惠,下有私欲。①

法与私势不两立。然而何者为"私"?韩子曰:"自环者谓之'私','背私'谓之'公'。"②这解释是很宽泛的,韩子的废私因此也是很彻底的。又因为韩子全是由法的角度立论,公与私的对立于是就成了法与私、官与民、上与下的矛盾。所谓"官府有法,民以私行矫之",③"废法而行私重,轻公法矣",④都是讲的这一对矛盾。如果我们了解法家的基本立场,知道他们关于法的渊源、效力、权威及特征的种种看法,是不难理解上面这些说法的。当然,韩子讲的"法"、"公法"或说"官府之法",恐怕并不正好就是我们要费大气力去讨论的那个所谓"私法"。这里有许多问题缠结在一起,有必要一一予以廓清。现在,我们不妨试着把它们分成这样几个问题。

首先,按照韩子"宪令著于官府,刑罚必于民心,赏存乎慎法,而罚

---

① 《韩非子·诡使》。
② 《韩非子·五蠹》。
③ 《韩非子·问辩》。
④ 《韩非子·有度》。

加乎奸令者也"的说法,法是以刑罚为依凭,赏善惩恶的国家命令,略与今人所谓刑法同。在古代,律、令、格、式诸种法律形式都可以归入这一类。因此按着现今的一般分类,韩子讲的法恰好不是什么"私法",而是"公法"。事实上,在他那里,"法"与"公法"是相通的,它们讲的原本是一物。

然而另一方面,韩子说的那种"法"实际又与我们当作"私法"来研究的东西没有明白的划分。这不只是说古人没有注意到它们的区别,且予以明确的区分;而且是说,那两种东西(如果可以被看作是"两种"的话)本身在实际上是混淆不分的。宋人陆九渊审结民间词讼,"民有诉者,无早暮皆得造于庭……即为酌情决之,而多所劝释。其有涉人伦者,使自毁其状,以厚风俗。唯不可训者,始置之法。"①这里有什么界限呢?我们总不能够说,凡善者,可教之人以"私法"处之,凡恶者,不可训之人则置之于"公法"。事实上,"官府之法"可以适用于任何领域,并不注意涉及利益的相同与否。刑罚随法而行,亦是如此。当然,按现今人类学或者社会学的标准来衡量,"多所劝释"和"使自毁其状"的那一部分也应当被看成是法。但这是我们的事情,与古人无关。古人言说的"法"就是"公法",并且只能如此。这种"法"与我们今天说的由罗马时代一直沿用至今的"公法"概念又是两回事情。

罗马人所谓"公法",只是"私法"的对称。这种区分是基于法律关系中的主体或法律保护之利益的不同作出的,两大法律分支自身所具有的不同特征,也是在此区分的基础上形成的。古代中国人对于"户婚田土及角殴小事"多采取"劝释",俾使息争的态度,也可算是一种区分,但那采用的是另一种标准(详见后)。罗马人据以区分公法与私法的前提条件在这里并不存在。因此,韩子说的"公法"并非"私法"的对

---

① 《宋史·陆九渊传》。

称,而是"私"的对称。"公法"亦不过是"法"的别称。叫它作"官府之法"也是恰如其分的。在这里,"私"与"法"的搭配完全是种自相矛盾,私法的概念自然也无由产生。

与私法概念几乎同样重要的另一个概念为"民法",现在的人对这个概念甚至更熟悉些。在古代罗马,私法实际上主要就是我们今天说的民法。现代学者谈及中国古代法律,或说其私法规定少,或云其民法不发达,所指基本是同一种制度。以中国古代法的传统来衡量,"民法"也像"私法"一样,也是自相矛盾的语词搭配。所以,倘我们发现"民法"这个词亦是近代时传入中国,我们不应感到惊奇。

西文中"民法"这个字有着多重含义,这多半是因为其历史久远的缘故。在古罗马,"民法"(ius civile)这个字有某种特殊含义,与现在经常作为刑法对称的"民法"概念相去甚远。不过,现今读作"民法"(civil law)的这个字又确实是由上面那个拉丁词根衍生出来的,这中间自然含有某种联系。考诸"民法"一词的古义,它首先可以解作专门适用于罗马市民的罗马城邦法律,以别于适用于罗马外邦人的所谓"万民法"。罗马帝国时期,由于越来越多的人被授予罗马公民资格,万民法与市民法(即上文所谓"民法")之间的界线逐渐趋于消失,以致后人把罗马法叫做民法,把研究罗马法的学者称作"民法学家"。发生这种变化的社会、历史原因是多种多样的,但其基本依据却只有一个,那就是法律的适用依权利界定。在古代社会,权利往往表现为特权,但那并不是像父子关系那种不可变易的"自然身份"。特权可以扩大,推广,可以变成为一般的权利,需要的只是适当的政治、经济和社会条件。要紧的是先有某种文化上的可能性,即上述法律与权利的密切关系。共和时代的罗马市民独享"民法"(市民法),那是种特权,而在他们中间,法律的适用是平等的,因为市民权是抽象的、平等的。帝国后期,绝大部分罗马臣民得享"民法",昔日的特权变成为一般的权利,单一的所有权出现了。不过,在现代人看来,这仍然是特权,扩大了的特权。至少,当时还存在奴隶制度。

1804年,拿破仑颁布了他的民法典,其中一条说:"所有法国人都享有民事权利"。① 这就等于说,法国的民法须平等地适用于所有的法国人,包括妇女、儿童在内。法律的适用范围扩大了,因为权利的范围扩大了。这是政治革命和社会革命的结果。文化的前提却早在古代罗马甚至希腊就已经有了。我们考察中国古时的"民法"问题,亦不能不注意相应的文化前提。

首先要提出的便是"权利"问题。这个问题相当复杂,必须另作专门讨论。这里,只须指出一个事实,即古代中国人并不依权利观念处理人与人之间的关系,他们强调的是"礼"、"义"一类特殊的价值。依据传统的看法,这套价值具有植根于人心的自然依据,因此,践行礼、义所遵循的乃是一套由内及外、由我及人的特殊程序,所谓老吾老以及人之老,幼吾幼以及人之幼。由此造成了中国传统道德以"我"为中心,一层层向外扩展的"差序格局"。② 在这种格局里面,没有能普遍适用的道德标准,有的只是具体的因人而异的道德。相应地,"差序格局"中的"我"可以是利己主义者,却不能成为个人主义者。这种情形于民法的发展乃是极大的妨碍。孤立而平等的个人,不但是普遍性道德的出发点,而且也是诸如私法、民法那种具有普遍性意义之法律的基点。在这一意义上说,中国古代社会的道德结构与私法、民法有着逻辑上的矛盾。如果我们假定,任何一个民族的活的法律必定与其宗教、道德和习俗有着基本的一致,那我们就有理由推断,在没有外力介入的情形之

---

① 《法国民法典》第七条,李浩培译,商务印书馆1979年版。
② 这是费孝通先生提出的概念。参见其《乡土中国》"差序格局","系维着私人的道德"两章,生活·读书·新知三联书店1985年版。

下,与该民族的道德、习俗基本甚至完全不相适应的法律是不可能自然生成的。

当然,似这类理论原则的推演不能够代替社会、历史的考察。要弄清中国古代社会"民法"的发展情况,必须先进行历史社会学方面的认真研究,以下关于中国古代社会中个人、阶级以及数千年来流行不辍的"义利之辨"和"无讼"观念的考察,都包含了这样一种考虑在内。

第五章　个人

夫孝,天之经也,地之义也,民之行也。
人之行莫大于孝。

——《孝经》

一

从逻辑上说,个体与群体,个人与社会,这是社会中对峙的两极,是所有文明社会任何时候都面临的矛盾,它们之间的对立和冲突,实际构成了历史的运动。然而,历史总是具体的,具体的历史又总是各不相同的。不同的人群对于共同问题可能抱有截然不同的态度,采取截然不同的方法,由此形成了人类共同经验基础上的特殊经验,形成了色彩鲜明的民族文化性格。事实上,"私法文化"这个概念里面,首先就包含着对个体与群体,个人与社会这对矛盾的特殊解决。我们把这个特殊解决叫做"个人主义"。

作为一种政治哲学和社会哲学,一种完整的价值体系,成熟的个人主义理论是在17世纪以后才出现的。当时,流行的社会政治理论向人们描绘出这样一幅图景:处于自然状态的原子式个人,为了某种需要而将其固有权利的一部分交给统治者。统治者根据这许许多多单个人的"同意"而统治,社会亦根据这许多单个人的"合意"而组成。这便是所谓"社会契约论"。① 后人曾假科学之名对这个著名的理论提出种种非难。而实际上,即便是这个理论的创始者们,当时也已承认了它的虚构性质。然而,虚构之中正不乏真实。正好比对远古神话的研究能够帮助我们了解和把握民族的内在精神一样,考察一种哪怕是虚构的理论亦有助于我们了解产生这一理论的文化的特质。这里,至少有两个问题值得注意:一是把自然状态下的人设想为孤立的和原子式的;二是把这种孤立之个人的社会联合视为"社会契约"。

关于前一个问题,我们要说,理论的建构可以是虚假的,但不能是随心所欲的。思想家的创造总是受着思想材料的限制,限制之所在也就是文化的界限。比如,把人想像成为一个独立的存在,这在中国传统文化的氛围中,即便不是完全不可能的,至少也是极为困难的。孟子论人,以为人之所以异于禽兽而所以为人者,就在于人有"仁、义、礼、智"四端,所谓"恻隐之心"、"羞恶之心"、"恭敬之心"、"是非之心",皆是人所共有和固有的。孟子关于"人"的定义,纯由人的道德能力,尤其是伦理意识方面立论,实际代表了中国两千年来居于支配地位的哲学。主张为我的杨朱和倡行兼爱的墨子,被孟子认为是无父无君而斥之为禽兽。② 杨氏与墨氏两派从此隐而不显,更不是偶然的了。

关于后一个问题,我们注意的是孤立之个人的联合与契约的关系。在社会发展的某一个阶段,个人从属于家族,处于父系家长的权力之下。此时,他不仅不能够自由支配通过自己劳动获得的财产,而且不能自由支配自己的身体和意志。在民事法律上面,他并非"个人",他不

---

① 这个名称又使我们想起梅因关于罗马契约法所讲的话。自然,从罗马契约法到"社会契约论",这中间不但横亘了历时千年的中世纪,而且还有许多不应略去的中间环节,包括契约观念在封建关系形成过程中的重要性,12世纪以后罗马法在西欧的复兴及影响,等等。

② 参见《孟子·滕文公下》。

能作为"个人"与他人发生任何社会关系。以后,随着文明的演进,社会的分化,越来越多的人从家族的束缚中解放出来,借用一个罗马法中的术语,他们此时变成了"自权人",能够自由行使其意志,支配其身体和财产。与发生于家族中的关系不同,这种独立和平等的"个人"与"个人"之间的关系,产生于"个人"的自由合意,它在法律上的表现便是"契约"。由于这个缘故,我们可以说,社会之契约法的发达程度,正可以用来衡量此一社会中个人解放的程度,反之亦然,本章考察社会中个人的状况,着眼点也在这里。

二

早期社会发展,几乎没有例外都经历了一个家族的时代,在中国,这是在西周的宗法制度解体之后,在罗马,则是在国家取代了氏族组织以后的一个相当长的时间里面。在这个所谓家族的时代,家族组织在社会中居有相当重要的地位。它是社会中最基本的组织形式,有着极为广泛的社会职能,包括宗教、经济、教育,以及现在专属国家的行政、司法等方面的职能。换句话说,当时的家族乃是社会的基本单位,个人则消融于其中。仅就这一点来说,我们发现,秦汉以后的中国与《十二表法》时代的罗马,有非常相近的一面(虽然绝不相同)。然而,此后它们各自的发展却大相径庭。在罗马,历史始终朝向这样的方向演进:家父权不断遭到限制,最终缩小在一个极其狭小的范围之内。与之相应的,是家子地位的改善,直至有愈来愈多"个人"出现。梅因指出,在帝政时期:

> 家内惩罚的无限制的权利已变成为把家庭犯罪移归民事高级官吏审判的权利;主宰婚姻的特权已下降为一种有条件的否定权;

出卖的自由已在实际上被废止,至于收养在查士丁尼安的改良制度中几乎全部失去了它在古代的重要性,如果没有子女的同意,移转给养父母就不能生效。总之,我们已十分接近最后流行于现代世界的各种观念的边缘。①

倘若没有这样一段历史,没有作为这段历史之最后成就的契约法,个人主义的基督教如何在西方人的心灵深处扎根?启蒙思想家又如何去构想自然状态中无拘无束的个人?

古代中国的情形正好两样。试比较下面两种法律:

《十二表法》第四表第三条:

> 家长如三次出卖其子的,该子即脱离家长权而获得解放。

《清律例·刑律·斗殴》,"殴祖父母父母"条:

> 父母控子,即照所控办理,不必审讯。②

前面一条表明了法律加于父权的限制。后面一条却是要肯定父权的绝对性。实际情况是,至19世纪,当梅因名之为"从身份到契约"的运动业已在西方社会基本完成的时候,中国的家长依然掌握着惩戒和出卖子女,决定其婚姻状况以及控制家庭财产等所有基本权力。③ 这种差异的形成,实在有着历史上、文化上的深刻原因。

---

① 〔英〕梅因:《古代法》,第79页。
② 引据瞿同祖:《中国法律与中国社会》,第15页。
③ 参见瞿同祖:《中国法律与中国社会》第一章第二节。

在"家与国"一章,我们由国家所由形成之特殊途径、程序,发现中国古代国家形态在一个根本问题上不同于西方,那就是,国与家合而为一,并因此产生出"国家"这样一个在西方语汇中完全没有对应词的概念。我们认为,早期历史中逐渐形成的这一差异,无论对中国文化还是西方文化日后的发展都具有决定性的意义。自然,这只是对远因的探寻。用它来说明中国古代文化发展的某种可能性或"先天"就有的局限性是可以的,用以解释个人在中国古代社会中所处之地位却还不够。我们要了解,在那些远因的影响之下,家族组织在秦汉以后之中国历史上的切实情形,以及它们对于一般民众日常社会生活的影响。

三

古人所谓"家"并非现代意义上的家庭。在结构上它是一个氏族,就是说,它是一个没有严格界限,可以依需要沿亲属差序向外扩大的事业组织。这种组织兼有政治、经济、宗教诸方面的功能,并且具有实现这些功能所必需的"长期绵续性"。① 在这层意义上,族与家并无本质的区别,正好比族长权只是家长权的延伸一般,族也只是家的扩大。因此,尽管实际上古代一个"家"的规模可以与一个现代家庭相仿,它们的结构却大不相同,其社会意义更不可同日而语。事实上,我们在中国历史上看到的"家",往往以族的面貌表现出来,这实在不是偶然的。②

以下先对中国历史上"族"的发展略加追溯。

由西周宗法制度的崩坏,到秦汉大一统帝国的建立,这中间有一大的动荡。"秦用商君之法,富民有子则分居,贫民有子则出赘。由是其

---

① 参见费孝通:《乡土中国》"家族"章。
② 参见瞿同祖:《中国法律与中国社会》,第3—5页。

流及上,虽王公大人,亦莫知敬宗之道。"①据吕思勉先生的意见,"累世同居之事,盖起于汉。"②赵翼《陔余丛考》曰:

> 世所传义门,以唐张公艺九世同居为最。然不自张氏始也。《后汉书》:樊重三世共财。缪、肜兄弟四人,皆同财业。及各娶妻,诸妇遂求分异。肜乃闭户自挝。诸弟及妇闻之,悉谢罪。蔡邕与叔父从弟同居,三世不分财,乡党高其义。又陶渊明《诫子书》云:颍川韩元长,汉末名士,八十而终。兄弟同居,至于没齿。济北氾幼春,七世同财,家人无怨色。是此风盖起于汉末。③

大体说来,汉代而后,聚族而居的风习世代相承,一直延续至近代,而这中间,又有魏晋与宋、明两次大的发展。魏晋之时,选举倚重世族,社会更以门第相尚,谱牒之学因此大盛。④ 直至五代以后,这种状况才有改变。不过,所谓"取士不论家世,婚姻不问阀阅"(郑樵语),讲的多是声名显赫的大家族的衰败,其着眼点乃是豪门大族对于国家生活的参与和操纵。就这一点而言,魏晋之际大家族对于普通民众之社会生活所生的影响,恐不及宋以后家族组织来得更持久、更广泛和更深刻。吕思勉先生称,"宋学盛行,人有敦宗收族之心,而谱牒之纂修复盛。至于今日,苟非极僻陋之邦,极衰敝之族,殆无不有谱",⑤这大致是不

---

① 《礼书》,转引自吕思勉:《中国制度史》,第393页。
② 吕思勉:《中国制度史》,第393页。
③ 转引自吕思勉:《中国制度史》,第393页。
④ 关于魏以后谱牒学的发达状况,《唐书·柳冲传》有详细的记载。
⑤ 吕思勉:《中国制度史》,第389页。唐德刚先生亦云:"在我国传统的宗法社会里,农村知识分子……最能和衷合作,出钱出力,全心全意,竭力以赴的,莫过于盖祠堂、修族谱了。近千年来对我国社会思想影响最大的哲学家朱熹就说'三世不修谱为不孝'。余风所及,近七八百年来的中国,真是无族无祠,无家无谱。"唐德刚译注:《胡适口述自传》,中国台北传记文学出版社1983年版,第21页。

错的。

宋以后家族的新发展,正与宋代儒学的复兴相呼应,实际得益于宋儒的鼓吹、提倡不少。顾炎武《华阴王氏宗祠记》中说:

> 程、朱诸子,卓然有见于遗经。金元之代,有志者多求其说于南方,以授学者。及乎有明之初,风俗淳厚。而爱亲敬长之道,达诸天下,其能以宗法训其家人,或累世同居,称为义门者,往往而有。①

当然,中国古代社会中家族组织的生成与延续自有其深刻的历史原因和独特的文化背景,并不取决于某种特定的思潮。事实上,就是那些思潮最终也不过是同一种原因的结果罢了。从根本上说,早期历史中家与国合一的国家形态,决定了礼在中国传统文化中的重要地位,也决定了传统社会中"家"的重要性。因为,按着亲属的差序格局组织起来的家,实即是礼的社会载体和物质保障,是使礼不断获得再生的丰沃的土壤。在这意义上,理论化的礼与物质化的家须臾不可分离。强调礼的重要必定包含了对"家"的推重,而强化家的组织与秩序,肯定同时也巩固了礼的地位。从另一方面看,由青铜时代现实中的家、国合一,衍生出秦汉以后理论上的家国不分,形成了长达两千余年官绅共治的政治格局。似这样一个疆域辽阔的大一统帝国,如果没有作为社会最基本单位的无数个"家"的存在,只依靠中央集权的官僚体制,实施有

---

① 转引自吕思勉:《中国制度史》,第395页。又李穆堂《别籍异财议》曰:"吾江西风俗淳厚。聚族而居,族必有祠,宗必有谱。尊祖敬宗之谊,海内未能或先。至于一家之中,累世同爨,所在多有。若江州陈氏、青田陆氏,并以十世同居,载在史册。……观朱子晓谕兄弟争财产事,援据法律,以敦教化。凡祖父母、父母在堂,子孙别籍异财者,并将关约呈首抹毁。不遵者依法断罪。信乎儒者之政,异乎俗吏之为之也。"(同上书,第398页)这段话虽是讲一味强使族居的弊端,却也客观描画出宋以后儒者倡行之下累世同居的风习。

效的社会控制是难以想像的。再者,"家"不但负有宗教、政治、经济、教育、文化诸方面的职能,而且具有道德上和法律上的重要性,这样就形成一种特殊的社会格局与氛围,使得没有家族背景(包括由家族关系衍生出来的同乡、同府、同省等各种关系)的个人很难在社会上立足,遑论取得事业的成功。① 在这种情形之下,当时人之热衷于建造祠堂,修纂家谱、族谱,就是顺理成章的了。乾隆二十九年江西巡抚辅德上疏云:

> 江西民人有合族建祠之习。本籍城乡暨其郡郭并省会地方,但系同府、同省之同姓,即纠敛金钱,修建祠堂。率皆栋宇辉煌,规模宏敞。其用余银两,置产收租。

又云:

> 所建府省祠堂,大率皆推原远年君王将相一人,共为始祖。如周姓则祖后稷,吴姓则祖泰伯,姜姓则祖太公望,袁姓则祖袁绍。有祠必有谱。……凡属同府、同姓者,皆得出费与祠,送其支祖牌位总龛之内,列名于宗谱之册。每祠牌位,动以千百计。②

这道上疏原本是讲此等合族建祠之弊,所谓"一二好事之徒",利用"愚民溺于习俗,乐于输助"的心理,或"妄启讼端",或"经手侵渔"的情形,但我们亦不妨由此了解到当时社会上修族谱、建祠堂的风习之

---

① 唐德刚先生讲,在传统的宗法社会中,"由于'籍贯'对一个士子的'出身'有极重要的影响,所以'读书人'一碰头便要叙乡里、攀宗亲、谈祖籍,尽管有些'祖籍'他们连做梦也没有去过。"(《胡适口述自传》,第6页)明清时代,族工、族商的现象极为普遍,城市中商业会馆大都也染有浓重的乡族色彩,这是又一方面的例子。
② 《清经世文编》卷五十八。

盛。而这样一种情形，正好表明当时一般人的心态，表明"家"在古代社会中无可比拟的重要性。这对于个人在社会中的地位不能不产生绝顶重要的影响。

四

上面称中国古代社会的"家"为一种"事业组织"，那只是就它所担负的社会功能而言，如果着眼于传统的"家"在固有价值体系中具有之特殊文化蕴涵，则我们要强调，"家"首先是一个伦理实体。而且，这文化学上的家，也像社会学上的家一样，乃是这个社会中最基本的单位，是一切社会制度和文化价值所由出的最终泉源。

作为一种伦理实体，整个社会的价值之源，家乃是根据一定的伦理规则组织起来的小社会，其中，最基本的社会关系是父子关系，最重要的伦常规则是孝道。尊长的威权，天子的尊严，齐家治国平天下的总纲，乃至人之所以为人的根本，都在这一个"孝"字上面。这一点，恐怕是传统中国文化大不同于其他古代文化的地方。

治中国哲学史者通常认为，"孝"被看作是一切道德的根本，那是较为后来的事情。① 这在大致上是不错的。不过，我们不要忘记，传统的中国文化，根本上是尊祖敬宗的文化，其基本的原则便是这个"孝"字。孔子虽不曾明言"孝"为一切道德之根本，后人却可以托他的大名编出一部"孝经"来。更何况，孔子本人对于孝悌原则一向也是推重的。《论语》中"孝"字出现凡十九次，仅这一件事实就可以证明这个问题在圣人心目中的重要。

---

① 参见冯友兰：《中国哲学史》(上册)，第437页。胡适亦认为，至孔门弟子，孝的原则才被强调且突出了，见其《中国哲学史大纲》(上)，商务印书馆1919年版，第125页以下。

有子曰:"……君子务本,本立而道生。孝弟也者,其为仁之本与!"①

这里,孝弟一并被看作是仁的基础,其地位不可谓不重要。又一位孔门弟子曾子,有这样一段议论:

"身也者,父母之遗体也。行父母之遗体,敢不敬乎!居处不庄,非孝也。事君不忠,非孝也。涖官不敬,非孝也。朋友不信,非孝也。战陈无勇,非孝也。五者不遂,灾及于亲,敢不敬乎!……仁者仁此者也。礼者履此者也。义者宜此者也。信者信此者也。强者强此者也。乐自顺此生,刑自反此作。"曾子曰:"夫孝,置之而塞乎天地,溥之而横乎四海。施诸后世而无朝夕。推而放诸东海而准,推而放诸西海而准,推而放诸南海而准,推而放诸北海而准。诗云'自西自东,自南自北,无思不服',此之谓也。"②

将孝的理论作如此透辟的发挥,大概这是最早的一家,从这里再到孟子所谓"无父无君,是禽兽也",视孝、忠为立人之本的立场,完全是顺理成章的事情。《孝经》云:

夫孝,德之本也,教之所由生也。……身体发肤,受之父母,不敢毁伤,孝之始也。立身行道,扬名于后世,以显父母,孝之终也。夫孝,始于事亲,中于事君,终于立身。《大雅》云:"无念尔祖,聿修厥德。"……夫孝,天之经也,地之义也,民之行也。天地之经,

---

① 《论语·学而》。
② 《礼记·祭义》。

而民是则之。

讲孝的理论,恐怕这是影响最大,也最极端的一种。这里,孝的哲学一变而为"孝的宗教"(胡适语)。在这"孝的宗教"里面,完全没有个人的存在。"细看《祭义》和《孝经》的学说,简直可算得不承认个人的存在。我并不是我,不过是我的父母的儿子。故说,'身也者,父母之遗体也',又说'身体发肤,受之父母'。我的身并不是我的,只是父母的遗体,故居处不庄,事君不忠,战陈无勇,都只是对不住父母,都只是不孝。"①对于个体来说,生存的意义须由父母的身上去发现,生活的价值就表现在家庭伦常的践行上面。这种哲学(或说宗教)的要义就在于,自始至终不给个人以立足之地。

　　子曰:"父在,观其志;父没,观其行。三年无改于父之道,可谓孝矣。"②

只这一个"孝"字,便透露出中国传统文化的真实底蕴,透露出个人在这种文化、这种社会中命定的结局,事实上,君的无上权威,家的神圣秩序,以及所有相关之道德上和法律上的保障,都从这里生发出来。

五

在中国传统的身份社会里,一个人最基本的身份首先表现为某个家的成员,其次才是其他(如阶级的或地域上的),而在家这样一个伦

---

① 胡适:《中国哲学史大纲》(上),第129页。
② 《论语·学而》。

理实体中,个人主义意义上的个人是根本不存在的。就此而言,家庭中无论尊卑贵贱,大家都处在同样的地位上面。虽然父的地位总是尊贵的,但是身为一家之长,他不但要对家内成员承担种种义务,还要作为家的代表向社会和国家负责。他尽可以对子女行使其权威,但他实在不比他们更有资格被看作是个人。他从来不能如真正的个人那样思考和行动,这不仅是因为他首先也是父母之子,在成为家长之前,他曾经验了子女所体验到的一切,而且是因为,他实际上只是家的一个部分,必须履行社会分予他的那部分职能,遵循礼法所规定的种种义务。总之,他受过这文化的洗礼,负有这文化的烙印。

　　子女在家中无独立之人格、地位,亦无所谓独立的意志。因为首先,他没有身体的自由。身体发肤,得之父母,自应由父母支配。甚至,父母将子女典质或出卖于人,亦无情理上的不可。而风俗、法律对此类行为的认可,据学者们考证,汉时已然。① 自然,父母不得随意打杀子女,这是汉以后屡屡载于律文的规定。不过,由唐、宋至明、清,这方面的法律限制已经大为放松,以致在一些规定得极为含混的场合,家长杀死子女竟得"依律勿论"。② 除此之外,家长对于子孙拥有极广泛的扑责惩戒之权,包括将子女送官惩处。在后一种情形下,国家机关通常只是代行父母的意志。③

　　由子女方面说,则时时处处都应当遵从家长的意志。《居家杂仪》

---

　　① 参见瞿同祖:《中国法律与中国社会》,第16—17页。实际上,出卖子女的习俗一直延至近代。
　　② 明、清时法律皆有若违反教令而依法决罚邂逅致死者勿论的规定,而这个"违反教令"的规定本身又是极含混的。它既包括子女殴骂尊长的不孝恶行,又包括子女赌博奸盗而不听训诫的情形,甚至还包括一些极为琐细的小事。关于这个问题,瞿同祖先生曾由《刑案汇览》中援引了一些生动的案例加以说明。详见《中国法律与中国社会》第一章第二节。
　　③ 参见瞿同祖:《中国法律与中国社会》第一章第二节。

云:"凡诸卑幼,事无大小,毋得专行,必咨禀于家长",即是此意。这种意志的无自由,从平日里生活起居,到个人的"终身大事",都是一样的。前者可以举禁子孙有私财为例,后者可以婚姻为例。先说后一种情形。

古时婚姻乃是家族的事情,且赋有宗教的意味。①《礼记·昏义》所谓:"婚姻者合二姓之好,上以事宗庙,下以继后世。"将婚姻的意义、功能道得清清楚楚。因此在古代婚姻里面,完全没有个人的意志,不仅没有当事人本人的意志,甚至也不完全承认家长的意志。因为家长亦必须遵行有关婚姻的种种禁忌,并且要考虑求神问卜、八字算命后显示出的天意。② 说到底,这里不能有真正的"个人"。

关于前一类情形,我们可以谈得更详细些。

《礼记·曲礼》曰:父母在,"不有私财"。《礼记·坊记》亦云:"父母在不敢有其身,不敢私其财。"又,《礼记·内则》:"子妇无私货,无私蓄,无私器,不敢私假,不敢私与。"身体已是父母的,更何况财产。礼法既要保证家长对于子孙身体上的支配,自然也要求家长对于家内财

---

① 孟子云"不孝有三,无后为大"(《孟子·离娄上》)。可见婚姻的目的在于宗族的延续与祖先的祭祀。婚姻亦因此变成为"孝的宗教"的一部分。

② 石原皋先生在《闲话胡适》一书中(安徽人民出版社 1985 年版),讲述了这位现代名人的终身大事被决定的经过。胡适之妻江冬秀的母亲初表示嫁女之意,胡母不甚满意,"一因江冬秀比胡适大一岁,绩溪有一句俗谚:宁可男大十岁,不可女大一年。二因冬秀是庚寅年生,寅是虎年。乡村的人们认为,肖虎的八字来得硬,尤其是女的,是母老虎,格外凶狠。"后江母托媒人劝说,胡母方应允对方开来八字。"八字开来了,命也算过了,大一岁也不妨碍,两个人的生肖很合,不犯冲。胡母就将红纸八字折叠好,放在竹升里,摆在灶司老爷面前,同时,竹升内还放着初选中的几个八字,过一阵子,家中平安无事。比如,没有丢失一只筷子,没有打碎一个汤匙,六畜平安,人口吉庆等等。胡母虔诚地拿下竹升,用竹筷夹出一个八字。打开一看,是江冬秀的。天作之合,胡母这才决定了。……胡适的终身大事,就在母亲之命,媒妁之言,灶司老爷的保佑下,用不着征求他的意见,就定下来了。"(第46—47页)这段故事不仅帮助我们了解旧式婚姻实际情形的一个侧面,而且它本身就有力地说明了,旧的习俗如何在已具有西方个人主义意识的现代知识分子身上发生作用。

产的控制,这便是唐、宋、明、清法律中卑幼不得私擅用财规定的由来,对于卑幼未得家长许可私用家财的行为,历代法律都规定有刑事处罚,至于子孙以家财私自典卖,这类行为自然不生法律上的效果。①

古人所以强调"父母在不敢有其身,不敢私其财",是因为在他们看来,有其身、私其财的做法都是有违于孝道的。顾炎武《日知录》写道:

> 宋孝建中,中军府录事参军周殷启曰:今士大夫,父母在而兄弟异居,计十家而七。庶人父子殊产,八家而五,其甚者,乃危亡不相知,饥寒不相恤,忌疾谗害其间,不可称数。宜明其禁,以易其风。当日江左之风,便已如此。《魏书·裴植传》云:植虽自州送禄奉母及赡诸弟,而各别资财,同居异爨;一门数灶,盖亦染江南之俗也。隋卢思道聘陈,嘲南人诗曰:共甑分炊饭,同铛各煮鱼。而《地理志》言:蜀人敏慧轻急,尤足意钱之戏,小人薄于情礼,父子率多异居。《册府元龟》唐肃宗乾元元年四月诏:百姓中有事亲不孝,别籍异财,玷污风俗,亏败名教,先决六十,配隶碛西。有官品者,禁身闻奏。《宋史》:太祖开宝元年六月癸亥诏:荆、蜀民祖父母、父母在者,子孙不得别财异居。二年八月丁亥诏:川峡诸州,察民有父母在而别籍异财者,论死。太宗淳化元年九月辛巳,禁川峡民父母在出为赘婿。真宗大中祥符二年正月戊辰诏:诱人子弟析家产者,令所在擒捕流配。其于教民厚俗之意,可谓深且笃矣。若刘安世劾章惇父在别籍异财,绝灭义礼,则史传书之,以为正论。马亮为御史中丞,上言:父祖未葬,不得别财异居。乃今之江南,犹多此俗。人家儿子娶妇,辄求分异,而老成之士,有谓二女同居,易

---

① 参见瞿同祖:《中国法律与中国社会》,第15—16页。

生嫌竞,式好之道,莫如分爨者,岂君子之言与?①

　　这里能够看到两种相互冲突的倾向,一方面是由社会发展中自然产生的分化倾向,另一方面则是旨在灭绝这种倾向的来自社会的政治的和伦理的压力。虽然父子的分居尚未可以与罗马法上家子的"解放"相比,但在这个以孝为本的社会里面,它必定被看作是"薄于情礼"、"绝灭礼义"的小人所为。正人君子们用文章来讨伐这种举动,法律则以刑罚来对付这种行为。在唐、宋、元、明、清诸朝法律里面,父母在及居丧别籍异财都被认为是严重的犯罪而列名于"十恶"。这种现象亦可以部分说明,在中国古代社会,礼法对于家的完整性和以"孝"为核心的家庭秩序的维护是怎样的不遗余力,而个人之独立人格以及相应的意识又是如何地难以确立。我们要考察中国古代社会的"私法",这是首先要考虑的因素。

六

　　当然,实际地而不只是在理论上考察中国古代的"私法",不能只集中注意于家,而忽略了族。在中国古代历史上,由于种种原因,家往往扩大而成为族,尤其是宋代以后,修纂家谱、族谱的风习大盛,家族的普遍存在已成为一般民众生活最重要的特征之一。

　　族是更大些的社会组织,在某种意义上可以说,它是由若干个"家"集合而成的血缘团体。这种团体的内部联系或不如单个的家来得密切,但也不失为一独立的实体。族有族产,设族长。族长得统率族众,执行宗规、族约,管理族产,对族内纷争亦得为裁判或调处。《宋

---

① 顾炎武:《日知录》卷十三。

史》记陆九韶事迹云：

> 其家累世义居,一人最长者为家长,一家之事听命焉。岁迁子弟分任家事,凡田畴、租税、出内、庖爨、宾客之事,各有主者。九韶以训戒之辞为韵语,晨兴,家长率众子弟谒先祠毕,击鼓诵其辞,使列听之。子弟有过,家长会众子弟责而训之;不改,则挞之;终不改,度不可容,则言之官府,屏之远方焉。①

这俨然就是一个规模完备的小社会。它有自己的财产如祭田和义庄,有自己的法律如乡约、族规,更有自己的裁判机构（有时是族长一人）与执行办法。当然这些并非对家的否定,在各家分居的情况下,族长只管合族公益之事,并解决族内各种纠纷。更重要的是,族适用家的全部原则,保证并且强化家的秩序。就这一点来讲,族只是家的延伸与扩大,它也因此获得国家的认可,法律的支持。② 至于族内的各个成员,显然,他们不可能因为具有家与族的双重身份而变得相对独立些,恰恰相反,一个人如果有了这双重的身份,他要成为"个人"就是愈加困难的了。③ 总之,由对中国古代社会家族组织及其基本原则的研究,大致可以得出结论说,传统之中国文化完全不承认"个人"的存在,而

---

① 《宋史·陆九韶传》。
② 参见瞿同祖:《中国法律与中国社会》,第22—27页。
③ 此外,我们还须注意到国在家的基础上对个人所加的束缚。如商鞅的什伍法,王安石的保甲法,元代的村社制,明代的里甲制,王守仁的十家牌法等等。清代的保甲制还在手工工人中加以推行。这种合血缘与地缘于一的制度旨在加强政府对于社会的控制,但也因此造成大多数农民和手工业者长期处于依附状态,不能有转业的自由。详见傅衣凌:"关于中国封建社会后期经济发展的若干问题的考察",载《明清社会经济史论文集》,人民出版社1982年版。在此种情形下,社会成员要想冲破家与国、血缘与地缘的层层束缚,而成为真正的"个人",几乎是不可能的。

在现实的社会关系中,更没有"个人"的立足之地。①

一种不承认个人存在,并且实际上其中不存在个人的文化意味着什么?由"私法"的角度看,它就意味着抽去了"私法"赖以生长、发达的社会学基础。在一个以家族为基本单位的社会里,没有纯粹"个人"的行为,更没有真正"个人"的关系。个人被束缚在家族的身份网络之中,没有独立的意志,没有自己的财产,甚至不能自由支配自己的身体。他必须服从家族强加于他的规则(身份),却不能够独自去创造合于自身的关系(契约)。这种情形并不只限于子女们,因为家长也必须依据特定的身份去行事。这种情况又直接影响了财产的流转。

七

家长于家产、族产的管理虽然有绝大的权限,但也往往不能为自由的处分。② 归根到底,财产非任何个人所有,它总是一家一族的,家长以其特殊身份出掌家族财产,自应对此家族负责,服从家族的规则,惯例。③ 这方面比校突出的例子是所谓"亲邻先买权"。

中国古代社会,土地和其他物业的典卖,照例要先在乡族亲邻中进行,所谓"先尽房亲伯叔,次尽邻人",便是此意。这种"产不出户"的惯行究竟起于何时,已经难于考证,但就文献中可以看到的资料来说,至少可以追溯到唐、五代。据《五代会要》,周广顺二年开封府奏准:

---

① 关于这个问题的进一步论述,请参见本书"义利之辨"、"无讼"诸章。

② 《明律集解》云:"盖同居则共财矣,财虽为公共之物,但卑幼得用之,不得而自擅也。尊长得掌之,不得而自私也。"家长显然不能以个人身份处分财产。这完全合乎"家"的原则。

③ 家中财产主要为共财(同财),私产则极为有限。在中国传统社会,这种传统渊源久远且极为顽强,以至研究者在观察1930年代之中国乡村时,仍然发现,在就家产分类时,找不出"个人所有权"。参见费孝通:《江村经济》,江苏人民出版社1986年版,第42页。

>　　如有典卖庄宅,准例,房亲邻人合得承当。若是亲人不要,及著价不及,方得别处商量,不得虚抬价例,蒙昧公私。有发觉,一任亲人论理。勘责不虚,业主、牙保人并行重断,仍改正物业。或亲邻人不收买,妄有遮怪阻滞交易者,亦当深罪。

《宋刑统》亦有类似规定。① 更值得注意的是,"产不出户"或所谓"亲邻先买权"实际已成为民俗、惯例,在民间的财产典卖活动中极为普遍。有现代学者研究明、清时代永安农村(黄历村)的土地买卖契约,发现此村中地权的移转,受让人不是宗亲,便是姻亲。② 而据民国初年的一项调查,当时这种习俗在民间仍极盛行。③ 这种情形亦有助于说明,在中国古代社会,家族的存在如何阻碍着物的自由流转,以及,财产的让与,如何因为基于血亲关系确立的规则、惯例,而不能具有近代意义上的契约形态。

这里,可以顺便提出另外两种事例,说明家族的存在如何使得家外的"契约关系"扭曲变形。

头一种事例是古代雇工人的法律地位问题。

雇工人主要包括轿夫、车夫、厨役、杂役等受雇服役之人,他们并非雇主的家族成员,而是与雇主订约而提供一定劳务的"自由人"。然

---

① 《宋刑统·户婚律》"典卖指当论竞物业"条:"应典卖、倚当物业,先问房亲,房亲不要,次问四邻,四邻不要,他人并得交易。房亲着价不尽,亦任就得价高处交易。如业主、牙人等欺罔邻亲,契帖内虚抬价钱,及邻亲妄有遮怪者,并据所欺钱数,与情状轻重,酌量科断。"这条律文并非虚文。观宋人书判,就典卖应先尽亲邻原则予以解说、适用者不下十例。参见《名公书判清明集》,中华书局1987年版,第120、122、264、308、309、310页。
② 参见傅衣凌:《明清农村社会经济》,三联书店1961年版,第22—23页。傅先生还认为,亲邻优先的习俗不仅表现于土地的买卖,而且及于一般农民耕作权的让渡。详见上引书中"清代永安农村赔田约的研究"一文。事实上,明、清两代,民间不动产交易中的亲邻先买权一直是全国性的习惯。
③ 参见傅衣凌:《明清社会经济史论文集》,第98页。

而,雇工人在法律上的地位实际介于奴隶与常人之间,因为雇工人在受雇期间与雇主有主、仆的名分。① 显然,立法的着眼点是家的秩序,身份优于契约。

另一种事例是家族之间的"契约"。我们且举江西进贤地方的渔业"契约"为例。

  进邑地滨鄱阳湖东鄙之梅村三阳等处,居民多恃渔利为生,关于捕鱼事项,此村与彼村,或甲姓与乙姓,恒订一种契约,永远遵守,约内载明双方权利及其制限,约尾署名者,非自然人,而为某村某姓,盖含有世承勿替之意,其契约有绝对之效力,如此造未得他造之同意,而有违反契约内容之行为时,他造必出全力以相争,往往因此发生械斗重案,盖滨湖居民多恃渔利为生,此盈则彼绌,故不惜以生命拥护之,至此种契约之性质,本为双务契约,然一审查其内容,则支配权利并不平均,例如甲乙两姓在同一地点有捕鱼权,甲姓得用子丑寅卯等多种鱼具,乙姓仅许用其中之某一种。又乙姓非至一定时间之某日某时,不得下湖捕鱼,甲姓则否。

  当事者安之若素,旁观者认为固然。乙姓偶鸣不平,别求发展,群且视为大不韪,非议蜂起矣。②

这种乡族之间利益冲突的解决方式,已经很难说是"契约"的了。

---

 ① 参见瞿同祖:《中国法律与中国社会》,第 233—237 页。又可以参见黄冕堂:"论清代前期的苏州、松江、嘉兴、湖州四府的农业经济发展与资本主义萌芽",载南京大学历史系明清史研究室编《明清资本主义萌芽研究论文集》,上海人民出版社 1981 年版。
 ② 《中国民事习惯大全》第一编,《债权》,转引自傅衣凌:《明清社会经济史论文集》,第 87 页。这同时也是一个很好的例子,说明以近代的(同时也是西方的)概念如权利、契约等来描述中国传统社会诸制度将是多么容易造成误解。

梅因认为,家族与家族之间适用"国际法",这种说法在某种意义上可以移用于此地。家族原本即非法人,何况在中国古代社会,它首先还是个伦理实体。它不允许族内有契约关系,自己亦不能创造契约关系。上引江西进贤地方渔业"契约",严格说并非契约,而是某种带有强制性的"协议"。这种"协议"之所以规定了永久性条款,是因为能够决定此条款的一方同时也是较强的一方,而这种永久性条款之所以是可能的,又是因为家族不灭。不过,正因为家族不灭,这种"协议"便不可能保有永久性效力,家族间的械斗亦不能最后杜绝。

　　明清时代,乡族势力的干预往往是农村经济活动中的重要因素。但是从形式上看,这种干预并不能采取真正是契约的方式,从内容上看,则乡族势力通常是阻碍社会经济发展的因素。这是因为家族乃是封闭的自给自足的社会经济单位,几乎所有的经济活动,都是在血族内部且依据家族的原则进行,因此一般说来,家族组织的稳定与强固,本身就阻碍着社会经济中活跃因素的发展。这些,都对中国古代"私法"的命运发生深远的影响。

　　白居易写唐代农村,有诗曰:"徐州古丰县,有村曰朱陈。去县百余里,桑麻青氛氲。机梭声札札,牛驴走纭纭。女汲涧中水,男采山上薪。县远官事少,山深人俗淳。有财不行商,有丁不入军。家家守村业,头白不出门。生为陈村民,死为陈村尘。"①似白居易笔下朱陈村这种安土重迁,不事商贾,具有浓厚宗法色彩的村社,至明、清时亦为数未少。② 自然,历史上(尤其是明、清时期)也有合族经商的事情,但那

---

　　① 《白居易集》卷十,"朱陈村诗"。
　　② 《古今图书集成·职方典》卷七七八,《安庆府风俗考》写当时村社,尚有"农恒为业,世不徙业","男耕女织,质朴无文。黄发老人有不识城市者。安土重迁,不善商贾"一类字句。转引自胡如雷:《中国封建社会形态研究》,生活·读书·新知三联书店1979年版,第171页。

与其说是"自由经济"对于家族组织的胜利,不如说是宗法势力在经济活动中的渗入。这种情形不但对明清时代社会经济的发展有显著的影响,对于中国古代社会中"私法"的命运也有着不容忽视的重要意义。①

八

总结上文,我们似乎可以说,中国传统文化不外是家的文化,孝的文化,它不承认"个人"的存在。依此原则组织起来的家,既是社会的基本单位,又是在文化上有着头等重要意义的伦理实体,其中,身份的原则支配一切。因此,这里不能有法律上抽象平等的人格,不能有根据自由合意而独自创造的新的社会关系,亦不能有个人对于财产的绝对权利以及物的自由流转。如果说,我们曾以个人获得解放的程度来衡量私法(尤其是契约法)的发达程度,那末现在,我们也可以家族组织及观念的发达程度来度量私法的不发达程度乃至其不能够发达的可能性。自然,我们在这一章里讨论的还不是决定"私法"命运的全部因素,而且,即便就中国古代社会家族组织对于"私法"的发展可能产生的影响这个问题来说,也还有两个重大问题没有涉及。第一个问题是,作为"最初级的司法机构"(瞿同祖语),家族实际与州县司法机构一道处理了古代社会几乎全部的"民事纠纷",它们据以解决纠纷的原则、规则是什么?这就涉及第二个问题,即这些原则、规则与今人所谓私

---

① 乡族势力对于社会经济发展的阻碍,除上面提到的,还包括利用其在当地势力统制工商业;出于对本族利益或伦理上的考虑,限制农副业生产的发展、水资源的利用和矿产的开发,等等。参见傅衣凌:"论乡族势力对于中国封建经济的干涉",载氏所著《明清社会经济史论文集》。

法、民法有什么样的关系。是否凡处理"民事纠纷"的法律规则（至少具有法律效力）都得名为"私法"、"民法"。这两个问题，我们将主要在"礼法文化"一章里面讨论。在此之前，我们还是考察与"私法"的发展有密切关联的另一些社会的和文化的因素，首先要讨论的问题是"阶级"。

第六章 阶级

> 在中国耕与读之两事,士与农之两种人,其间气脉浑然相通而不隔。士与农不隔,士与工商亦岂隔绝?士、农、工、商之四民,原为组成此广大社会之不同职业。彼此相需,彼此配合。隔则为阶级之对立;而通则职业配合相需之征也。
>
> ——梁漱溟《中国文化要义》

一

有一种理论认为,法律总是特定社会经济状况和阶级利益的反映。这种理论如果不被滥用和绝对化的话,倒也不失为一种研究问题的有益的方法。

在古代希腊、罗马,城邦中主要代表商业利益的平民与土地贵族的斗争,常常是早期法律得以发展的动因。著名的《十二表法》虽然主要是早期习惯的记录,但它毕竟是在平民集团的压力之下产生的。这个事实很耐人寻味。

在中世纪欧洲,商人乃是一种特殊的阶层。他们在几乎所有重要集市和港口城市都设有专门的法庭,并适用一种特别的法律。这种法律不同于当时流行的其他法律如封建土地法,而是受过罗马法洗礼的古代地中海商法与中世纪商业惯例的混合物。这便是中世纪的海商法,有学者称之为"中世纪的国际法"。由这种说法中,我们可以感觉到一个有某种独立地位的商人集团的存在。此外,我们还可以注意到中世纪的自由城市,这是中世纪商人们的堡垒,也是西方近代文明的重要发源地。这些城市有自己的组织方式,适用自己的法律(城市法)。它们不仅保护着中世纪平民阶层的利益,而且还养育了一种新型的文化,其中包括平民阶层的独立意识,具有近代特征的商业制度和商事法,以及相应的价值观念、哲学思想和政治思想。近代西方文明就是在这样的基础上萌生的。考察西方的所谓"私法文化"在中世纪以后的发展,这是一个很重要的环节。因此,由文化角度审视中国古代社会"私法"的状况,亦不得忽略商人的问题。

二

中国古代文明虽非商业文明,但是商业活动,以及专门从事此项活动的人——商人,却几乎是与古代文明相伴而来。当然,仅这种现象只能表明所谓文明社会的某些一般特征,而不能解释特定社会中商业活动的性质与范围,特别是商人在社会中的地位、作用和影响一类问题。后面这些问题主要取决于特定社会的文化特质,间接地决定于此一社会的早期历史发展。比如,我们发现,中国古代法的生成与演变,并非出自商业发展的需要,而基本上是古代政治发展的一个部分。之所以如此,固然是因为中国古代文明产生于人与人关系的变化而非技术的突破,古代法由"兵刑合一"的状态递嬗演变而来,只能是统治者据以实行政治控制的强力工具。但另一方面,它也间接表明了中国古代的商人不能够作为一支独立的社会力量参与法律创制的客观事实。实际上,中国历史上的商人从来不曾获得过类似于欧洲的平民在古代和中世纪享有的那种地位。换句话说,中国历史上的商人从未作为独立的阶级出现过。这实在是种令人惊异的现象,也是中国历史与西方历史、中国文化与西方文化大不相同的地方。造成这种结果的原因很多,而其中最具根本意义的原因还得在中国文化形成之初的早期历史中寻找。这里,我们只提出两种由中国古代的早熟国家形态中派生出的传统,即"富贵合一"的传统和"抚民如抚赤子"的传统。它们对于中国古代社会中商人的命运,都保有深远的影响。

"富贵合一"的要求产生于建立在"家国合一"的基础上的礼,其核心乃是"因贵而富",是使对财富的享用完全服从于名分的要求。这种强烈的伦理要求,这种置名分(它既是道德秩序,也是法律秩序)于首位的鲜明态度,一直是中国传统文化最显著的特点。这样一种文化,自然不肯承认财产的神圣,更不能允许有人凭借财富的力量来影响和左右社会。中国历史上屡行不辍的抑商政策和无数处罚违制行为的法令,多与此种文化性格有关。①

中国古代社会中影响商人发展的另一远因,是所谓"抚民如抚赤子"的传统。这是一种"家"的社会观,它把社会看作是一个大家庭,由家长——天子——对其中每一成员予以同等的注意与照顾。这里没有任何特殊的利益,因为所有特殊利益都不被承认。由于这个缘故,中国古代的商人要发展成为阶级,也就是说,获得某种独立的社会地位,作为一种特殊的经济集团或利益集团争得社会的承认,且具有相应之独立意识,首先在理论上就是不大可能的。另一方面,按照"家"的原则组织起来的社会,实际上亦无法容纳类似于西方城邦中"阶级制度"那样的东西。李约瑟在谈及中国古代社会特征时说:

从技术上看,国家不可能既维持高度的中央集权同时又能促

---

① 由于同样的原因,在传统的价值序列中,商人及商行为亦等而下之,乃是士君子不屑一为的事情。下章将由价值方面讨论这一问题,此处从略。

进特定的经济利益。中国政府从来没有试图以"社会等级"的资格接纳那些社会经济集团。……它把主要的经济集团拒之门外,从而清楚地显示了自己的力量;而一旦民间团体能够把其经济实力转化为政治力量,它就濒于崩溃的边缘。因此,我们可以说,在中国传统社会中,既找不到西方的贵族军事封建主义,又找不到西方的城邦商业独立性的对应物。①

中国历史上,常常与抑商政策并行的乃是打击地方豪强的法令,这不是偶然的。同样,在中国古代社会,原则上没有不可变更的社会身份,而且,有些社会身份如士、商、绅等又可以同时兼具,这种现象亦可以部分地由上述原因来解释。②

总之,中国古代商人的历史,就是在这两种久远传统的支配之下缓缓展开的。

三

《汉书·食货志》开篇写道:

> 洪范八政,一曰食,二曰货。食谓农殖嘉谷可食之物,货谓布帛可衣,及金刀龟贝,所以分财布利通有无者也。二者,生民之本,兴自神农之世。

显然,食与货之作为人类社会得以维系的两种基本物质条件,古人

---

① 李约瑟:"中国社会的特征",载《李约瑟文集》。
② 梁漱溟先生认为,中国古代社会无阶级而有职业。详见其《中国文化要义》第八章"阶级对立与职业分途",学林出版社1987年版。

有充分的认识。然而实际上，从事这两种生产的人：农人与商贾，在古人心目中的地位是大不相同的。两千年来，世人视商事为末作，列商贾为四民之末，所谓"士、农、工、商"，纯粹是一种贱商的心态。这样一种心态的形成，固然有着文化上极其深长的渊源，但从历史上看，似乎更多受到现实之社会利益与政治利益的影响与支配，而且在不同的历史阶段，其表现形式也不尽相同。

殷、周时代，礼乐尚未崩坏，富随贵而至，贵者亦是富者，自不必以经商求富。习俗、礼法更不能容许有身份的人从事此项职业。其时，大抵惟有贱者方行鬻卖贩运之事。①《周官·地官·司市》所谓："国君过市，则刑人赦；夫人过市，罚一幂；世子过市，罚一帟；命夫过市，罚一盖；命妇过市，罚一帷"便是这种秩序森严的写照。《史记·货殖列传》中说，"齐俗贱奴虏，而刀闲独爱贵之。桀黠奴，人之所患也，惟刀闲收取，使之逐渔盐商贾之利。"又有汉乐府诗云："孤儿生，孤儿遇生，命当独苦！父母在时，乘坚车，驾驷马。父母已去，兄嫂令我行贾。南到九江，东到齐与鲁。"②可见秦汉以后，贩鬻皆使贱者为之仍是民间流俗。这些，或可以说是"商贱"的传统。战国而后，更有所谓"贱商"的传统。

商鞅变法于秦，新法中有一条规定：

> 僇力本业，耕织致粟帛多者复其身。事末利及怠而贫者，举以为收孥。③

这条严苛的法令出于厉行耕战的法家之手原是不足为奇的。值得注意的是，在这类政策与法令的背后，还有一套完整的理论，这套理论

---

① 有一种意见认为，商人这个称谓与商亡以后商民的社会活动有关。参见李约瑟：《中国科学技术史》卷一第一分册，科学出版社 1975 年版，第 197 页。
② 《乐府诗集》卷三十八，"孤儿行"。
③ 《史记·商君列传》。

不仅早出,而且有着更为广阔的背景,它对于现实的影响因此也更为深远。较早且较完整地阐述了这一理论的,可以推齐国相管仲作代表。《管子·治国》曰:

> 凡治国之道,必先富民。民富则易治也。民贫则难治也。……昔者七十九代之君。法制不一,号令不同,然俱王天下者何也?必国富而粟多也。夫富国多粟,生于农,故先王贵之。凡为国之急者,必先禁末作文巧,末作文巧禁,则民无所游食。民无所游食,则必农。民事农,则田垦。田垦,则粟多。粟多,则国富。国富者兵强,兵强者战胜,战胜者地广。是以先王知众民强兵、广地富国之必生于粟也。故禁末作,止奇巧,而利农事……先王者,善为民除害兴利,故天下之民归之。所谓兴利者,利农事也。所谓除害者,禁害农事也。农事胜则入粟多。入粟多则国富,国富则安乡重家,安乡重家则虽变俗易习,殴众移民,至于杀之,而民不恶也。此务粟之功也。上不利农,则粟少,粟少则人贫,人贫则轻家,轻家则易去,易去则上令不能必行。上令不能必行,则禁不能必止。禁不能必止,则战不必胜,守不必固矣。夫令不必行,禁不必止,战不必胜,守不必固,命之曰寄生之君。此由不利农少粟之害也。粟者,王之本事也,人主之大务,有人之涂,治国之道也。

这是一篇治国的宏论,也是一个重农抑商的总纲。道理讲得很清楚,惟有以农为本,"禁末作文巧",才可以保证社会的安定,政权的稳固。不过,就这段话本身来看,"禁末作文巧"主要还不是因为对商人可能成为一种独立的经济集团感到担心,而是因为对商业活动可能危害传统社会赖以存在的基础的一种近乎本能的自觉。一般说来,商业活动总是社会经济生活中的活跃因素,而且,商业发展所要求的相应社会制度的细密与复杂,往往超出了崇尚质朴的农业社会可能具有的承载能力。换句话说,商业活动本身所具有的流动性与开放性,对一个建立在自然经济基础上的静止封闭的社会往往是一种潜在的威胁。更要紧的是,商业的发展有可能改变传统的社会结构,首先是使作为社会之最基本单位的家族组织趋于解体。而在中国古代社会的特定文化背景下,这就不仅意味着原有之家族秩序的瓦解,更意味着从根本上破坏中国传统文化的正当性与有效性,而使此民族赖以立身的哲学无所依托。因此,尊农夫而贱商人,这就不但是国策,而且是基于中国传统文化之精神的内在要求了。管子的重农抑商理论,没有因秦汉以后官僚帝国的建立而告结束,它注定要长久地支配这个社会。①

四

春秋战国之际,虽有重农的理论,抑商的政策与法令,要全面地抑制商人的活动却还远远不能。相反,当时政出多门、群雄竞胜的局面正好为商业的发达客观上提供了有利条件。更重要的是,礼法森严的旧秩序业已崩坏,秦汉以后逐渐形成的新制度还在酝酿之中,这样一个新旧交替的时代,不仅带来了思想上的活跃,而且使得人欲获得了空前的解放。布衣可以为卿相,以商致富亦非不可为之事。②久受压抑的人

---

① 吕思勉先生云:"秦汉而后,宇内一统,无事求富强以胜敌,然民农则朴,朴则易治,农为本业,工商为末业,及先富后教,有恒产而有恒心等义,迄未尝变。故汉代法律最尊农夫,薄赋轻徭,惟恐不及,孝弟力田,置有常员。后世虽不能然,然法律政事之重农,则二千年来未尝改也。"(吕思勉:《中国制度史》,第12页)

② 据吕思勉先生的意见,"其后居高明者,非不欲自封殖,则亦使贱者为之。"又说,《货殖列传》所列诸人,"度亦深居发纵指示,坐收其利,非真躬与贾竖处也。"(吕思勉:《中国制度史》,第54页)此时代变化并不改变"商贱"传统之一例。《汉书·食货志》云:"及秦孝公用商君,坏井田,开阡陌……然王制遂灭,僭差亡度。庶人之富者累钜万",据《史记·货殖列传》,当时富商大贾多有秦之"迁虏"。此又可以为"商贱"之一列。

欲，猛然在这礼崩乐坏的大时代中找到了宣泄的途径，于是就奔流而出，一发而不可收。倘我们以"史圣"司马迁"天下熙熙，皆为利来；天下攘攘，皆为利往"16个字作这时代的解说，恐怕不是过甚之辞。

创造性的时代，相对自由的社会氛围，不仅能贡献出思想家，而且也产生"实业家"——古代的富商大贾。读《史记·货殖列传》可以对此有深刻的印象。

范蠡既雪会稽之耻，遂变名易姓，弃官而逐什一之利，19年之中三致千金，后至巨万，以富著称。猗顿经营盐业，而邯郸郭纵以铁冶起家，皆与王者埒富。赵人卓氏，因赵亡而徙于临邛，"即铁山鼓铸，运筹策，倾滇蜀之民，富至僮千人，田池射猎之乐，拟于人君"。又有山东迁虏程郑，亦冶秩，富埒卓氏。曹邴氏亦以冶铁起家，"富至巨万"。刀闲用奴虏，使逐渔盐商贾之利，起富数千万。"关中富商大贾，大抵尽诸田，田啬、田兰。韦家栗氏，安陵、杜杜氏，亦巨万。"这里说的，还不是"有爵邑奉禄弄法犯奸而富"，而是"尽椎埋去就，与时俯仰，获其赢利，以末致财，用本守之，以武一切，用文持之"的"贤人所以富者"。"若至力农畜，工虞商贾，为权利以成富，大者倾郡，中者倾县，下者倾乡里者，不可胜数。"由此不难想见当时社会分化之烈。富商大贾之成为一种社会势力的苗头，似乎也已经显露。子贡结驷连骑，束帛之币以聘享诸侯，所至，国君无不分庭与之抗礼。乌氏倮以畜牧而富，秦始皇令比封君，以时与列臣朝请。又有巴寡妇清，擅丹穴之利数世，家亦不訾，秦皇帝以为贞妇而客之，且为筑女怀清台。① 更有甚者，当时竟出现了富商作公侯债主的事情。

吴楚七国兵起时，长安中列侯封君行从军旅，赍贷子钱，子钱

---

① 以上材料均见《史记·货殖列传》。

家以为侯邑国在关东,关东成败未决,莫肯与。唯无盐氏出捐千金贷,其息什之。三月,吴楚平。一岁之中,则无盐氏之息什倍,用此富埒关中。①

富商权势如此,无怪当时有谚云:"千金之子,不死于市"。② 这真可以说是中国商人的黄金时代,只是它注定不能长久。

五

商人的勃兴,且渐渐拥有堪与政治权力相抗衡的社会力量,这只在春秋战国的特殊历史条件下才有可能。新的社会秩序一旦形成,第一件事必定是重建礼法高度一统的格局。无论如何,它不能容忍一个相对独立于政治权力之外的经济集团,更不会允许一些人只凭借财富的力量便欲在社会中发号施令。况且,商业财富的聚敛通常要导致土地的集中,而使农人流离失所,这对于中国古代社会的传统统治方式来说,不啻是双重的打击。自古商贾即为贱者,将来也应如此。这既是道德上的要求,也是政治上的需要。而这两个方面,在中国古代社会原本是一回事。

据《史记·平准书》:

天下已平,高祖乃令贾人不得衣丝乘车,重租税以困辱之。孝

---

① 《史记·货殖列传》。
② 陶朱公有子杀人,囚于楚。朱公曰:"杀人而死,职也。然吾闻千金之子不死于市",遂遣长子进千金于庄生,求赦其子。后楚王闻说"陶之富人朱公之子杀人囚楚,其家多持金钱赂王左右",乃大怒曰:"寡人虽不德耳,奈何以朱公之子故而施惠乎!"令论杀朱公子,明日遂下赦令。事见《史记·越王勾践世家》。这是一个很有趣的故事。它可以说明富商当时社会地位的另一面。

惠、高后时,为天下初定,复弛商贾之律,然市井之子孙亦不得仕宦为吏。

抑商不仅要"困",而且要"辱",究其根本只一个"贱"字。这很可以表明中国传统文化对于商人的态度。而真正要做到这一点,不能只有政治上的禁止令,更要施行经济上的有力措施,削弱商人的物质力量。只是,在天下甫定,亟待恢复生产的汉初,这样做的时机并不成熟。这倒给了商人一个喘息的机会。他们利用政府"与民休息"的政策,更抓住汉兴天下一统的天赐良机,迅速地发展起来。① 其结果,不但引出了贾谊、晁错的重农抑商新说,而且也引发了汉代一系列严厉的抑商措施。

文帝在位,"时民近战国,皆背本趋末",②对此,贾谊痛心疾首,发出了"殴民而归之农"的呼吁:

夫积贮者,天下之大命也。苟粟多而财有余,何为而不成?以攻则取,以守则固,以战则胜。怀敌附远,何招而不至?今殴民而归之农,皆著于本,使天下各食其力,末技游食之民转而缘南晦,则畜积足而人乐其所矣。可以为富安天下,而直为此廪廪也。③

于是,文帝始开籍田,躬耕以劝百姓。这种道德的示范虽然必要,却还远远不够。"今法律贱商人,商人已富贵矣;尊农夫,农夫已贫贱矣。"④因此欲贱商人,亦须使之贫,欲尊农夫,亦须使之富。颁布卖爵

---

① 《史记·货殖列传》:"汉兴,海内为一,开关梁,弛山泽之禁,是以富商大贾周流天下,交易之物莫不通,得其所欲。"
② 《汉书·食货志》。
③ 同上。
④ 同上。

令和免除农人租税，便是这类使农夫尊而且富的措施。① 此外，汉代更有一系列限制末作、摧抑豪强的办法。其中之著者，有笼盐铁与均输、平准之制，算舟车缗钱之法。

笼盐铁实即今所谓盐铁专卖，其意义不只是要与民争利，更有重本抑末，加强政治控制的效果。大夫桑弘羊论曰：

> 今意总一盐铁，非独为利入也，将以建本抑末，离朋党，禁淫侈，绝并兼之路也。②

行均输、平准法亦是如此。③ 这些措施的推行，固使得"富商大贾无所牟大利"，强化了中央政府的经济和政治控制，但毕竟是相对消极的办法，汉武帝时实行的算缗、告缗之法，则可以说是对于商人的直接剥夺。《史记·平准书》曰：

> 商贾以币之变，多积货逐利。于是公卿言："郡国颇被菑害，贫民无产业者，募徙广饶之地。陛下损膳省用，出禁钱以振元元，宽贷赋，而民不齐出于南亩，商贾滋众。贫者畜积无有，皆仰县官。异时算轺车贾人缗钱皆有差，请算如故。诸贾人末作贳贷卖买，居邑稽诸物，及商以取利者，虽无市籍，各以其物自占，率

---

① 《史记·孝文本纪》："上曰：'农，天下之本，务莫大焉。今勤身从事而有租税之赋，是为本末者毋以异，其于劝农之道未备。其除田之租税。'"又《汉书·食货志》言文帝从晁错言，"乃下诏赐民十二年租税之半。明年，遂除民田之租税。"

② 《盐铁论·复古》。这一点，管子说得更清楚："利出于一孔者，其国无敌。出二孔者，其兵不诎。出三孔者，不可以举兵。出四孔者，其国必亡。先王知其然，故塞民之养，隘其利途。故予之在君，夺之在君，贫之在君，富之在君。故民之戴上如日月，亲君若父母。"（《管子·国蓄》）

③ 参见《史记·平准书》。

缗钱二千而一算。诸作有租及铸,率缗钱四千一算。非吏比者三老、北边骑士,轺车以一算;商贾人轺车二算;船五丈以上一算。匿不自占,占不悉,戍边一岁,没入缗钱,有能告者,以其半畀之。贾人有市籍者,及其家属,皆无得籍名田,以便农。敢犯令,没入田僮。"

这道法令已属严苛,奉命执法的杜周,更是汉代有名的酷吏。此人治匿缗之罪,"狱少反者"。据史载,当时"中家以上大抵皆遇告"。其结果,政府"得民财物以亿计,奴婢以千万数,田大县数百顷,小县百余顷,宅亦如之。于是商贾中家以上大率破"。① 具有讽刺意味的是,汉武帝一面厉行抑商贱商的政策,②一面又开商贾不得为吏之禁,用大盐商东郭咸阳,冶铁家孔仅为大农丞领盐铁事,以洛阳贾人子桑弘羊主持计算。这些人善于经营,工于计算,为政府效力,无所不用其极,建议实行上述措施且尽全力使之奏效的,正是这些为政府所收买的商人。这种现象殆非偶然。

在中国历史上,商人从来不曾取得独立(遑论尊贵)的地位,也没有成为一种真正的社会力量。即便是在经历了战国至汉初这样一个相对自由发展的特殊时期之后,它依然不堪官僚政府的一击,此足以表明中国商人的脆弱。两千年来,"以末致财,用本守之",始终是中国商人的正途。之所以如此,主要不是因为只有土地才被认为是财富,而是因为在这社会里,商业活动一直被视为末作。当然,强调农本,很大程度上是为了统治上的便利,在这种意义上,所尊者亦非农夫,而是

---

① 参见《史记·平准书》。
② "武帝天汉四年,发天下七科谪以击匈奴。七科谪者,张晏曰:'吏有罪一,亡命二,赘婿三,贾人四,故有市籍五,父母市籍六,大父母有市籍七。'商贾居其四焉。"(吕思勉:《中国制度史》,第90页)

这社会的治理者：官与绅。这里，我们可以注意到中国古代社会的另一种特点：战国而后，土地得买卖；隋唐以降，朝廷以科举取士。商人因此得流向土地占有者阶层和官僚阶层，而在古代的社会、文化背景的压力之下，这一切又都自然会发生。这就意味着商人注定要接受士大夫的整套价值观，而不能有自己独立的意识。正如李约瑟先生所言：

> 官僚统治制度两千多年来使国家最优秀的人材成为文官。虽然商人可以得到巨大的财富，但他们从得不到保证，他们要受到禁止奢侈的法令的约束，并因缴纳苛捐杂税而被夺去财畜，还要受到官府的其他各种干预。再则，他们从未到达自己的神圣境界。每个朝代，即便是有钱的商人的子弟，惟一的奢望就是进入官僚行列。这就是那些通过各种渠道进入上层的士绅们的世界观。在他们看来，这就是他们的声望的价值所在。由于这种情况占上风，因而这对那些商业阶层的人来说，要在中国旧时获得欧洲文艺复兴时期商人能得到的有权有势的地位，显然是不可能的。①

这正是中国古代社会的特异之处。传统文化具有的看似混沌的高度一统，正是靠了上面提到的那种可融通性和定向流动机制，才得在社会中实现。

六

在商人的发展史上，汉代无疑是个重要的时期。强大的官僚集团

---

① 《李约瑟文集》，第 84 页。

彻底粉碎了商人图谋发展的企图,而将战国以来的"混乱"局面纳入一种新的秩序之中。这种新的秩序,就我们曾经提到过的那些渊源久远的传统而言,其实只是崩溃了的旧秩序在新时期的延续,但是另一方面,它又在具体的问题上面,充分适应了新的历史条件,满足了新时代对于旧传统的要求。利用商人,且成功地运用社会压力使之不断分化就是很好的一例。汉以后历代所实行的关于商人的政策,如唐制之禁工商骑马,①明制之禁商贾穿细纱,②唐代的"宫市",③明清时代对于商贾富户的公开掠夺,④以及清代的捐纳之制,都可以说是汉代所确立的那种格局的延续。

明清时代,社会经济生活有了一定程度的发展。在城市发达、商业繁盛的同时,更有一些新的趋势出现。比如在生活消费方面对富商实

————————

① 唐乾封二年曾下敕严禁工商乘马。这一禁令以后逐渐放松,因此又有太和六年的诏令禁断。(《唐会要》卷三十一,"杂录")

② 据徐光启《农政全书》:"(洪武)十四年上加意重本抑末,下令农民之家许穿细纱绢布,商贾之家只许穿布;农民之家但有一人为商贾者,亦不许穿细纱。"

③ 唐的"宫市"是皇室公开榨取商人的办法。《顺宗实录》卷二记曰:"旧事,宫中要市外物,令官吏主之,与人为市,随给其直。贞元末,以宦者为使,抑买人物,稍不如本估。末年不复行文书,置白望数百人于两市并要闹坊,阅人所卖物,但称宫市,即敛手付与,真伪不复辨,无敢问所从来。其论价之高下者,率用百钱物买人数千钱物,索进奉门户并脚价钱。将物诣市,至有空手而归者。名为宫市,而实夺之。"转引自侯外庐:《中国封建社会史论》,人民出版社1979年版,第246—247页。

④ 傅衣凌在"关于中国封建社会后期经济发展的若干问题的考察"一文中写道:"封建政府不仅对于民间生产事业采取各种压迫的方针,还常无偿地直接掠夺商人的财富。万历时代为中国封建经济较为发展时期,然而封建政府对于商人的摧残,亦以此时为最甚。矿监、税监之外,万历二十八年有英武殿带俸中书程守训奉密旨访各处富商,搜求天下异宝,'首有朱红金字钦命牌二面,继有二牌,一书凡告富商巨室,违法致富者,随此牌进;一书凡告官民人等怀藏珍宝者,随此牌进'(明《神宗万历实录》卷三四七)。这是较大规模的掠夺。至于各地的商贩和铺行,亦不能免此。傅振商于万历末年曾见河北各县'衙内买办诸物,时值百文,止给六七十文','又索要王典银二百两,绒单五十条,珠子十八两'。又如'日用米谷蔬菜等物,俱差皂隶……报票取用,值十文者,止给一文,行户禀讨,即加怒责。阖县行户怨詈'。明清两代对于江南富户又曾采取'籍没'、'移徙'和'拔富'等方式,随便掠夺人民财产。"(《明清社会经济史论文集》,第72—73页)

际控制的放松,家族组织中经商的风习,①以及,商人组织——商业会馆、公所的普遍设立等等。这些确是社会生活中的新事物,然而,它们对于社会的影响,就上面谈到的传统文化之特质与社会的固有结构来说,却几乎可以忽略不计。换言之,商业的繁荣与商人组织的出现,丝毫不能改变中国社会旧有的格局。在强大的官僚集团面前,商人们依然脆弱不堪,他们的成功,往往只招来政府的横征暴敛与各级贪官污吏的巧取豪夺。在中国古代社会,这常常是摧抑商人、阻碍商业发展的最直接的方式。

明清时代,官僚集团对于商人的榨取与压迫,除上面提到的公开、直接、大规模掠夺之外,还有各地方官吏的胡作非为。关于后一类情形,当时留下的一些工商业碑刻中不乏详实的记载。这里,我们不妨援引几例,看日常生活中通行的陈规陋习如何阻碍着商业的发展。

崇祯七年"常熟县永禁诈索油麻杂货铺行碑":

> 其弊之所起在借办。此官价之名色,一经借办,而票取之时,衙役有贾用矣。盖当其票取之时,急于星火。吏书明得钱,则偏以肆中所无之物件开入程单,勒其办应。及于既办应矣,差役非得钱,则又美者指之为恶,多者指之为少。潜禀加刑,无所不至。及于发还之时,物多朽坏,犹且十不得五,非饱经承之所欲,径有有借无还者。铺行吞声叫苦,有司未必知之。……但有一借办名色,即是衙役之弊薮,即当痛为禁革者也。至若官价一端,更为民害之

---

① 明代霍渭崖在其《家训》中说:"居家生理,食货为意。聚百口以联居,仰资于人,岂可也。冠婚丧祭,义礼供需,非货财不给。……凡石湾窑冶,佛山炭铁,登州木植,可以便民同利者,司货者掌之。年一人司窑冶,一人司炭铁,一人司木植。岁入利市,报于司货者。司货者岁终咨禀家长,以知功胡。窑冶者,犹兼治田,非谓只可窑冶而已。盖本可以兼末,事末不可废本故也。司木、司铁亦然。"(转引自傅衣凌:《明清社会经济史论文集》,第59页)这段话或可以部分说明宋以后一些家族从事工商货殖的情形。

政。较之时价,既已十少三四矣。乃有经承之扣除,又有差役之需索,又有领价之守候。是明少者十之三四,暗少者又十之五六,其与白取也无异。①

这种所谓"借办"的名色在其他行业中也有,康熙三十三年"常熟县染户具控三弊碑"称:

又设借布一项,受累更酷。夫常邑染铺,不过乡民零星布匹,何堪借用?本县则每逢公事,有天幔围幔、缠柱牌坊、扯轿名色,佥票借用,几百几十。不能如数,讲炙不休。官票虽云用过即还,而一经用过,或工房典绝,或短少破碎,有赔垫、守候、废业之苦。②

同一碑刻还载有铺户被迫"承值当官"之苦:

承值当官,最为繁苦。查行铺当官名色,自奉旨禁革后,俱看现银平买。独常邑衙门踵旧例,取去发银,小民难于俟候,多饱吏胥,血本销沉。夫延迟短少,乃市井无赖陋习,官居民上,正宜以移风易俗为先,反相与沿习成风,致滋小民嗟怨,此一弊也。③

又有乾隆三十四年"常熟县禁革绸布店铺当官碑":

切绸布店铺,凡遇万寿圣诞,上宪按临,经胥乘机滋扰,任意借

---

① 《明清苏州工商业碑刻集》,江苏人民出版社1981年版。
② 同上。
③ 同上。

用。不能如数,则受□灾之累。付后求领,又多守候。用过绸布,日晒雨淋,几同旧物。再遭差承刁蹬,或被短少,或被破损,铺民焉敢告追求价。①

事实上,这不但是老问题,而且是极有普遍性的问题。康熙九年"常熟县永禁苛派行户渔肉铺家碑"记曰:

一切运用器具,以及绸缎布帛、日用柴米蔬菜,无物不出票差取。或并无给还价值者,或有半给价值不足以供书差之费者,以致各铺行挨门逐户,编派值月,某衙门系某人独认,某衙门或系某人□当手。其按月轮□,穷行贫户,无不派及,任各行户一轮值月,揭债办物,割肉医疮,□稍有迟悮,□楚加之,官蠹视为固有,不知是何肺肠?忍心害理,悖旨秧民,莫此为甚。②

问题是,三令五申也好,勒石永禁也好,地方各官吏滋扰商民的陋习不但不能禁绝,反而不断花样翻新,使商人饱受其害。③ 这种情形的出现,固然是由于古代中国吏治的腐败,但更重要的,恐怕还是因为,在此社会和文化的传习当中,财产不能神圣,商人没有尊严,他们的利益更得不到真正有效的保障。特别是,中国的商人惟一可以并且必须倚

---

① 《明清苏州工商业碑刻集》,江苏人民出版社1981年版。
② 同上。
③ 关于这类情况,《明清苏州工商业碑刻集》中有大量记载,如"承值当官"(003,014,039,042,048,067,074,075,159,254)、"借端索诈、滋扰"(106,119,120,125,127,128,174,257,258)、"科派"、"借办"甚至白取(071,072,126,129,253)以及牙行的刁难(011,157,161),行头借端科派(176,183,185,197)和豪强私征、索诈(189,190)等等。

赖的保护人——官僚政府,从来都是他们最大的压迫者和剥夺者。作为商人,他们的发展范围实际上是非常狭小的。这一点,当然也反映在商人组织方面。

七

李约瑟先生认为,中国历史上的商人组织——商会,确曾存在过,但这种组织在许多方面有别于欧洲的商人行会。中国的商会"更像是互利团体和保障货物转运中免遭损失的保险机构或诸如此类的组织。至于操纵和控制商人所居住和经商的城市,或把它们的小生产作坊组织起来,商会却从来不曾做过"。① 这并不奇怪。中国的城市完全不同于西方的城市:无论是古代城邦,还是中世纪的自由城市。在中国,城市自始就不是社会经济分工和商业发展的产物。它们绝大多数是围绕着统治者的政治需要建立起来的。在这样的城市里面,"政治、军事意义大于经济意义,消费意义大于生产意义,商业的繁荣远远超过了商品生产的水平"。② 工商业人口因此也只能是绝对的少数。显然,这种城市只能是统治者的政治堡垒,而不可能是工商业者赖以自保的屏障。事实上,中国历史上,商人在城市中的没有地位,正像他们在整个社会中的没有地位一样。他们之不能够控制和操纵他们居住的城市,也正像他们不能够成为这个社会的领导力量,不能够在文化中获得某种尊贵地位一样。归根结蒂,"在中国文化与文明中从无城邦的概念,也绝无由城邦产生的文化"。③

---

① 《李约瑟文集》,第60页。
② 胡如雷:《中国封建社会形态研究》,第252页。关于中国古代城市的性质,该书第十二章第一、二节有很好的叙述。
③ 《李约瑟文集》,第61页。这样一个简单的结论实包含着极为丰富的内涵。

第六章 阶级

古代中国没有西方历史上的那种城市,因此在同样的意义上,也没有西方历史上的那种行会。① 然而,商人组织像城市一样是确实存在的。

在中国历史上,行会的产生与发展大体上经历了两个重要的时期:唐宋和明清。据现有的材料,唐代的行会大概是最早的商人组织。不过,这一时期的行会,不但不同于中世纪欧洲的行会,甚至与明清时期的行会也不尽相同。总的来说,"唐宋时期出现的行会不是工商业者保护自身利益的组织,而是封建政权对工商业者进行统治和征敛的工具"。② 同样,行老亦非工商业者的代表,而是官府的耳目。行会的种种政治、经济职能,"与农村基层的职能'司奸盗'、'督课役'等,如出一辙,没有本质上的区别"。③ 相比之下,明清时期的行会,虽然尚不能完全消除唐宋以来传统行会的政治色彩,毕竟有了更多经济的成分,并且相对来说也更能够反映工商业者自身的利益。关于这一时期的所谓"新型行会",④我们不妨观察得更仔细些。

明清时期的行会有多种不同的形式,如同乡会馆、商业性会馆、手

---

① 历史上城市与行会的联系如此紧密,以致韦伯在他关于中国宗教的著名论著中将此二者置于同一小节中予以讨论。在他看来,中国城市与西方城市最显著的不同,在于其缺乏"政治上的特殊性",即它不是"具有自己政治特权的'政区'",它缺乏西方城市特有的政治力量:领事、参议会、由武装市民组成的政治性誓约团体。结果是,"中国缺乏像西方那样的一种自由的、通过协作来调节的商业和手工业所拥有的一套稳固的、得到公认的、形式的,并且可以信赖的法律基础"。〔德〕马克斯·韦伯:《儒教与道教》,洪天富译,江苏人民出版社1993年版,第19—21、26页。

② 胡如雷:《中国封建社会形态研究》,第268页,该书第十二章第四节专述行会问题,其中不乏精辟的见解。

③ 同上书,第269页。

④ 同上书,第271页。胡先生以为,"明清之际,我国才真正形成了类似西方行会的工商业组织。"对此,我宁愿抱更审慎的态度。因为即便是明清时期的行会,亦在一些根本问题上不同于西方的行会。详见下。

工业者的会馆、官商合办会馆等等。其中,纯粹出于经济考虑而组织的手工业或商业的行业(一行或数行)会馆只占一个极小的比例。有人曾就北京地区大小会馆作过一个统计,结果表明,迄至清末,在北京近四百处会馆当中,大约有86%是为解决各地士子进京应试的食宿问题而立的,这类会馆通常控制在官僚的手中。此外有五十余处会馆属于同行或几行成立的商人组织,由工商业者掌握。但是这类组织又几乎全都带有同乡的性质。① 商业发达的地方城市如苏州,虽然不会有这类"试馆"式的会馆,但大多数会馆还是带有同乡色彩。一些有关的碑记往往将答神庥、睦乡谊视为设立工商业会馆的首义。下引嘉庆十八年"嘉应会馆碑记"的内容就很典型。

  会馆之设,所以展成奠价,联同乡之谊,以迓神庥也。
  姑苏为东南一大都会。五方商贾,辐辏云集。百货充盈,交易所得。故各省郡邑贸易于斯者,莫不建立会馆,恭祀神明,使同乡之人,聚集有地,共沐神恩。我嘉一郡五属,来此数千里而遥,坐贾行商,日新月盛。惟向未立会馆,咸以为缺事。……人情聚财亦聚,此不易之理也,矧桑梓之情,在家尚不觉其可贵,出外则愈见其相亲。我五邑之人来斯地者,无论旧识新知,莫不休戚与共,痛痒相关,人情可谓聚矣。则展成奠价生财之所,何可少缓须臾,而不亟为图谋乎?②

宋明以后,谱牒之学重兴,乡族势力大增,血族意识、乡里观念已深深渗入社会生活的各个部分,自然也成为商业活动的重要背景。在一

---

① 详见李华:《明清以来北京工商会馆碑刻选编》,文物出版社1980年版。
② 《明清苏州工商业碑刻集》。

个人情大于法律,商业信用主要靠道德而不是法律来维系的社会里,宗亲以及乡里关系的重要性自不待言。另一方面,行走于异地他乡的商人,利用乡里关系结成组织以抵御来自各方面的社会压力,也是再自然不过的事情。曾有光绪年间北京城内临汾乡祠公会的碑记,其文曰:

> 自今以往,倘牙行再生事端,或崇文门税务号行讹诈,除私事不理外,凡涉同行公事,一行出首,众行俱宜帮助资力,不可藉端推诿,致失和气。使相友相助,不起半点之风波,同泽同胞,永固万年之生业。①

这种联合固然有助于维护商人的利益,但同时又使得行会不能不带有浓厚的宗族色彩。比如,当时所有的行会,每年都拿出相当一部分(有时是大部分)经费来举办周济贫病、养生送死等同行福利事业,而且,对于这种同行福利事业的重视,在某些行会中有时竟达到喧宾夺主的程度。② 此外,所有会馆都供奉有本行祖师或本乡神灵,并定期举行祭祀,以联络情谊。所有这些,实际都是传统社会宗族意识与乡土观念在城市生活的延伸,家族职能在商业活动中的实现。具有这种性质的商业会馆远非单纯的经济组织,按这种模式组织起来的商人亦在同样程度上不会成为所谓"经济人"。商人组织的这种"家族化"更将乡土社会的宗法秩序引入城市的商业活动中,而这就意味着,私法秩序的出

---

① "京师正阳门外打磨厂临汾乡祠公会碑记",载李华:《明清以来北京工商会馆碑刻选编》。
② 参见李华:《明清以来北京工商会馆碑刻选编》,第32页。

现又多一层组织上与观念上的严重障碍。① 当然,这一切都不是"自由选择"的结果,而是在特定的社会、文化背景下,事物之自然而正常的发展。

八

全面地考察明清时期的行会,当然还应注意那些为数不多的行业会馆,注意这一时期行会在划一货价,使用标准衡量器具,抵制牙行勒索,限制学徒的招收,排挤外行商人等方面所起的作用。但是更应该注意的是,明清时代的经济发展,从来没有达到改变原有社会格局的程度,也从未真正改变中国商人受歧视、受剥夺的命运。相应地,中国历史上的商人无论以怎样的形式组织起来,都不曾变成一种独立的社会力量,一种在政治上可以与官僚集团相抗衡的利益集团。② 事实上,他们既不曾抱定与官府抗衡的宗旨团结起来,也没有向政府提出任何权利一类的主张,他们甚至从来没有过打破固有之社会格局的意识。他们的惟一自觉,就是服从这社会的固有安排。明末《士商要览》专列"是官当敬"一条,其下注曰:

> 官无大小,皆受朝廷一命,权可制人,不可因其秩卑,放肆侮

---

① 费正清先生写道:"大商号是家事。商务关系不是冷冰冰的不讲人情的事情,不是与家庭和家族无关的、只受法律和合同的一般原则约束的事情。商务在中国人维持生活中的友谊、亲属关系应负的义务和种种私人关系方面,只是整个关系网的一部分。在旧中国,法律、契约的约束力和私人的自由企业从未成为神圣的三位一体。"(费正清:《美国与中国》,第89页)

② 费正清先生写道:"古代中国记载中出现过许多商人,但他们从来不是一个具有政治权力的阶级。"(《美国与中国》,第40页)关于中国历史上行会从属于官府,以及商人的一般情形,又可以参阅该书第二章最末一节"资本主义所处的不发达状态与商人"。

慢。苟或触犯,虽不能荣人,亦足以辱人,倘受其叱挞,又将何以洗耻哉!凡见官长,须起立引避,盖尝为卑为降,实吾民之职分也。①

这是中国商人不同于西方商人的地方,也是中国古代社会不同于西方社会的地方。欧洲中世纪的商人,曾在旧社会内部创造了一个新的世界,中国的商人却做不到这一点。在这里,"国家是高于一切的,它完全控制了政治和经济生活,从而阻止了'市民社会'这样一个自主领域的出现。占统治地位的方式也把任何可能含有变革种子的'异常的'次要团体同化了"。② 这样一种社会学的解释至少揭示出置古代商人于如此不堪境地的那种社会机制的一个方面,部分说明了中国古代商人遭受此种命定结局的根由。

纵观中国古代法律,摧抑商人力量剥夺商人财富的法令可以说无代无之,反映商人特殊利益的法律却不曾有过。这固然与中国古代法本身的性质有关,与社会传统的法律观有关,但是,下面的事实也同样重要:在中国历史上,商人从来不曾强大到能够将自己的利益系统地反映到法律中去的程度,他们始终处于受压抑的和不成熟的状态,更未能成为社会中的革命因素。他们不仅不能冲决官僚体制,瓦解传统的自给自足经济及相应的社会组织,反而一直与这些阻滞社会发展的因素有着千丝万缕无法割弃的联系。诚然,历史的责任不应归于商人,这里,文化的和社会的因素是决定性的,中国商人的命运只能如此。他们

---

① 转引自余英时:"中国近世宗教伦理与商人精神",载《知识分子》1986年冬季号,第43页。

② 〔意〕翁贝托·梅洛蒂:《马克思与第三世界》,高铦等译,商务印书馆1981年版,第115页。该书同一处还引葛兰西的话说,"在东方,国家就是一切,市民社会是一批尚未成熟的混乱的群众。在西方,国家和市民社会之间有一个适当的平衡,透过国家模糊的轮廓,就立即可以看出市民社会粗壮的结构。"

中间没有出现近代意义上的商业制度,没有产生与之相应的法律秩序,这些都是可以理解的。

李约瑟先生认为,要解释中国没有能产生近代科学的问题,可以由说明中国社会未能发展商业和工业资本主义的原因入手。① 而我们以为,对于中国商人悲剧命运的研究,亦可以部分地说明,何以在中国古代社会没有能产生私法。②

---

① 参见《李约瑟文集》,第84页。
② 费正清认为,"中国法律没有沿着西方所熟悉的路线发展,这一点显然与旧中国没有资本主义兴起和缺乏独立的工商阶级有关。"(《美国与中国》,第88—89页)在另一处他又指出:"资本主义之所以不能在中国兴起,是因为商人从来不能摆脱士绅及其官府代理人的控制而独立自主。"(同上书,第39页)在把古代法与历史上商人的发展联系起来考察这一点上,费正清是正确的。

第七章　义利之辨

大道之行也，天下为公。
　　　　　　　　——《礼记·礼运》

每一种文化都有其独特的标记或说符号，包括此文化中最为习见的词汇、流行的术语、具有普遍性的范畴，甚至还有那些旷日久长、深入人心的论辩。它们之所以能够被视为文化符号，是因为它们在很大程度上表明了这种文化的特质：它的经久不衰的关切，它在价值上的偏好与取舍。考察中国历史上延续了两千年的"义利之辨"，意义便在于此。

一

《礼记·礼运》：

> 父慈、子孝、兄良、弟弟、夫义、妇听、长惠、幼顺、君仁、臣忠，十者谓之人义。

这是对于"义"的一种具体的解说。换言之，它是以一种确定的和具体的方式，向人们昭示"义"这样一个基本文化符号的丰富内涵。因为这个缘故，我们可以由"十义"一类因人而异的"义"，去把握作为基本文化符号的一般的"义"。倘若我们能够将具体而复杂的解说还原为抽象而简单的范畴，则我们对于这些符号所代表的那个文化的理解，便会更深一层。

中国数千年的文化，从一开始就着眼于人际关系，创造了一套完整的身份规则。上引《礼记》的一段话，可以说尽得其中精粹，值得我们反复体味。

《礼记·礼运》所提到的人际关系有五：君臣、父子、兄弟、夫妇、长幼。在传统文化里面，这五种关系的意蕴不可以只从字面上理解。因为在我们的先人看来，人际关系虽然反复多变，最终却不能逸出此五组关系之外。这不但是说，这里择出的五组关系实际具有类的普遍性，而且还意味着，支配这五种关系的规则能够（也应当）普遍地适用。所谓"十者谓之人义"，根据就在这里。

具体说是"十义"，一般说则为"人义"。前者是后者的具体化，是它千百种表现形式中最有代表性的十种。而它们之所以最有代表性，实在不只是因为它们适用于其中的人际关系具有典型意义，而且还因为，它们由各个不同的方面，很好地昭示了"人义"的一般性质。它们毫无例外都是道德上的要求，是依据儒家学说中人之所以为人的准则加于人们的职责或义务。所谓君仁、臣忠、父慈、子孝其实应读作君要仁，臣须忠，父应慈，子当孝。大家身份尽可以不同，彼此间更无平等可言，但在遍布社会的"人义"面前，没有一种东西具有绝对的意义。一方面可以说，君要臣死，臣不得不死，另一方面敢于直言上书，犯颜直谏的臣子又总是名垂史册、彪炳千秋。如果说，君为臣纲、父为子纲、夫为妻纲的所谓"三纲"强调了君臣、父子、夫妻之间的支配与从属关系的话，那么，"仁、义、礼、智、信"这"五常"却是普遍有效的道德要求。看来，由《礼运》所列举的"十义"当中，还可以引发出更为一般的结论：我们的文化，至少在它最有影响的那一部分，总是将"义务"置于首位的。

将"人义"之"义"归之为道德义务，虽然大体上说得过去，却不能说没有问题。因为我们所谓"义务",不但是一个现代词,而且严格说来,还是由西方文化中传来的概念。有人说西方文化是"权利本位",东方文化是"义务本位",实际是站在西方文化的立场上说话,混淆了一个重要的文化界限。

西方文化固然以"权利本位"为其特征之一,而这不过是说,西方人注重和强调权利,远甚于义务,在它们的文化传统当中,权利而非义务经常被视为基本的出发点。这里,权利的概念不是自足的,离开了义务,亦无所谓权利。也正是在这个意义上,我们说,中国古代文化中习见的"义",绝不能够简单地翻译为"义务"这样一个纯粹是现代的概念。事实上,古代人对于"义"的反复强调,并不意味着他们把人的义务置于权利之上,或者将任何一种权利主张放在一个道德上较低的位置上面。因为他们还不曾有过"权利"或者类似的概念。说得更明白些,中国传统文化当中,从来没有一个与西方文化中的"权利"正相对应的范畴、概念或语汇。① 义的相对概念不是"权利"(或者任何诸如此类的东西),而是"利"。

二

"利"的概念比较容易把握。就它与"义"的相对意义讲,大致可以解作利益、利害。利益与利害,都是客观存在的东西,人的行为不能不受它们的影响。从人类进化的角度来看,凡人皆有趋利避害的本能,这是可以理解的。但是在一个文明社会里,人不能只追求利益的满足,还

---

① 埃斯卡拉写道:"拉丁意义上的法律概念在中国并不存在。这里甚至没有受法律保护的个人权利,有的只是在秩序、责任、等级与和谐等观念支配之下的种种义务和相互间的妥协。"转引自:Joseph Needham, *Science and Civilisation in China*, Vol. II, p. 529。

要问行为的正当与否。这个正当性可以说就是"义"。

儒家自孔子始,就有一种倾向,即只问行为本身的正当与否,而不问这行为是否有利。《论语》记载说"子罕言利"。① 这在孔子是不难理解的。"君子喻于义,小人喻于利",②可见义与利的分别有着道德上对立的意味。谦谦君子,应时时注意行为是不是合乎"义",而不应讲求"利"。

下面的一段记载表明了孟子的态度。

孟子见梁惠王,王曰:"叟不远千里而来,亦将有以利吾国乎?"孟子对曰:"王何必曰利?亦有仁义而已矣!王曰,何以利吾国,大夫曰,何以利吾家,士庶人曰,何以利吾身,上下交征利,而国危矣。万乘之国,弑其君者,必千乘之家;千乘之国,弑其君者,必百乘之家。万取千焉,千取百焉,不为不多矣,苟为后义而先利,不夺不餍。未有仁而遗其亲者也,未有义而后其君者也。"③

由这段生动的对话可以见出,这位亚圣的反功利态度较孔子更甚。尽管如此,早期儒家的反功利思想仍不能说是彻底的和绝对的。孟子一面说"王何必曰利",一面又说"未有仁而遗其亲者也,未有义而后其君者也",这跟孔子说"其为人也孝悌,而好犯上者鲜矣;不好犯上,而将作乱者,未之有也"是一样的。要以积极的态度、入世的精神去影响社会,抱着纯粹的反功利态度是不行的。

---

① 《论语·子罕》。
② 《论语·里仁》。孔子又云:"君子义以为上"(《论语·阳货》)。"君子,义以为质,礼以行之,孙以出之,信以成之,君子哉!"(《论语·卫灵公》)在孔子那里,义与君子常常是联系在一起的。
③ 《孟子·梁惠王》。

与孔子同时的还有以倡言功利闻名的墨子一派。然而,墨家的强调利,却没有置"义"于不顾的意味。相反,墨家亦同样地注重"义"。《墨子》有"贵义"一篇,其中说"天下莫贵于义"。不同于儒家处在于,墨子对于义的看法,纯由"利"的方面得出。《墨子·天志下》曰:

> 义者正也。何以知义之为正也?天下有义则治,无义则乱。我以此知义之为正也。

再者,义的概念本身,非与利相悖,而实相为表里。墨子以为,一切言行举止的义与不义,皆以"国家百姓人民之利"为最终的衡准。① 在这意义上,合于利的便是义。《墨经上》云:

> 义,利也。

显然,在墨家的学说里面,不独"义"与儒家的不同,便是"利"也不是"小人喻于利"中的那个"利"。墨子所倡言的"利",从来都是"人民之大利""民之利""天下之利""国家之大利",而不是儒家在价值上所轻看的"利",这是两种截然不同的东西,前者是天下之利,是公利,后者是一己之利,是私利。儒家所鄙视的是私利,对于公利却不讳言。冯友兰先生说得好:

> 孟子所说王政,亦注重人民生活之经济方面,故儒家非不言

---

① 《墨子·非命上》云:"故言必有三表。何谓三表?子墨子言曰:有本之者,有原之者,有用之者。于何本之?上本之于古者圣王之事。于何原之?下原察百姓耳目之实。于何用之?发以为刑政,观其中国家百姓人民之利。此所谓言有三表也。"

利。不知儒家不言利,乃谓事只问其当否,不必问其结果,非不言有利于民生日用之事。①

当然,孔子也好,孟子也好,都不曾将"义"归之于"利",哪怕这"利"乃是"公利"。但这只是一种语词上的差异。正因为如此,后来坚守儒家立场的人很容易就吸收了墨家以"利"为"义"的"贵义"说。

《大学》所谓"国不以利为利,以义为利也",其要旨虽仍在于义,表述中却已明白将利作了一种重要的区分。汉代大儒董仲舒亦一方面强调"身之养莫重于义",另一方面又说,"故圣人之为天下兴利也,其犹春气之生草也,……其为天下除害也,若川渎之泻于海也……"②大谈"王者亦常以爱利天下为意"。③ 这种对于"为天下兴利"之"利"所取的积极态度,与古代儒者"达则兼善天下"的性格是基本相符的。

关于义利问题的论辩,儒、墨之外,值得一提的还有法家和道家。

法家任法而且颇重功利,这是与儒家大不相同的地方,但是另一方面,法家废私的立场甚至较儒家还要来得激烈。这一点,我们在讨论其"公法"观时已经论及。在韩子那里,私的对立面是公,是法,是"公法","官府之法",或说是君主所代表的国家、天下之利。韩子作《八说》,历数循私之种种表现,其文曰:

> 为故人行私,谓之不弃,以公财分施,谓之仁人,轻禄重身,谓之君子,枉法曲亲,谓之有行,弃官宠交,谓之有侠,离世遁上,谓之

---

① 冯友兰:《中国哲学史》(上册),第104页。
② 《春秋繁露·考功名》。
③ 《春秋繁露·王道通三》。

高傲,交争逆令,谓之刚材,行惠取众,谓之得民。

这八种行为都带有离心离德、于"公"不利的倾向,所以韩子强调说,"此八者,匹夫之私誉,人主之大败也。反此八者,匹夫之私毁,人主之公利也"。① 韩子非不言利,惟不言私利而已。

道家的立场又与法家大异其趣。它崇尚自然,以返璞归真为旨趣,因此,对于纯属人为的义、利一概取不屑的态度。老子所谓"绝圣弃智","绝仁弃义","绝巧弃利",②庄子所谓"死生无变于己,而况利害之端乎","仁义之端,是非之涂,樊然殽乱,吾恶能知其辨"③等等,皆是此意。这一派思想对于后人亦有影响。宋人邵雍谓:"君子喻于义,贤人也;小人喻于利而已。义利兼忘者,唯圣人能之。"④这是以义利两忘为修养之最高境界的。

总之,汉以后有关义、利问题的论辩虽多,但大体不出儒、道、墨、法诸家的范围,而以儒、道、墨、法为代表的几种思想,实际上有一共同的基点,这基点当可以中国传统文化中一以贯之的表征视之,那就是:去私。

三

在中国历史上,道家一向主张"少私寡欲";儒家之鄙视私利的立场也极是鲜明;倡言功利者惟墨与法两派,但它们所持之"利"都只是公利而非私利。当然,公利与私利的区分,在古人那里并不十分明晰、

---

① 《韩非子·八说》。
② 参见《老子》十九章。
③ 《庄子·齐物论》。
④ 《皇极经世·观物外篇》,转引自张岱年:《中国哲学大纲》,中国社会科学出版社1982年版,第394页。

确定,更没有为人普遍地接受。晋代傅玄一面讲"仁人在位,常为天下所归者,无他也,善为天下兴利而已矣",①一面又讲"丈夫重义如泰山,轻利如鸿毛。可谓仁义也"。② 显然,前一句讲公利,后一句讲私利,其态度因是迥然有别。也有承墨子之余绪,贵义而不使与利相对的,如张载所谓"义公天下之利"者。③ 还有沿袭孔、孟的做法,不分公利、私利,一味强调义与利的分别的。宋儒程颢讲,"大凡出义则入利,出利则入义。天下之事,惟义利而已"。④ 这是把义、利之辨看作天下第一重要的问题了。而关于义、利之争的性质,他的兄弟程颐说得更加透彻:"义与利,只是个公与私也"。⑤

把义、利之间的对立归之于公与私,这是有重要意义的。这一概括由宋儒得出,更不是偶然的。

由先秦的早期儒家发展至于宋、明,产生了一个新的思想运动,那便是被称之为理学的新儒学。这一派除继续讨论一些传统的问题如义利之外,更推出了表明其派别特征的新范畴,其中最基本也最是为人熟知的便是理与欲(又称天理与人欲)。

理与欲固然是一对新的概念,但又未始不带有传统儒学的印痕。事实上,这对新概念与传统的义利说正不乏相合之处。简单说来,理、欲的分别正蕴涵着大公与私欲的对立,因此也带有根本的意味。二程弟子谢良佐云:

天理与人欲相对,有一分人欲,即减却一分天理,有一分天理,

---

① 《傅子》,转引自张岱年:《中国哲学大纲》,第394页。
② 《傅子》,引同上书。
③ 《张子全书·正蒙·大易》。
④ 《语录》十一,转引自张岱年:《中国哲学大纲》,第394页。
⑤ 《语录》十七,引同上书。

即胜得一分人欲，人欲才肆，天理减矣。任私用意，杜撰故事，所谓人欲肆矣。①

朱子更说：

> 人之一心，天理存，则人欲亡；人欲胜，则天理灭。未有天理人欲夹杂者。学者须要于此体认省察之。②

在宋明理学家那里，"理者天下之至公"（程颐语），人欲则不过是私欲而已。王阳明所谓"必欲此心纯乎天理而无一毫人欲之私，此作圣之功也"，③也都是以天理与私欲对立使用的。这种立场也曾受到一些人的反对，就好像将义、利截然对立的做法也遭到视义为利的人反驳一样。王船山即有"天下之公欲即理也"一说。只是，这种说法之于理欲之辨，正好比"义公天下之利"的说法之于义利之辨，其批判意义极是有限。事实上，程、朱、陆、王诸人强调理欲之辨，是把作为人生存之前提的基本欲求的满足视为天理的，这固然暴露出了它理论上的破绽，但若用来分别公、私，倒也不失为一种还过得去的主张。就是在这层意义上可以说，当时或后来人对于理欲之说的批判，不论看上去如何激烈，实际上都失之肤浅。因为，理欲之辨的根本在于公私之别，而在公与私的问题上，所有参与论辩的人毫无例外地是一致的。

清人戴震曾激烈地反对宋、明理学家的理、欲之辨。他由宋儒不分欲与私，而将不私之欲认作理的立场入手，充分肯定了欲的合理与必

---

① 《语录》，转引自张岱年：《中国哲学大纲》，第457页。
② 《朱子语类》卷十三。
③ 《阳明全书》卷二，"答陆原静书"。

然,将理或说一切道德的基础放在欲的上面,这在当时是有胆魄的,只是他分别欲与私的目的,仍不过"存公欲去私欲"六个字。

> 是故圣贤之道,无私而非无欲;老、庄、释氏,无欲而非无私;彼以无欲成其自私者也;此以无私通天下之情,遂天下之欲者也。
> 是故君子亦无私而已矣,不贵无欲。①

戴震把"私"说成是恶之源,而视"无私"为理想之境。在这一点上,他与宋儒的根本立场并无不同。同样,在这一点上,宋明理学家津津乐道的理欲之别与传统的义利之辨又有什么不同呢?

程颐将义、利之辨归结为公与私,此之所以值得我们重视,就是因为他抓住了问题的关键,触动了我们这个古老文化的紧要处。就此而言,他对这个问题所表示的态度,亦就是我们的文化所抱持的态度。

> 不独财利之利,凡有利心便不可。如作一事,须寻自家稳便处,皆利心也。圣人以义为利,义安处便为利。②

这种说法当然不是所有人都能够同意的。与邵雍同时的李觏便曾以激越的言词公开为"利"正名。

> 利可言乎?曰:人非利不生,曷为不可言?欲可言乎?曰:欲者人之情,曷为不可言?言而不以礼,是贪与淫,罪矣。不贪不淫,而曰不可言,无乃贼人之生,反人之情?世俗之不喜儒,以此。孟

---

① 戴震:《孟子字义疏证》卷下。
② 《语录》十六,转引自张岱年:《中国哲学大纲》,第394页。

子谓何必曰利,激也。焉有仁义而不利者乎?①

李氏的态度是激烈的,但正是在这样的背景下面,我们由"言而不以礼,是贪与淫,罪矣,"一句中体味到的文化内涵,也就愈发地深刻了。中国文化史上,这类情形并不少见,而它们是最能够表明一种文化的特质与界限的。我们不妨再看一例。

《汉书·董仲舒传》曾记有汉儒董仲舒的两句话:"夫仁人者,正其谊不谋其利;明其道不计其功。"②这两句话颇得宋儒的推崇,而且,程、朱等人对于这一问题的讨论,亦大体不出此范围之外。然而,就是朱、陆之时,也不乏唱反调的人,他们颇重功利,以为离了功利,亦无所谓道义。与朱子同时的叶适尝云:

"仁人正谊不谋利,明道不计功",此语初看极好,细看全疏阔。古人以利与人而不自居其功,故道义光明。后世儒者行仲舒之论,既无功利,则道义者乃无用之虚语耳。③

至于清代,更有人直接了当地修正董子的名言。颜元曾大讲义中之利,说宋儒喜谈正其谊不谋其利,意在"文其空疏无用之学",因此矫其偏而改之曰:"正其谊以谋其利,明其道而计其功。"④这确是功利的立场,但它与重义轻利的所谓非功利立场相比,究竟有怎样的不同呢?近观或可说针锋相对,远看却很难辨识它们各自的色彩。因为实际上,

---

① 《直讲李先生文集》卷二十九,"原文"。
② 张岱年先生认为,《汉书》中这两句话可能是《春秋繁露·对胶西王越大夫不得为仁》篇中"仁人者,正其道不谋其利;修其理不急其功"的讹传(《中国哲学大纲》,第392—393页),此说可备研究者参考。
③ 《习学记言》卷二十三。
④ 《颜元集》卷一,"四书正误"。

它们的基本色调可能是完全一样的。

　　李觏言利,条件是"言而以礼";叶适讲利,亦不过"以利与人,而不自居其功";颜元要反董子之道而行,却不能不以正其谊、明其道来作前提;戴震为人欲正名,首先将欲区别于私,以无私为最高境界。凡此种种,都表明了这样一个基本事实:文化的某些基本特性是普遍的。生活于其中的个人,无论他们怎样勇敢和具有反叛的性格,都无法跨越文化的界限。一句话,他们无法摆脱养育了他们的文化的命运。中国历史上,关于义利的讨论延续了许多年,产生了形形色色的人物、流派和学说,但是所有的讨论都是在一个既定范围中,在一个不成问题的前提上进行的,这个范围或说前提可以用两个字来概括,那就是:去私!

　　《礼记·礼运》开篇就写道:

　　　　大道之行也,天下为公。

　　不管这是一个早已消逝了的"事实",还是一个理想中的目标,或者两者兼而有之,在我们有数千年悠久历史的文化中,它一直是被普遍认可的。我们可以说,中国文化的基本精神都在这样一个简单的公式中表露出来。

四

　　我们由对于古代文献的研究所得出的上述结论,其意义不可以过分地夸大,却也不容低估。在复杂的文化网络之中,表露于文献并借此留存下来的社会所公认的价值偏好,虽然不是全部文化中惟一决定性的因素,但也绝不是无关紧要的一个部分,在涉及那些需要经过长时期提炼才能够培育出的观念的场合,尤其如此。

由这一立场出发,我们又注意到被认为是"儒者第一义"(朱子语)的义利之说中的另外两个问题。第一,在众口一致地颂扬大公(无论这大公是"义"还是"天下公利")的背后,正不乏私欲流行的证据。关于传统的义利之辨,显然可以换一个角度来认识。第二,在义与利的对立之中,隐然可见文化中不同层次之间存在的差异。如果说,贵义贱利的价值偏好乃是得到社会公认的价值体系的核心,那么,讲究实利乃至追求私利的倾向也是客观存在的事实。这两个对立的方面在同一文化体中相互作用,势必影响到此一文化本身的性格。上面两个问题有密切的关联,正可以一并讨论。

古人论义与利,常常由分别君子与小人的立场出发,义归之于君子,求利则成为小人的标记。这种做法一方面带有强烈的道德评价意味,另一方面又似乎是在暗示,存在着两种不同的价值体系:士君子的价值体系与小人的价值体系。晋人鲁褒曾作《钱神论》以刺时,略云:"钱之为体,有乾坤之象,内则其方,外则其圆。其积如山,其流如川。动静有时,行藏有节,市井便易,不患耗折。难折象寿,不匮象道,故能长久,为世神宝。亲之如兄,字曰'孔方',失之则贫弱,得之则富昌。……危可使安,死可使活,贵可使贱,生可使杀。是故忿争非钱不胜,幽滞非钱不拔,怨雠非钱不解,令问非钱不发。"①钱之为神,端在人

---

① 《晋书·鲁褒传》。自然,我们也注意到,《钱神论》虽然是对时风的生动描述,其本身的批判色彩却是鲜明的。它所表明的士君子立场,与奉钱为神的世俗心态截然对立。钱锺书先生记曰,《太平御览》卷八三六引《风俗通》亦云:"'钱刀',俗说害中有利。'利'傍有'刀',言人治下率多得钱财者,必有刀剑之祸也。"后世益妙于引申。如陈继儒《严栖幽事》云:"李之彦尝玩'钱'字傍,上着一'戈'字,下着一'戈'字,真杀人之物而不悟也。然则两'戈'争贝,岂非'贱'乎?"《虞初新志》卷二〇汪价《三农赘人广自序》云:"余与汉阳李云田偶过汴市,见有争钱而相搏者。云田曰:'古人名钱曰刀,以其铦利能杀人也;执两戈以求金谓之钱,亦以示凶害也。'余曰:'……执两戈以求贝谓之贱,执十戈以求贝,则谓之贼而已矣!执戈者,贪必济以酷也。'"[《管锥编》(一),第384—385页]这段拆字游戏确实大可玩味。

心之有贪欲。鲁氏所言,应当说是颇具代表性的。

对于这种现象,我们或可以提供一个简单而不失合理的解释。

本来,利害关系乃是客观的存在,"好利恶害"之心更是人所共有,不同的只是人们的生活态度和行为。一些个人或者阶层可以倡言利他的原则,以"义"相标榜,另一些个人或阶层却不能,尤其是社会的生产阶层如农、工、商者流。于是出现了不同乃至彼此对立的价值判断。当然,我们不能孤立地看待这两种相反的倾向,更不能把它们等量齐观,夸大这种对立的意义。因为事实上,有一种价值偏好是居于主导地位的,它不但是统治者的价值选择,而且在一定意义上,也是全社会所公开认可的价值体系。凭着这种普遍性的权威,它可以各种形式被公开张扬,包括写进法典,载入典籍,作成判决。这就是士君子的价值体系。一个生产阶层的成员倘要进入统治阶层,必先进行一种价值的转换,这一过程主要是通过教育和考试制度来完成。这个说法并不意味着人们通过教育抛弃了一种价值体系,相反,它暗示说,"小人"的价值偏好实际上不成其为"体系",它不过是些自生的普通观念而已。这些粗糙的观念之不可能上升为成熟的理论,就好比它们不可能变成为国家的法律。制造理论是士君子的特权,亦是统治者的特权,因此,古代的任何学说,都注定是统治者的学说,士君子的学说。我们或可以由此解释中国传统文化中不能够产生权利概念的主要原因。

五

对于现在人们习见、习用的权利概念,可以由两个方面去理解。一方面,它表现为主张、要求或者合理的期待。另一方面,这些主观意向又同客观的利益发生密切的关联。有些人由前一方面界说权利,因而注重权利后面的要求,它的正当性等等;另一些人更强调后一个方面,进而把权利说成是为法律所承认并且受到法律保护的利益。这两种说法偏重有所不同,但都不乏深厚的历史文化渊源。事实上,权利观念是一个经过长时期提炼发展出来的概念,每一代人都在其中注入了新鲜的内容。这是一个漫长的过程,它包含了一个统一的文明的生成与展开。

希腊的哲人们几乎不谈权利,只讲什么是正当的和正义的。到了罗马时代,人们开始强调以法律支持正当的或正义的事情,这就使权利的观念凸现出来。不过,在罗马法中,权利的概念尚不十分明确,它包含了太多的内涵。一直到16、17世纪,权利概念才开始区别于法律或者正当的东西。在自然法理论中,权利被看成是自然状态中的人对拥有某些东西和做某些事情的要求;而在实证法的理论中,它逐渐被看成是受到法律承认和保护的各类利益。这些由不同的人在不同的时代创造出的不同要素,一起被纳入到一个统的一概念当中。仔细地研究它们之间的联系,不难发现它们的共同基础,那就是首先一般地肯定了私、私利、私欲及其满足的合理性。

希腊人虽不曾有明确的权利观念,他们所关心的却是权利问题的核心之一:在人们相互冲突和重迭的要求之间,确定什么是正当的或是正义的。如果说,他们确实把某些要求看成和说成是不正当、不正义的(当时关于这些总有不同的看法),他们却不会一般地否定人们提出主张或要求这件事本身的正当性。这也是罗马文明的基本前提之一,否则就不会有罗马私法。

人类社会的生活条件有许多共同之处,人类文明的性格却又各个不同,这常常是由于人们对于一些基本问题抱持的不同看法和态度造成的。一般地说,人皆有好利恶害之心,人类社会要求得生存与发展,亦不能够无私无欲。在这种意义上,私欲与私利,以及人们追逐私利的行为,都是人类社会共有且常见的事实。只是,不同社会、文化中人们对私利的看法与态度不尽相同,这些社会、文化中满足私欲的合理性或说正当性程度因之也不相同。这些差异对于不同社会、文化影响之深远,往往是我们难以想像的。

司马迁著《史记·货殖列传》,内中有"天下熙熙,皆为利来;天下攘攘,皆为利往"一句,这原是对战国末期时势的客观描述,却受到班氏父子的批评,说此篇乃"轻仁义而羞贫穷"、①"崇势利而羞贱贫",②由仁义的标准看,贫穷不可耻,惟崇势利可耻。中国古代的"商贱",首先与商人的逐利行为有关。清人高士奇《天禄识余》卷一云:

> 贡禹论赎罪之弊云:"孝文时,贵廉洁,贱贪污,贾人、赘婿及吏坐赃皆禁锢不得为吏。"夫赘婿为贫不得已耳,何至遂与贾人、赃吏同?汉人之轻赘婿如此,伤哉贫也!③

高氏伤贫不已,却不为贾人的命运所动。赃吏乃贪利之徒,贾人则是逐利之辈,于是被等同视之。与高士奇同时的唐甄说得清楚:

> 民之为道,士为贵,农次之,惟贾为下。贾为下者,为其为利也,是故君子不言货币,不问赢绌。一涉于此,谓之贾风,必深耻之。④

自然,这里说的利,概指私利,利与私实为一事,而人们对于利或说私的鄙视乃至否弃,也不只是对于具体、特定事例所抱的态度,而是对于利或私本身所持的立场。这一点在上面关于义利之辨的讨论中应该

---

① 《后汉书·班彪传》。
② 《汉书·司马迁传》。
③ 转引自钱锺书:《管锥编》(三),第898页。
④ 唐甄:《潜书·食难》。

说是十分清楚的了。虽然在文化的不同层面上,人们对于私或说利的看法会有差异,但我们把重义轻利、贵义贱利的态度、立场看成是占主导地位的价值准则,传统文化的主流,大致是不错的。一个明显的证据,也是上述态度、立场在文化学上的一个结果,就是在这种古老的文化当中没有权利的概念或符号。

现代语汇中的"权利"二字都是古字,只是意义全新。《荀子·君道》谓"接之以声色权利忿怒患险,而观其能无离守也";《史记·魏其武安侯列传》记灌夫"家累数千万,食客日数十百人。陂池田园,宗族宾客为权利,横于颍川"等等,都是以"权利"指"权势货财",而没有道德上正当之要求或受法律承认和保护之利益的意思。今人熟悉的权利概念是近代以来西学东渐的产物。一说来自东瀛,一说是国人的自创,证据是 1864 年同文馆所译《万国公法》卷一中已有"人民通行之权利"一语。① 但是不管怎么说,这个概念得自西方是没有疑问的。这里,我们可以进一步指出,这个事实的产生并非偶然。

简单地说,古代西方人与中国人讨论利的问题,是从两个很不相同的起点出发的。一个是在承认"私"的前提下考虑各个具体而不同的利益、要求、主张的协调;一个则热衷于"天下公利"意义上的功利,眼前利益还是长远利益的争论。在后者,私是没有地位的。一些"鄙谚"、"俗说"表示了一点微弱的异议,因此只能作鄙俗之论。它们不但不能够上升成为一种"理论",而且在实际的生活里面,也很难找到体面的位置。所以,商人所受的道德上的压迫,就不仅仅是来自社会的某一阶层,而是包括他们自己在内的整个社会。尽管我们作出过两种价值观的划分,但实际上要把它们分成不相干的两部分却是不可能的。无私的理想也好,去私的努力也好,实际都具有普遍的意义。它们的影

---

① 参见〔日〕实藤惠秀:《中国人留学日本史》,第 325—326 页。

响,不但表现在文化符号的领域,也同样表现在民众的日常生活中间,表现在人们思想和心灵的深处。关于这个问题,我们可以由一些不同的方面来说明。

六

先比较两组法律条文,一组为罗马《十二表法》第七表中可归于私法的部分条款,另一组是由《唐律疏议》中摘引的条文。①

I

如供役地人未使道路处于②可供通行的状态时,则有通行权者得把运货车通过他认为适宜的地方。(第7条)

用人为的方法变更自然水流,以至他人财产受到损害时,受害人得诉赔偿。(第8条)

树的高度已达十五尺,为了不使它的阴影影响邻地,邻地所有人也可诉请赔偿。(第9条)

树上的果实落于邻地时,得入邻地拾取之。(第10条)

II

诸受寄财物,而辄费用者,坐赃论减一等。诈言死失者,以诈欺取财物论减一等。(第397条)

---

① 这里并没有正相对应的条款(这本身就很说明问题),只能在涉及所谓"民事关系"的地方选取若干有关财产的条目。
② 原译文为"未把道路在",不通,故酌改为"未使道路处于"。

> 诸负债违契不偿,一疋以上,违二十日笞二十,二十日加一等,罪止杖六十;三十疋,加二等;百疋,又加三等。各令备偿。(第398条)

> 诸侵巷街、阡陌者,杖七十。若种植垦食者,笞五十。各令复故。虽种植,无所妨废者,不坐。(第404条)

> 诸不应得为而为之者,笞四十;谓律、令无条,理不可为者。事理重者,杖八十。(第450条)

前一组条款乃是立足于"权利"(这里是役权、债权、所有权)而就个人能够做什么所做的规定;后一组条款则是站在国家立场上对于个人行为所做的禁止性规定。因此,前一组条款都有一个关键性的字眼:"得";后一组条文则蕴涵了一个正好相反的词语:"不得"。一个是以个人之权利能力为前提,一个则以某种道德原则为出发点,两者正好相反。然而,区别尚不止此。

在罗马法的历史上,《十二表法》只是一个起点,而《唐律》在中国法律史上却是一个总结。因为这个缘故,前一组条文只能由一部近乎原始的诸法合体的法典中精心选出,后一组条款——如果去掉了类别上的考虑——则差不多是随手拈出的。《唐律》502条,除第一篇"名例"主要为说明性词句之外,几乎是清一色的"不得……否则"句式。如果说,我们由《十二表法》中细心择出的四个条款预示了罗马法大有前途的发展方向的话,那么,上引《唐律》中业已成熟、定型了的条文却可以说很好地表明了中国古代法律的特质。尤其是最后"诸不应得为而为之者"一条,不但传统法律的本质,而且传统文化的基本性格,都可以说尽在其中。

成文化的法律，不拘古代法与现代法，总有与社会生活不尽相符的部分。一般说来，凡有较深厚之文化根基者易行，否则不易行。按照这一原则推论，则像"诸不应得为而为之者"一类的条款，应当是易行的。

事实正是如此。

由古代文献中可见的大量材料看，律、令无正条而审理的案件绝非少数。从理论上说，它们的法律依据正是这一条。尤其值得注意的是，适用这一条款的大多为州县自理案件，特别是涉及户婚、田土、钱债、相殴一类事件的所谓"民间细故"。仅从这一原则性条款的性质，从它着眼于"不应得为"的立场，以及从它背后隐含着不承认任何私人"权利"的文化界限，我们可以推知中国古代的"私法"是怎么回事。事实上，在律、令无正条或只有纲要式规定的情况下，法官所依据的只能是礼俗、惯例、良知、天理、人情，简而言之一个字：义。① 关于这一点，古代留存下来的大量司法文书可以为证。现且选取兄弟、亲友和朋友间讼事若干例说明之。

七

有知县审理兄弟争产一案，"乃不言其产之如何分配，及谁曲谁直，但令兄弟互呼"，"此呼弟弟，彼唤哥哥"，"未及五十声，已各泪下沾襟，自愿息讼"。此公判词谓：

> 夫同气同声，莫如兄弟，而乃竟以身外之财产，伤骨肉之至情，

---

① 这是在一种最不严格的意义使用这个字。在这里，"义"被看成是法官所受全部教化的总和，是这个读书人全部情感、态度、信仰的泛称。当然，义的核心与作为其背景的文化的性格是基本相符的。事实上，在古代中国，社会的正常运行在一定程度上是靠着读书人（官、绅）一致的信念来维系的。

其愚真不可及也。……所有产业，统归长兄管理，弟则助其不及，扶其不足……从此旧怨已消，新基共创，勉之，勉之。①

兄弟之情同于手足，倘因争产故而伤害了骨肉之情，那是大大的不义。这种观念在一般中国人的头脑里根深蒂固。因此在这类案件中，处理办法可能因人而异，价值上的出发点却没有不同。他们实际构成了"诸不应得为而为之者"原则真实内涵的一部分。正因为如此，这类情形是极为普遍的。我们再看一例。

秀才吕逢渭与其已故兄长之子因分产涉讼，知县樊增祥批曰：

> 明系尔涎财欺幼，挟长图讹。似尔如此秀才，恨不一杖批煞。今由本县断定，尔兄所挣银钱，业已分得三千二百六十两，此外无论多寡，均系尔兄尔侄之业，不与尔吕逢渭相干。尔将来发甲，做到状元宰相，所得俸禄，亦不与尔侄相干。本县所批，天公地道，尔如不服，任尔上控。尔如真个上控，定将尔秀才斥革，打尔十板，以为不友不慈嗜利蔑义者戒。②

身为秀才，理应知书达理，为人表率，如今竟为财产细故而置亡兄、胞侄骨肉之情于不顾，且涉讼公庭，岂有不批他个"不友不慈嗜利蔑

---

① 《陆稼书判牍》，转引自曹培："清代州县民事诉讼初探"，载《中国法学》1984年第2期。明人张瀚所撰《松窗梦语》卷一记云："余为郡守，预约州邑，凡事难断处者，听其申达。大名有兄弟构讼财产，继而各讦阴私，争胜不已。县令不能决，申解至郡。余鞫之曰：'两人同父母生耶？'曰：'然。'余曰：'同气不相念，乃尔相攻，何异同乳之犬而争一骨之投也！'各重笞之，取一杻各械一手，置狱不问。久之，亲识数十人人告曰：'两人已悔罪矣，愿姑宽宥。'唤出，各潸然泪下，曰：'自相构以来，情睽者十余年，今月余共起居、同饮食，隔绝之情既通，积宿之怨尽释。'余笑曰：'知过能改，良民也。'遂释之。"古时以类似方法处断兄弟争讼的事例颇多，不赘引。

② 《樊山判牍》卷三，转引自曹培上引文。

义"之理。

依唐、宋、明、清诸朝法律,对亲属间窃盗的处理与亲属相奸的处理正好相反。在前者,罪名与亲等恰成反比,关系愈亲则罪刑愈轻,反之则愈重。这表明古代法律对于同宗亲属间患难相助之"义"的强调与维护,远远超出对于财产的维护。① 这既是立法的精神,也是文化的性格。宋、明人士辑录的宋代名公书判中设有"人伦"一门,以下按父子、母子、兄弟、夫妇、叔侄、宗族、乡里等细目排列,虽然在这四十余件书判里面,绝大多数是与财产有关的。② 显然,古人在这里看到的主要不是财产,而是人伦,法官所面对的,亦非普通的财产纠葛,而是义与利之间的冲突。③ 这时,法官之作为传统道德的维护者与执行人(而不仅仅是一桩财产纠纷的仲裁人)的身份也就格外突出。宋人书判中收有一件关于子与继母争业的案子。在此案中,夫死妻再嫁,子遂兴讼。在法官看来,此二人皆有不是。"吴贡士无恙时,有屋一区,有田一百三十亩,器具、什物具存,死方三年,其妻、其子破荡无余,此岂所以为人妇、为人子哉?"但是另一方面,现有田产文书契照皆属王氏名成契,而且吴汝求父死之时,亦已成年,当能够自行照管,现继母已嫁而兴争业之讼,在法律上便失了依据。尽管如此,"王氏,吴贡士之妻也,吴汝求,吴贡士之子也,倘未忘夫妇之义,岂独无子母之情? 王氏改适既得所,吴汝求一身无归,亦为可念。请王氏以前夫为念,将所置到刘县尉屋子业与吴汝求居住,仍仰吴汝求不得典卖。庶几夫妇、子母之间不至断绝,生者

---

① 参见瞿同祖:《中国法律与中国社会》,第52—53页。
② 参见《名公书判清明集》卷十。
③ 事实上,由于普遍的道德化倾向,所有法律问题同时也都是道德问题,完全与道德无关的财产争执是不存在的,人们总能够在其中发现"在理"的一方和"无理"的一方。详见本书"礼与法:法律的道德化"。

既得相安,死者亦有以自慰于地下矣。"①这种"全骨肉"、"恤贫寡",重人情而轻财产的断法在宋、明、清诸朝文献中比比皆是。

下面是关于清人裁断朋友间争论的一例。

郑明山与王皆六原本好友,后因钱债之事反目。王皆六逼债上门,大打出手。此案呈上县衙,知县陆陇其判曰:

> 古称一贵一贱,交情乃见。今则一富一贫,交情立变。世风如此,良堪浩叹。王皆六,市侩小人原不足怪,所可恨者,既忘平昔之交,复敢逼人太甚,串合无赖,扰害市廛,除斥责戒尺一百外,断令将郑明山所欠之款,作为赔偿损失,两相抵销。仍令原差押往郑明山店中,由王皆六施放鞭炮,叩头服礼,更罚钱百千,充同仁堂善举。②

朋友乃五伦之一,俗语所谓"非亲非故"、"亲朋好友"、"至爱亲朋",从来都是以"亲"、"友"相提而并论的。因此,古人对于朋友之义的推重,一向不输于对亲属间情义的强调,这是完全可以理解的。

上面列举的几例,虽然只限于亲朋好友一类关系,其意义却不能以此为限。义的原则或理的要求是普遍适用的,尤其是在事涉尊卑、长幼、贵贱等关系的场合。我们且看一则与亲、友无任何干系的事例。

有职官施丞开"信与正"钱铺,借新泰厚汇号银三千两,后拒不清还。此案上呈长安县,该县以"施丞是职官,尔是富商,钱债细故,何必传案过堂,致伤体面"为由,久不批答。原告久告不下,复呈于州府衙门。审理此案的樊增祥批曰:

---

① 《名公书判清明集》卷十,天水:"子与继母争业"。
② 《陆稼书判牍》,转引自曹培:"清代州县民事诉讼初探"。

长安县受尔讥骂,大度包容,置之不理,尔遂愈控愈刁,胆敢以詈骂官长之词,钞呈本司阅看,实属糊涂胆妄,与瘐狗无异。尔自谓索债无偿,尔之理直,抑知目无官长,我之法严乎。若商人凭恃钱神,即可如此骄纵,体制安在,法纪何存。……本司先还尔之银,后正尔之罪,尔必是无父母,无师长,未经教训之人,任尔狂为,必致殃及尔身,连尔资东身家俱败。本司俟尔领银后,将尔两臀痛答百板,枷号盐店街三个月,然后释放,以为刁商仗恃银钱,詈骂官长者戒。……本司居官,惟以整饬纲纪,挽回风气为事,凛之,诚之。①

欠债还钱,本是正理;目无官长,以下犯上却是悖理,况且是"仗恃银钱"的"刁商"。所欠银钱固然要还(有时,这一点取决于官吏本人的正直与否),以贱凌贵的"刁商"却也不能不重重地惩戒,否则纲纪何在?总之,在处理所谓"户婚田土"一类案件中,重义轻利可算是一个重要原则,而且惟其与利有涉,愈发要贵义而贱利。这种情形,在西方法律史上很难见到。在发达的罗马私法里面,关于债、继承、遗嘱(包括其确立、检验和执行)遗产分割等诸多问题,有着大量详尽的规定。无论立法者还是裁判官,都不关心"义利"问题,因为,"义利"的分别对于他们并不成其为问题。对于他们来说,私利和私欲本身并无不当,只在其满足方式的当与不当,这是公理,是前提,舍此即无私法,也不会有他看的、说的、想的和做的一切。

所有这些都与上引材料中隐约透出的有私即是有罪的态度恰成鲜明对照。我们把这种差别归之于两种文化早期历史的不同,归之于"家"在此两种文化中截然不同的地位。这些不同转而造成的结果,不

---

① 《樊山政书》,"批汇号新泰厚控词"。

只表现在法律的特征或居于主导地位的价值评判方面,而且还表现在整个民族的思维方式和行为模式之中。

八

明有名臣海瑞,以廉正刚直闻名。他曾冒死上书,指斥皇上。其言辞的激烈与态度的坚决,在历史上是不多见的。比海瑞稍晚有一位英国普通法法官叫柯克的,也曾有类似的举止。只是这两人所由出发的立场绝不相同。

海瑞上书开篇就说"臣闻君者,天下臣民万物之主也。其任至重……",又说"夫天下者,陛下之家。人未有不顾其家者……"。① 柯克的名言却是"国王在一切人之上,但是在上帝和法律之下"。海瑞是在履行一个好臣子应尽的职责,柯克则是在保护祖先的法律赋予他和其他人的权利。就因为存在着这样一种差别,海瑞要以自己生命换取的,只是圣明之君,清明之世。柯克的努力则旨在实现所谓社会"进步"。就是这位柯克,后来带领下院议员们起草了《权利请愿书》。在这份著名的文件里面,他们指责国王的许多做法是"侵犯人民的权利和自由,违反国家的法律和法规",此后不久,英国革命便爆发了。②

在中文里面,请愿这个词似乎缺少强硬的色彩。不过,倘若我们把这个词同权利意义的要求与主张联系起来的话,则海瑞直言上书也还不能说就是请愿。因为,他实际上并不是在肯定自己或任何个人的前提下说话,他没有在主张。他本无"权利",亦不曾想要取得"权利"。

---

① 《明史·海瑞传》。
② 参见拙文"海瑞与柯克",载梁治平:《法辨》,第252—266页。

前文曾提到明、清时代工商业备受官衙胥吏欺凌的情形,当时留下的碑刻铭文记载了这些情况,包括下民的申诉与上方的处理。碑文中使用的词句十分耐人寻味,现引录数节于下:

崇祯七年常熟县永禁诈素油麻杂货铺行碑:

近蒙皇上洞悉民隐,颁发圣谕七款,中有禁革铺行一款。复蒙宪天俯念民瘼,刊布按吴十四款,内禁革铺行,万民有幸,千载难逢。①

康熙二十年常熟县永禁扰累典铺碑:

恭□仁宪大老爷仁心仁政,为国为民,无利不兴,有害必剔,遐迩莫不欢呼,万姓咸皆感戴。和等典铺一业,向蒙宪恩,加意抚恤,严禁借端生扰。煌煌□示,炳若星日。而和等沐恩顶德,于兹有年矣。②

这是"蝇头铺民"的吁请之辞。此外还有官衙的体恤之语。如康熙九年的常熟县永禁苛派行户鱼肉铺家碑,先是历数铺家所遭受之种种荼毒,然后写道:

官蠹视为固有,不知是何肺肠?忍心害理,悖旨殃民,莫此为甚。③

---

① 《明清苏州工商业碑刻集》,第125页。
② 同上书,第120页。
③ 同上书,第251页。

所以要对奸猾之吏重加责治，除因为其"害理"、"悖旨"外，也是为使"市民共晓体恤之意"，①"盖民为邦本，利民则以安邦；蠹乃害民，保民先于剔蠹"。② 这与小民翘首以待皇天恩泽的立场自然不同，但是两方面传递给我们的信息却是一样的：在此五千年文明想像所及的领域里，还不曾有权利这种东西。人们在它丰富多彩的文化辞海里面，寻找不出一个表示现今所谓"权利"的符号，当然也就不足为奇了。

九

历史并不像有些理论假定的那样，只有两种东西，这一个决定那一个，另一个决定于这一个。

私利在客观上存在着，私欲甚至腐蚀了表面上看最健康的心灵。但有一种主观情感强烈的社会选择，虽然它不可能真正去除私利、私欲，并且不能不作些妥协、让步，它仍然是以无私为理想作着不懈的努力——通过反复的宣传、灌输、教化、劝戒乃至刑罚。它固然不曾实现其最终的理想，但仍不失为成功的一例。私固然未能干净地去除，权利的观念却也没能产生。而这意味着，一个汲汲于私利的中国人，一个富甲天下的富商（倘他真能如此），在价值上依然是贫弱的。

两千多年来，当西方人为私欲的满足提供一种尽可能合理的秩序，并使之不断完善的时候，中国人却一直在做着另一件事情，结果，西方人创造了一种高度复杂精细的技术体系，中国人却只有一套"义利之辨"的哲学。当这两种文明最后走到一起的时候，历史将发生巨变。一个民族和一种文化的命运，就被这样几乎是"预先"地决定了。

---

① 《明清苏州工商业碑刻集》，第 125 页。
② 同上书，第 126 页。

《礼记·礼运》所谓"大道之行也,天下为公"这句话,可以理解为描述性的,也可以理解为规范性的。而对于我们,它只是意味着,在这五千年的古老文明当中,注定无私权,无"个人",无私法,无对于财产的尊重。中国传统文化把过多的注意力放在了人际的乃至宇宙万物的和谐上面,这样一种性格不能不对于古代中国人的心态、行为甚至整个文化本身的命运产生深刻的影响。当然,眼下我们还是围绕法律文化的主题,谈一个具体问题:中国古代的无讼观。

第八章　无讼

人法地,地法天,
天法道,道法自然。
　　　　　　——《老子》二十五章
听讼,吾犹人也。
必也使无讼乎。
　　　　　　——《论语·颜渊》

《周礼·地官·大司徒》:"凡万民之不服教而有狱讼者与有地治者,听而断之。"注:"争罪曰狱,争财曰讼。"这是"讼"字旧有的含义。孔子云:"听讼,吾犹人也。必也使无讼乎。"①这个"讼"却是广义的,泛指狱讼之事。至少,后人在把孔子这段语录当作指导原则引用的时候,用的是这层含义。

任何一个文明社会,都会有争财之事,会有纠纷和诉讼,我们对此并不觉奇怪。使我们发生兴味的,是人们对于这类现象所抱持的特殊态度。在中国,从孔夫子到明、清时代的皇帝们,两千多年过去了,那种"必也使无讼"的态度不见有丝毫的改变,甚至人们的用语也总是相近乃至相同的。这后面显然隐伏了一些对于此民族、文化可说是基本的价值信念,值得我们深究下去。

---

① 《论语·颜渊》。

一

中国人好古。我们文化的一个基本性格便是好古。因此，无论做事情，讲道理，必要祖述尧、舜、禹、汤、文、武、周公。这种做法在先秦便很盛行。后来被人奉为"至圣先师"而经常引为依据的孔夫子，当时便"述而不作"。这至少可以表明，当时人们大都相信，业已逝去的往昔有过一个黄金时代，一个近乎完美的社会，它虽然已经一去不返，却为我们提供了值得追求的价值目标，依然是现下人们想要努力仿效的楷模。当然也可以换一种说法，即不管传说中的过去是不是事实，反正它在我们的生活中占有重要的位置，因为这个缘故，我们总要把自己的理想说成是过去的事实，以便为它找到有说服力的根据。对我们来说，这两种说法并无不同。因为那理想本身乃是真实的，而我们所要做的，只是在当时人的理想中，找到实际上指导着他们言行的准则。

首先可以提到老子的理想社会，这是大家所熟知的。

《老子》八十章：

> 小国寡民，使有什伯之器而不用，使民重死而不远徙。虽有舟舆，无所乘之；虽有甲兵，无所陈之。使民复结绳而用之。甘其食，美其服，安其居，乐其俗。邻国相望，鸡犬之声相闻。民至老死不相往来。

这种理想的提出，乃是基于老子对于当时社会的批评。

春秋战国之际，正是旧秩序行将崩溃，新制度却还在酝酿之中的关口。政变、谋杀、出逃、征战，无非是谋取政治上、经济上的各种私利，而社会为此付出的代价是高昂的。老子描画出的这幅人与人、人与自然的和谐融洽的图景,正好反衬出当时社会环境的险恶。那么,又应当如何消除混乱,解除困厄,重新置社会于和谐之中呢?老子提出了一个本质上说是反文化的主张:

> 绝圣弃智,民利百倍。绝仁弃义,民复孝慈。绝巧弃利,盗贼无有。此三者以为文不足,故令有所属。见素抱朴,少私寡欲。①

所以要提出"见素抱朴,少私寡欲"的口号,无非因为欲得之心将带来灾难。"祸莫大于不知足,咎莫大于欲得。"②欲得即有争心,而争心实乃万恶之源。老子说:

> 不尚贤,使民不争。不贵难得之货,使民不为盗。不见可欲,使民心不乱。是以圣人之治,虚其心,实其腹,弱其志,强其骨,常使民无知无欲。③

关键在于"使民不争"。绝圣弃智,无知无欲,皆是为此。老子的无为主义,实即"不争主义"。

可以注意的是,当时认为"争"乃恶之源、乱之道的并非老子一人一派。一些甚至在社会、政治主张方面持对立观点的人也有类似的说法。《商君书·开塞》云:

> 天地设而民生之。当此之时也,民知其母而不知其父。其道

---

① 《老子》十九章。
② 《老子》四十六章。
③ 《老子》三章。

亲亲而爱私。亲亲则别,爱私则险,民众而以别险为务,则民乱。当此时也,民务胜而力征。务胜则争,力征则讼,讼而无正,则莫得其性也。故贤者立中正,设无私,而民说仁。①

这段话由民之有私,讲到争,讲到讼,虽然是对于历史过程的叙述,毕竟包含了判断,而对于这样一个判断,倘老子有知,大约也是不会反对的。所不同者,老子由这里转向无为,转向不争。无为而无不为,不争故莫能与之争。这套思想对于法家理论之集大成者韩非有过很大的影响,但是总的说来,法家主张以更积极的态度去干预世事。他们采用的主要手段是"法"。

至此,问题只讲了一半。法家重法律的运用,目的何在?难道只是为使"法令滋彰",或以刑杀为快?显然不是。法家之重法同样是为了"去私",使民无争,他们不过是以刑、赏二柄为实现这一目标最有效的手段罢了。韩非子有言曰:

> 故法之为道,前苦而长利;仁之为道,偷乐而后穷。圣人权其轻重,出其大利,故用法之相忍,而弃仁人之相怜也。②

法家之主张严刑重罚,也是为此。商鞅道:

> 故以战去战,虽战可也;以杀去杀,虽杀可也;以刑去刑,虽重

---

① 《韩非子·五蠹》:"古者丈夫不耕,草木之实足食也。妇人不织,禽兽之皮足衣也。不事力而养足,人民少而财有余,故民不争。是以厚赏不行,重罚不用,而民自治。"这里亦是把不争视为古代社会人际和谐的根本原因。

② 《韩非子·六反》。

刑可也。①

任刑、重刑的目的最终只在"去刑",正因为看到这一点,有人说法家与道家殊途而同归,最后都是要达到一个"大家共同生活于和平与和谐之中,而不必诉诸法律之外在约束"②的境地。

应该承认,尽管在使民无争,并且追求最终的和谐这一点上,提出和分析道家(以老子为代表)与法家的理论是有益的和重要的,但要切实探究在中国历史上浸淫、绵延两千余年的无讼观念的具体形态,却必须特别重视儒家的理论。如果说,老子的思想使我们可以更好地从哲学上把握无讼观念的话,那么,儒家的学说则为历史上的无讼观念及其实现提供了极好的说明。

孔子曰:

> 大道之行也,天下为公,选贤与能,讲信修睦。故人不独亲其亲,不独子其子。使老有所终,壮有所用,幼有所长。矜寡孤独废疾者,皆有所养。男有分,女有归。货恶其弃于地也,不必藏于己。力恶其不出于身也,不必为己。是故谋闭而不兴,盗窃乱贼而不作。故外户而不闭,是谓大同。③

这段话被托之于孔子,其真实性是有问题的。不过这似乎无关紧要。重要的是它表明了一种基本的态度,在我们的历史上,这种态度不仅为士君子们认可和接受,而且作为文化的主潮影响着传统文化的性

---

① 《商君书·画策》。
② Yoshiyuki Noda, The Far Eastern Conception of Law, p.126.
③ 《礼记·礼运》。

格。"子曰:'君子矜而不争,群而不党。'"①又云:"君子无所争。必也射乎! 揖让而升,下而饮,其争也君子。"②这不也反映着同一种文化态度吗?

人类大同是美好的,但那毕竟只是历史的过去,眼下大道已废,别是一番情形。所以,孔子接下去又说:

今大道既隐,天下为家。各亲其亲,各子其子。货力为己。大人世及以为礼,城郭沟池以为固。礼义以为纪,以正君臣,以笃父子,以睦兄弟,以和夫妇,以设制度,以立田里,以贤勇知,以功为己。故谋用是作,而兵由此起。禹汤文武成王周公,由此其选也。此六君子者,未有不谨于礼者也。以著其义,以考其信,著有过,刑仁讲让,示民有常。如有不由此者,在势者去,众以为殃,是谓小康。③

这个小康社会,在儒者们看来,乃是眼下可能实现的理想社会。正是由这里,儒家表现了自己的独特性。老子解决社会问题的办法是弃绝仁、义、礼、智,使民无知无欲,重归于自然。法家在刑、赏二字上面做文章,讲究"以刑去刑"。儒家则倡行礼义,所谓"刑仁讲让",既没有老子的消极,又避免法家的激烈,颇得其中。具体说到方法,也有两个字,曰礼,曰乐。

二

礼者别异,乐者和同,一别一和,看似相反,实则相成,古人总是以

---

① 《论语·卫灵公》。
② 《论语·八佾》。
③ 《礼记·礼运》。

礼、乐并提，不独因其源出于一，而且因为它们有同样的职能。《礼记·乐记》云：

> 是故先王之制礼乐也，非以极口腹耳目之欲也。将以教民平好恶，而反人道之正也。人生而静，天之性也。感于物而动，性之欲也。……夫物之感人无穷，而人之好恶无节，则是物至而人化物也。人化物也者，灭天理而穷人欲者也。于是有悖逆诈伪之心，有淫佚作乱之事。……此大乱之道也。是故先王之制礼乐，人为之节。

没有节度的欲念与好恶乃是罪恶的本源，要消除悖逆作伪、淫佚作乱的现象，就要从节度人心入手，使人之言行举止合于"度"。《礼记·中庸》曰："发而皆中节谓之和。"这个和乃是和谐。圣人之制礼作乐，目的就在于实现社会的和谐。这个理论在社会和政治方面有着特殊的重要性，很可以表明儒家政治的某些特征。

《礼记·乐记》又云：

> 礼节民心，乐和民声。政以行之，刑以防之。礼乐刑政，四达而不悖，则王道备矣。乐者为同，礼者为异。同则相亲，异则相敬。乐胜则流，礼胜则离。合情饰貌者，礼乐之事也。……乐由中出，礼自外作。乐由中出故静，礼由外作故文。大乐必易，大礼必简。乐至则无怨，礼至则不争。揖让而治天下者，礼乐之谓也。

礼乐的功能倘若真能够完满地实现，"揖让而治天下"的宏大目标是很有可能实现的。问题是，如何保证礼乐顺利地发挥其作用呢？古人说"政以行之，刑以防之"，这是具体办法，有的甚至是不得已而为之的办法。要使人自觉地遵从于礼，真正建立起一套礼治秩序，最有效的办法是"教"。通过教使人有所感悟，发现天良，此所谓"教民平好恶，而反人道之正也"。这里面隐含着一个重要的思想，即人心中有道，这是人之性，亦是天之性。是人生而有之的东西。就是因为这个缘故，"教"才是可以奏效的。然而，"道"仅仅具有属人的品格吗？我们都还记得"道"这个字在我们传统哲学中的重要性，以及它在被古代人频繁使用时所赋予的多义性。当儒者们大讲要"反人道之正"的时候，这个"道"究竟是什么意思呢？也许，我们可以在其中发现某种形而上的依据？事实上，儒家的学者们确实有着这样一套依据。《礼记·乐记》云：

> 天高地下，万物散殊，而礼制行矣。流而不息，合同而化，而乐兴焉。春作夏长，仁也。秋敛冬藏，义也。仁近于乐；义近于礼。……天尊地卑，君臣定矣。卑高已陈，贵贱位矣。动静有常，小大殊矣。方以类聚，物以群分，则性命不同矣。在天成象，在地成形。如此，则礼者天地之别也。地气上齐，天气下降，阴阳相摩，天地相荡。鼓之以雷霆，奋之以风雨，动之以四时，暖之以日月，而百化兴焉。如此，则乐者天地之和也。化不时则不生，男女无辨则乱升，天地之情也。及夫礼乐之极乎天而蟠乎地，行乎阴阳而通乎鬼神，穷高极远而测深厚。乐著大始，而礼居成物。著不息者天也。著不动者地也。一动一静者，天地之间也。故圣人曰礼乐云。

由此而言，则宇宙本来即有天然之秩序，即是一大调和，而礼乐则此秩序调和之具体的例证也。① 我们亦因是注意到古人对于宇宙万物的看法，注意到这些类乎终极的观念对于世事的影响。

---

① 参见冯友兰：《中国哲学史》(上册)，第417页。

三

李约瑟先生研究中国人对于自然的态度,发现其中最关键的概念及是"和谐"。"古代中国人在整个自然界寻求秩序与和谐,并将此视为一切人类关系的理想。"①因此,他们不是以敌对的态度去征服自然,而是去了解它的统治原理,从而与之和谐相处。从一个更大的范围来看,人类也是宇宙的一个部分,他有责任与整体保持一致,服从宇宙的安排。如果说,这种看法在形成人与自然的关系的过程中起了重要作用的话,那么它在当时人们处理人与人之间的关系方面所生的影响也同样不可忽视。不过,在转入具体切实的研究之前,先弄清这种和谐的天道观,以及天道与人道在理论上的关联,还是很有好处的。

在老子的哲学里面,最高的范畴曰"道"。老子有一著名的公式:"人法地,地法天,天法道,道法自然。"②这里,自然并非更高的存在,毋宁说,它是宇宙本体——"道"的存在形式。天地万物自然而动,人亦应师法自然,师法自然便是无为,"为者败之,执者失之。是以圣人……学不学,复众人之所过,以辅万物之自然,而不敢为。"③自然无为不尽是为了顺应道,当它被作为解决社会问题的方案提出时,实际上隐含了一个价值上的判断:自然是和谐的、完满的、可欲的。这是一个带有根本性的问题。儒生之倡行礼乐,也是在"道"中寻求依据。自然,由儒、道各家提出的具体社会主张来看,"道"的内涵并不相同。"儒家之君子、圣人与道家之大人、圣人区以别焉,盖各有其'天地',

---

① 《李约瑟文集》,第338页。
② 《老子》二十五章。
③ 《老子》六十四章。

'道'其所'道'而已。"①然而"道"之所以可以"道",不正因为它是一可欲之对象吗?孔子曰"大道之行也,天下为公"。那是何等美好的社会,处处都透着和谐。这个"道"显然不具有人格神的特征,此自然之道,而且,也像老子的道一样,它本身便是完满的、和谐的、可欲的。②这一点,我们结合上引"礼运"和"乐记"的话就可以清楚地见出。

天道(自然)和谐的观念,可以说代表了我们传统文化的宇宙观,因此它一经形成,便对此社会、民族和文化产生深远的影响,其具体表现形态,亦不只限于儒学,限于礼乐。这方面一个突出的例证,即是中国古代社会的建筑。

四

倘若抛开影响建筑发展的诸多其他因素不论,只谈能够表明其文化独特性的一面,则古代建筑可以根据设计之基本原则的不同划分为两类,即"屋"与"园。"前者包括城市与房屋建筑,后者指园林建筑(包括庭中的风景设计)。安德鲁·博伊德在其《插图本世界建筑史》中写道:

> 在一座中国房屋中,花园以及人工景色是基于与所有建筑根本不相同的原则。我们曾经指出过中国的思想受到儒家和道家的双重影响。这种相反的二重性清楚地表现在中国房屋和中国花园,以及它们的扩大,城市和园林之间互相对立,互为补充的关系上。

---

① 钱锺书:《管锥编》(二),第435页。
② 事实上,这时期儒家哲学颇受道家哲学影响,参见冯友兰:《中国哲学史》(上册),第455页。

房屋和城市由儒家的意念所形成：规则、对称、直线条、等级森严、条理分明，重视传统的一种人为的形制。花园和风景由典型的道家观念所构成：不规则的、非对称的、曲线的、起伏和曲折的形状，对自然本来的一种神秘的、本源的、深远和持续的感受。①

将城市乃至房舍的规模与形式纳入"礼制"，至少周代已然，产生这种现象（后来又衍成传统）的特殊历史原因前面已经谈过，这里想要指出的是，由于礼与天道自然观念的特殊关联，中国古代建筑也大都具有"体象乎天地"的特征。这方面最典型的建筑可以举天坛为例。

祈年殿圆形的平面和蓝色的琉璃瓦象征天，井口四根柱代表四季，十二根金柱代表一年十二个月，十二根檐柱代表十二个时辰。至于"圆丘"部分则不论坛面、台阶、栏杆所用的石块全是九的倍数。因为古代以一、三、五、七、九为"阳数"或称"天数"，而以九为"极阳数"。坛分三层，上层的中心是一坛圆石，圆外有九环，以后每环的石块都是九的倍数，中层、下层都是这样。②

这种设计并非偶然，而是古代建筑中习见的手法。虽然具体情形总是因时因地而异，"体象乎天地"的原则却是基本不变的。西汉时期，阴阳五行说大盛，建筑亦大受影响。建筑上的图案和方向将依据某些原则搭配起来，因而具有各种不同的象征意义。比如，东方属木，为青龙，象征春天，色青；南方属火，为朱雀，象征夏天，色红；西方属金，为白虎，象征秋天，色白；北方属水，为玄武，象征冬天，色黑；中间属土，色

---

① 转引自李允鉌：《华夏意匠》，第306—307页。
② 同上书，第101—102页。

黄,等等。围绕着建筑平面构图生出的种种解释体现了某种"宇宙图式",礼的形而上学依据在这里被形象化了。①

房屋建筑的原则同样体现于城市规划方面。显然这方面困难更大。因为城市的设计更多受地理条件的限制。因此,尽管历史上的大多数城市(首先是都城、皇城)都尽可能按照礼制设计,并且也确实表现了方正、严整、对称的特点,毕竟不乏因地制宜的例外。如汉代的长安城就曾打破方正的格局,而使城的南北两端都呈现出不规则的折线。据后人考证,当时只因客观的地理条件所限,人们不得已才出此"下策",设计本身倒是颇具匠心的。有趣的是,设计者别出心裁,使南北二城形似星斗,并称之为"斗城",反使得"体象乎天地"的原则愈发触目了。②

此外,在皇宫、庙宇、都城等重大建筑物、建筑群之外,城乡中集中的或散布于田庄中的住宅"也都经常地出现一种对'宇宙的图案'的感觉,以及作为方向、节令、风向和星宿的象征主义"③。这种"与自然结合的象征主义",用一位建筑史家的话来说,"就是将对自然的认识奉为一种最高的准则,因而创造出希望达到天(自然)人之间绝对和谐的形式"。④

历史上礼制对于建筑之格局、式样和形制的规范,早期曾有过积极的作用,后来却变得僵化,成为阻碍建筑创新的因素。这种情形自然引来种种要求突破的努力。只是在当时,"逾制"又不仅仅是建筑问题,

---

① 参见李允鉌:《华夏意匠》,第149—150页。
② 同上书,第391—392页。
③ 李约瑟语,转引自李允鉌:《华夏意匠》,第42—43页。
④ 同上书,第121页。古时曾有力地影响了建筑的发展,且与阴阳五行说有密切关联的另一种学说,乃是俗称"风水"的"堪舆学"。关于这种学说,我们只须指出,它也是一种讲天地和谐的理论。

而首先是政治问题、道德问题和法律问题。所以,创新的潮流便流向"非正式的建筑":园林方面。

"园"的设计原则与"屋"迥异,它们各自的风格因此也大不相同。然而,园林建筑所刻意追求的,恰正是自然天成的和谐意境。这是很耐人寻味的。安德鲁·博伊德写道:

> 即使规模不大,中国的园林都在追求唤起对原始自然的联想,以由此而引导出来的原则来模塑园林的风格……当人置身其境时有如在最荒寒的山水画中,其间差不多常常都有一些人物,茅舍,山径和小桥。建筑和自然之间是没有被分割开来的。①

在这样一个小天地里面,人、物、宇宙浑然一体,自然和谐,把这样一种风格和原则看成是道家哲学影响的产物,大致是不错的。李允鉌先生认为,园林建筑的原则并不简单是道家意识的反映,而是中国人美学观念和思想感情的凝聚。② 其实这二者并不矛盾。传统的审美观念,尤其是体现于诗、书、画中间那种冲淡、高远、宁泊的审美意识,本身不正是深受道家哲学的浸染吗?毋宁说,中国人的审美意识、道德情感、社会学说、建筑原则、艺术理论乃至建筑与诗画本身,都与他们对宇宙的看法有密切的关联,也因此都把自然和谐奉为理想的最高准则。在这种共同的准则之下,人为的形制与自然天成原则之间的差异倒显得无关紧要了。就好像相对于最终的理想目标,儒家的入世与道家的无为竟是殊途同归一样,儒、道在建筑方面也都以"自然"为楷模,寻求

---

① 转引自李允鉌:《华夏意匠》,第307页。李允鉌先生在另一处写道,效法天然乃是传统的造园构思。"建筑元素尽量使之和自然元素相协调,由此而得到一种完全和谐的景象。……使人觉得事事都顺乎自然。"(第321页)

② 参见同上书,第309页。

与自然的和谐。儒家与道家,一起归本于"道",归本于"自然",归本于"和谐"。

五

在建筑里面孜孜不倦地追求自然和谐,追求与和谐的楷模——自然——相合的效果,秉有这样一种性格的文化必定也在人世间寻求同样的东西。事实上,礼的适用范围首先不就是社会,不就是人际关系吗?只是,在建筑中贯彻礼制的原则可以完全借助于法律政令,自然和谐的范式更可以化为内在的审美情趣。人却不同。"亲亲而爱私"乃是无可奈何的客观事实。欲使民不争,必须要先平其好恶,而要做到这一点,却又不单是刑罚能够胜任的。最关键、最有效的办法,至少在儒者们看来是"教"。然而为什么"教"是可以奏效的,根据又在哪里?根据就在《乐记》的那句话里面,"教民平好恶,而反人道之正也。"只有先已经有了的东西才能够"反","反人道之正"便是复归于人固有之天性。因此《乐记》下面又有"人生而静,天之性也"一段话。在现代人看来,天性者,本性而已,除此并无其他含义。但是将人固有之品性叫作天性,在古人那里却是不乏深意的。孟子云:"尽其心者,知其性也;知其性则知天矣。"①这种知性便可以知天的思想不正是以人性与天性相通,天道与人道相合的信念作基础的吗?

天与人相通乃至相合,这样一种信念在孟子以前很早就已经有了。周人讲"以德配天",就是一种天人合一的思想。只不过,当时它还不曾上升为完整的理论,甚至说出"知其性则知天矣"的孟子也还没有对之作过系统的阐说。"天人合一"的理论,应当说是经过汉儒董仲舒的

---

① 《孟子·尽心》。

发展之后,至宋时才臻于成熟的。宋儒讲天人合一有二说,一说性即是理,一说心即是理。前说主张性与心异,后说则认为心与性同。"但认为人含有宇宙之本根,天人相通不隔,则两家无异。两说都认为宇宙本根乃道德之最高准则;人之道德即是宇宙本根之发现。本根之理,即人伦日用之理;在人为性,在物为理,在事为义,都是宇宙本根之表现。此种天人合一的观念,是汉宋儒家哲学中之一个根本观点。"①

天道本和谐,因此人道亦平和。倘有人涉身于冲突,那必是偏离了人道,偏离了人道之所本的天道。政府,乃至整个社会的责任,就是要通过教化,通过劝说,也通过儆戒,使他们"反人道之正",以便维持好整个社会的和谐。这样的态度与做法,不但构成了我们这个民族的文化性格,而且也构成了中国古代法的出发点。

六

文明意味着秩序,秩序又意味着协调。在这层意义上说,追求和谐乃是人类共通的性格。然而,对于和谐的追求总是具体的,具体的和谐总是各不相同的。正好比我们古代建筑中的和谐,或者表现为"体象乎天地"的礼制原则,或者在"事事顺乎自然"的效果中间体现出来。在社会关系的领域,中国古代的和谐观念演化为一个具体原则,那就是"无讼"。

按照"争财曰讼"的说法,无讼的前提是不争,而这正是我们的先人极欲实现的理想。在中国历史上,这样的理想固然不曾实现过,但是人们也从来没有放松过实现这理想的努力。这不只是因为大家相信曾经有过一个合乎这样理想的社会,更是因为在当时人的心目中,这样一

---

① 张岱年:《中国哲学大纲》,第 176—177 页。

种理想还有着形而上的依据。人道源自天道,而天道是自然而且和谐的。从这样的立场出发,争,以及因争而起的冲突就成为一件绝对的坏事。因此在出现冲突的场合,重要的事情不是去协商冲突的双方,使其行为合于法律,而是彻底地消弭冲突,使之无由发生。同样,法律的作用不是为人们满足私利提供合法的渠道,恰恰相反,它是要尽其所能抑制人们的私欲,最终达到使民不争的目的。自然,这一切首先是在礼的名义下,依循礼的原则进行的。于是,法律的适用变成了教化加儆戒,无讼的理想化而为息讼的努力。这正是中国古代法的特异之处,也是古代社会人际关系中和谐观的真实内蕴。

礼要求父慈子孝,兄友弟恭,夫义妇听,长惠幼顺,倘人人如此,社会的和谐便有了保障。问题是,小人往往见利忘义,以利害义,无数冲突皆是因此而起。明代名臣海瑞在分析淳安地方争讼日渐的原因时说:

> 淳安县词讼繁多,大抵皆因风俗日薄,人心不古,惟己是私,见利则竞。以行诈得利者为豪雄,而不知欺心之害;以健讼得胜者为壮士,而不顾终讼之凶。而又伦理不惇,弟不逊兄,侄不逊叔,小有蒂芥,不相能事,则执为终身之憾,而谋尊评告不止,不知讲信修睦,不能推己及人,此讼之所以日繁而莫可止也。①

这段议论颇具有代表性,以之对照清人的看法更可以说明问题。

> 讼之起也,未必尽皆不法之事。乡愚器量偏浅,一草一木,动辄争竞,彼此角胜,负气构怨,始而投知族邻地保,尚冀排解,若辈果能善于调处,委曲劝导,则心平气和,可无讼矣,乃有调处不当,

---

① 《海瑞集》(上册),中华书局1962年版,第114页。

激而成讼者;亦有地保人等希图分肥,幸灾乐祸,唆使成讼者;又有两造不愿与词,因旁人扛帮,误听谗言而讼者;更有平素刁健专以斗讼为能,遇事生风者;或有捕风捉影平空讦讼者;或有讹诈不遂,故寻衅端者;或因夙积嫌怨,借端泄忿者;或因孤弱可欺以讼陷害者……①

这一段讲启讼原因种种,虽然先肯定说讼事"未必尽皆不法之事",毕竟不认为涉讼是可为或应为之事。诸不法之人如文中列举之唆使成讼者,遇事生风者,平空讦讼者,故寻衅端者以及借端泄忿者,以讼陷害者等等,都是在法律究治之列,姑且可以不论。因为器量褊狭,负气构怨而启讼之端,虽然不属"不法之事",毕竟是乡愚所为,不足为训。对于这种人,纵不必以威刑相加,亦须要委曲劝导,使心平气和,从此不争。问题在于,争讼本身是不好的。这种事不仅有悖于礼义,而且破坏了宇宙秩序的自然和谐。因此,按照通行的道德标准来衡量,能够识大体,明大义,忍让为先,不与人争者必定是安分守己的良民;以争为胜,以讼为能者必定是小人、悍民。古人云:"良民畏讼,莠民不畏讼;良民以讼为祸,莠民以讼为能,且因而利之。……黠且悍者则无冤抑而讼,有罪辜而讼,事不干己而讼,朋比同谋而讼,借端影射而讼,凭虚结撰而讼。"②这种说法一方面不无道理,另一方面又确实带有偏见。一般地棍、无赖往往挑起和利用民间词讼以谋私,这是事实;在古人心目中,争讼这件事本身便缺乏道德上的正当性,这同样也是事实。值得注意的是,这样两个方面实际是由同一种原因造成的,是同一件事的两个方面。这个原因就是,古代中国人把"和谐"奉为社会中绝对的

---

① 王荫庭:"办案要略",载《皇朝经世文编续编·刑政》。
② 路德:"邱叔山府判录存序",载《皇朝经世文编续编·刑政》。

目标,把法律看成是实现这一道德目标的手段;其法律因此只具有否定的价值,争讼乃是绝对的坏事。古人关于无讼、息讼的种种教诲、劝谕,以及对"健讼"者的严厉态度,可以说都是由这一基本立场生发出来的。

七

欲民无讼,先要教民,使遵行礼义,忍让谦和。古时地方的文告、榜文里面照例不乏这方面的内容。宋儒朱熹的《劝谕榜》中有这样一条:

> 劝谕士民乡党族姻所宜亲睦,或有小忿,宜各深思,更且委曲调和,未可容易论诉。盖得理亦须伤财废业,况无理不免坐罪遭刑,终必有凶,切当痛戒。①

明王守仁创十家牌法,其中一项重要内容即是"每日各家照牌互相劝谕,务令讲信修睦,息讼罢争,日渐开导,如此则小民益知争斗之非,而词讼亦可简矣"。② 其"十家牌法告谕各府父老子弟"亦云:

> 心要平恕,毋得轻意忿争;事要含忍,毋得辄兴词讼;见善互相劝勉,有恶互相惩戒;务兴礼让之风,以成敦厚之俗。③

---

① 《朱文公文集》卷一百。
② 《阳明全书》卷十七,"申谕十家牌法"。
③ 《阳明全书》卷十六。王守仁为南赣地方制订的"乡约"中亦有同样内容。"自今凡尔同约之民,皆宜孝尔父母,敬尔兄长,教训尔子孙,和顺尔乡里;死丧相助,患难相恤;善相劝勉,恶相告戒;息讼罢争,讲信修睦,务为良善之民,共成仁厚之俗。"(《阳明全书》卷十七,"南赣乡约")进一步说,这也是历来乡约族规中必有的一项内容。

实际上,"明礼让以厚风俗"一类信条向来都是国策,因此不仅申明于地方官的文告之中,而且更出现在皇帝的上谕里面。明有《洪武六谕》,清有《顺治六谕》,其内容、形式皆是一脉相承,曰孝顺父母,恭敬长上,和睦乡里,教训子弟,各安生里,无作非为。康熙九年,《顺治六谕》扩充为《圣谕十六条》,其中"敦孝悌以重人伦"、"笃亲族以昭雍睦"、"和乡党以息争讼"、"明礼让以厚风俗"以及"训子弟以禁非为"、"息诬告以全良善"诸条,都是直接与"无讼"相关联的。《圣谕十六条》之后,不但有雍正的训解,称《圣谕广训》,而且有一套宣讲上谕之成文化的制度。据《钦颁州县事宜·宣讲圣谕律条》,"每遇朔望两期,(州县官)务须率同教官佐贰杂职各员,亲至公所,齐集兵民,敬将圣谕广训逐条讲解、浅譬曲喻,使之通晓。"其时于各地方还设有讲约处所,逢宣讲日,辄举行隆重仪式,俾使民铭心不忘。实际上,这类信条不仅是指导民众行为的准则,也是地方司法官审断案件的原则。按照清政府的一般要求,"州县放告收呈,须坐大堂,详察真伪,细讯明确,如审系不实不尽者,则以圣谕中息诬告以全良善教之;审系一时之忿,及斗殴并未成伤者,则以戒仇忿以重身命教之;审系同村相控者,则以和乡党以息争讼教之;审系同姓相控者,则以笃宗族以昭雍睦教之"。① 这里讲的,自然都是州县自理词讼,所谓"户婚田土"一类"薄物细故",因此重在一个"教"字。教所以使民息讼,这是审理寻常词讼的基本原则,也是中国法律史上一种渊源久远的传统。

八

昔"历山之农者侵畔,舜往耕焉,期年甽亩正。河滨之渔者争坻,

---

① 《牧令须知》,"听讼"。

舜往渔焉,期年而让长。"①这大概是最早的以德化人的例子。"孔子为鲁司寇,有父子讼者,孔子拘之三月不别,其父请止,孔子舍之。"②这是早期不肯不教而诛的范例。后来的效法者更是不绝于书。

　　[韦景骏]为贵乡令。县人有母子相讼者。景骏谓之曰:"吾少孤,每见人养亲,自恨终天无分。汝幸在温情之地,何得如此?锡类不行,令之罪也。"因垂泣呜咽,仍取《孝经》付令习读之,于是母子感悟,各请改悔,遂称慈孝。③

　　况逵为光泽县尹,有兄弟争田。逵授以《伐木》之章,亲为讽咏解说。于是兄弟皆感泣求解,知争田为深耻。④

　　因教化不成而引咎自责者亦大有人在。据《后汉书·吴祐传》,吴祐为胶东相,民有争讼者,必先闭阁自责,然后断讼,以道譬之,或亲到闾里,重相和解,自是争隙省息,吏人怀而不欺。宋时地方官辄以任上无同乡同姓相讼事为荣,亦以不能禁绝乖争陵犯之事为耻。朱熹在其公示于众的榜文中,谓一些词讼"只是一时争竞些少钱米田宅,以致互相诬赖,结成仇雠,遂失邻里之欢,且亏廉耻之节,甚则忘骨肉之恩,又甚则犯尊卑之分"。言词之间大有罪己之意。⑤ 又宋时一则关于叔侄争业的判词写道:"当职德薄望浅,不足以宣明德纪,表率士风,而使乖争陵犯之习见于吾党,有愧于古人多矣。"⑥更有甚者,有人还因此要去

---

① 《韩非子·难一》。
② 《荀子·宥坐》。
③ 《旧唐书·韦景骏传》。
④ 原文无出处,转引自瞿同祖:《中国法律与中国社会》,第291页。
⑤ "漳州晓谕词讼榜",载《朱文公文集》卷一百。
⑥ 《名公书判清明集》卷十,胡石壁:"叔侄争业令禀听学职教诲"。

官请罪。韩延寿为东郡太守，以德为治，三年之间，令行禁止，断狱大减，为天下最。后徙冯翊太守，出行巡县至高陵，有兄弟因田争讼。延寿大伤之，曰：

"幸得备位，为郡表率，不能宣明教化，至令民有骨肉争讼，既伤风化，重使贤长吏、啬夫、三老、孝弟受其耻，咎在冯翊，当先退。"是日移病不听事，因入卧传舍，闭门思过。一县莫知所为，令丞、啬夫、三老亦皆自系待罪。于是讼者宗族传相责让，此两昆弟深自悔，皆自髡肉袒谢，愿以田相移，终死不敢复争。①

[鲁恭]拜中牟令。恭专以德化为理，不任刑罚。讼人许伯等争田，累守令不能决。恭为平理曲直，皆退而自责，辍耕相让。亭长从人借牛而不肯还之，牛主讼于恭。恭召亭长，敕令归牛者再三，犹不从。恭叹曰："是教化不行也。"欲解印绶去。掾史泣涕共留之，亭长乃惭悔，还牛，诣狱受罪，恭贳不问。②

有兄弟争财，互相言讼。荆对之叹曰："吾荷国重任，而教化不行，咎在太守。"乃顾使吏上书陈状，乞诣廷尉。兄弟均感悔，各求受罪。③

古人相信德化可以奏效，且身体力行，这些便是很好的例子。

---

① 《汉书·韩延寿传》。
② 《后汉书·鲁恭传》。
③ 《后汉书·许荆传》。

九

历史上因教化不行而自责、引退的事例可以说无代无之。不过,着眼于一般情形,更普遍的做法还是以言辞相劝,晓以大义,使讼者退而自责,甘心息讼,倘有不从,便以威刑相加。宋人书判中有许多这样的判词,尤其事关人伦,判词便往往是一篇道德训诫加暴力威胁。下面引录的一篇就很典型:

> 人生天地之间,所以异于禽兽者,谓其知有礼义也。所谓礼义者,无他,只是孝于父母,友于兄弟而已。若于父母则不孝,于兄弟则不友,是亦禽兽而已矣。李三为人之弟而悖其兄,为人之子而悖其母,揆之于法,其罪何可胜诛。但当职务以教化为先,刑罚为后,且原李三之心,亦特因财利之末,起纷争之端。小人见利而不见义,此亦其常态耳。恕其既往之愆,开其自新之路,他时心平气定,则天理未必不还,母子兄弟,未必不复如初也。特免断一次。本厢押李三归家,拜谢外婆与母及李三十二夫妇,仍仰邻里相与劝和。若将来仍旧不悛者,却当照条施行。①

类似的言词乃至相同的文句,在清人的判牍、文章里面也至为常见。清代名判之一的汪辉祖认为,词讼之起,大多系邻里口角、骨肉参商细故,要么是有不肖之人从中播弄,因此于审理之时须以义导之,使能悔悟。倘其间有亲邻调处,吁请息销,官府当予矜全。"可息便息,

---

① 《名公书判清明集》卷十,胡石壁:"因争财而悖其母与兄姑从恕如不悛即追断"。

宁人之道。"这可以说是一项总的原则。① 清人锺祥曾详言审理寻常词讼之诸项原则,其中第一项曰:"讼端不容轻起也。"这是讲遇有无据无理之情词,须要当众指辨明白,这样做不仅可以使刁滑扰讼之意潜消,更可以令旁观者知感知畏。其二曰"控词不宜率准也",这是说于呈词中发现捏饬之情,即予明白驳斥,不准混诉,倘必求收呈,也要于批呈之时,"详细指驳,以杜滋讼",遇有细微末事,更宜当堂劝令免讼,"此尤息讼之法也"。最妙的是审断原则之七:"审毕宜加劝谕也。"这一条尤其能够表明古时统治者对于词讼的一般看法,现照录于下:

> 民间词讼之由,或因挟嫌,或因争利,或因负气,或因受属,大抵不外乎此。至所控之案即毕,有甘心息讼者,亦有余忿未息仍思再控者,所贵于审断完毕时,明白晓谕,以破其愚也。告以控而不胜,因获咎怨,控而即胜,亦非良善。挟有夙嫌,则冤仇日结,卒至两败俱伤。因利争控,则废业伤财,竟至得不偿失。若因负气一时,何苦受此累月经年之患。若受他人挑唆,何苦自蹈剥肤噬脐之伤。即使实有事端,必须明白伸理,或听人劝处,或自受小屈,转得无事之福,并为乡里称道。若务求胜人,竟以健讼为事,即使控争得计,亦不过成一讼棍之名,且始以此得,终必以此失,将来有破家亡身之害。而子孙习染争讼,累世之后,尚受其殃。②

我们看宋、明人教人莫轻与讼的道理,同这里讲的全无二致。有一则宋人判词写道:

---

① 参见其《佐治药言》"息讼"。
② 锺祥:"审理寻常词讼",载《皇朝经世文编续编·刑政》。

……今世之人,识此道理者甚少,只争眼前强弱,不计长远利害。才有些小言语,便去要打官司,不以乡曲为念,且道打官司有甚得便宜处,使了盘缠,废了本业,公人面前赔了下情,着了钱物,官人厅下受了惊吓,吃了打捆,而或输或赢,又在官员笔下,何可必也。便做赢了一番,冤冤相报,何时是了。人生在世,如何保得一生无横逆之事,若是平日有人情在乡里,他自众共相与遮盖,大事也成小事,既是与乡邻謷隙,他便来寻针觅线。掀风作浪,小事也成大事矣。如此,则是今日之胜,乃为他日之大不胜也。①

这里说的,多半并非虚辞,因为古代的法律,就其本质而言,并非是正常社会生活必需的一部分。我们古代法律,也像其他制度一样,服从于文化的根本追求,乃是实现社会中"绝对和谐"的手段。法律设施被建立来究治违礼的行为,官司的职责便不仅是明辨曲直,扬善抑恶,更且要教民息讼,使民无讼,从根本上消灭狱讼之事。由这里,我们也就不难理解,何以古人对于讼师、哗徒,从来都是深恶痛绝、绝无宽贷的。

---

　　① 《名公书判清明集》卷十,胡石壁:"乡邻之争劝以和睦"。明代用来警醒世人的小说里也有同样的说法。《二刻拍案惊奇》卷十有一段云:"些小言词莫若休,不须经县与经州。衙头府底赔杯酒,赢得猫儿卖了牛。这首诗,乃是宋贤范荣所作,劝人休要争讼的话。大凡人家些小事情,自家收拾了,便不见得费甚气力。若是一个不伏气,到了官府,衙门中没有一个肯不要赚钱的。不要说后边输了,就是赢得来,算一算费用过的财物,已自合不来了。何况人家弟兄们争着祖父的遗产,不肯相让一些,情愿大块的东西作成别个得过去了。又有不肖官府,见得上千上万状子,动了火,起心设法。这边的送将来,便道:'我断多少与你。'那边送将来,便道:'我替你断绝后患。'只管着根脚、漏洞,等人家争个没休歇,荡尽方休。又有不肖缙绅,见人家是争财的事,容易相帮。东边来说,也叫他:'送些与我,我便左袒。'西边来说,也叫他:'送些与我,我便右袒。'两家不歇手,落得他自饱满了。世间自有这些人在那里,官司岂是容易打的? 自古说:'鹬蚌相持,渔人得利。'到收场想一想,总是被没相干的人得了去。何不自己骨肉,便吃了些亏,钱财还只在自家门里头好!"[凌濛初:《二刻拍案惊奇》(上),上海古籍出版社1983年版]这类话既表明古时讼事繁难的一贯特点,也表明了世人对于讼事的常驻看法。

十

由上面几则引文可以发现,古人论及诉讼的种种缘由,总少不了"不肖之人从中播弄"一条。这里面固然带有道德上的偏见,却也不乏相当的真实性。中国古时的法律,依其性质并非社会生活的一般调节手段,又根据古时的传统,民众的正常生活也总是与法律无关。他们一直被教导、鼓励谦和忍让、委曲求全,纵有冲突,也尽可能由乡里亲邻劝释消解。这样的文化和体制自然不能有类似西方社会律师那样的阶层,相反,它生出一类特殊的人物,专以教唆、包揽词讼为事,从中牟利。他们是这个社会的赘疣,亦是社会的不安定因素。这也就难怪,在古人看来,他们是制造不和与纷争的主要因素。有一则宋人书判是这样写的:

> 大凡市井小民,乡村百姓,本无好讼之心。皆是奸滑之徒教唆所至,幸而胜,则利归己,不幸而负,则害归他人。故兴讼者胜亦负,负亦负;故教唆者胜固胜,负亦胜。此愚民之重困,官府之所以多事,而教唆公事之人,所以常得志也。①

既然如此,地方官们"疾恶此曹,如恶盗贼,常欲屏之远方,以御魑魅"②也就不足为奇了。宋人书判中有不少严惩哗徒、讼师、把持人等的事例,而且动辄勘杖一百,备榜枷项示众,都足以说明在当时人的心

---

① 《名公书判清明集》卷十二,胡石壁:"责决配状"。
② 同上。

目中,教唆词讼一类事情的严重性。① 古人以"和谐"为整个宇宙的最后归依,以和睦为人际关系的理想境地,以民风淳厚、靖安无事为考核地方官政绩的重要标准,自然会把哗徒讼棍一类专事搬弄是非、教唆启争的人看作是抚政安民的第一重障碍,必欲除之而后快。宋人有上任伊始,先拿教唆者开刀,以儆效尤,以厚风俗的。而在清代,新任州县官到任的第一批文告中往往要有这样一类的文件。下面引录的是一则清代关于惩治讼徒的标准文告。

> 为严拿讼棍,以息刁风事。照得某属地方民情好讼,偶因睚眦细故,口角微嫌,动辄构讼出庭,任情砌陷。经年累月,缠讼不休。推其原故,皆由讼棍从中播弄,渔利把持,往往两造均愿处和,以图息事,而讼棍欲壑未盈,勒掯多端,以致原被欲罢不能,久受拖延之累。不但废时失业,抑且荡产倾家。本州县下车伊始,访悉前情,凡遇接受民词,莫不当堂提问,大率不近情理虚伪者,多系讼棍主唆,当即密饬察访,具知讼棍真名,除密令设法严拿以除民害外,合行晓谕,为此示抑合邑绅民知悉。嗣后如有鼠牙雀角互相争斗,尽可投明亲族邻里,为之理处,慎勿遽行涉讼,匍匐出庭。②

在清代的各种判牍和经世文章里面,州县官员,尤其是富有经验的刑名幕友,亦经常论及教讼之人对于社会秩序与风俗的危害,强调严惩讼棍的必要。更有人现身说法,详言究治地棍讼师的有效办法。清代

---

① 《名公书判清明集》"惩恶门"中收有"讼师鬼官"、"专事所持欺冒公法"、"把持公事赶打吏人"、"先治依凭声势以为把持县道者之警"、"教唆与吏为市"、"士人教唆词讼把持县官"、"先治教唆之人"、"惩教讼"、"哗鬼讼师"以及"哗徒反复变诈纵横捭阖"诸条,都是这方面极好的材料。

② 《牧令须知》,"听讼"。

名幕汪辉祖在为入幕者写的《学治臆说》里面,就惩治讼师事列有二则专条,一条谓"地棍讼师当治其根本",再一条讲杜绝混讼的妙法,如何系讼棍于堂柱,或杖或枷,使有目共见,令其愈不可支,哀吁悔罪,从而达到讼牍日减的目的。①

基于同样的原因,古人对于动辄论诉或者涉讼而又不肯善罢甘休的人亦大不以为然,谓之好讼、健讼、顽讼、缠讼,纵不把他们看成黠而且悍者,亦不认为是安分良善之人。宋人胡颖在一件批判中说这种人"入词之初,说得十分可畏,及至对供,原来却自无一些事"。"皆是不守本分,不知义理,专要争强争弱之人",他对此深恶痛绝,定要惩一戒百。只因那件事的起因是"不肖之人"从中唆使,于是将教唆人杖六十,而于争讼者当厅责罪赏状,不许归乡生事。此外还要"各人给判语一本,令将归家,遍示乡里,亦兴教化之一端"。② 设法律是必要的,却不能为这类喜争之人开方便之门,法官们除了申明这一点,且时而对于滋讼者施以戒惩之外,还经常拒不受理他们认为并非"果有冤抑"的诉讼。我们且看清人樊增祥的几则批呈。

> 本日接两呈,皆定远厅民,何彼之好讼也?禀词支离,荒诞无情,无理,不准。③

倘真是讼由本身不能成立倒也罢了,只因为一日里接收同一地区两起控呈,便说人好讼。先存了这样的印象,自然要批他个"无理不准"。又其"批客民黄鑫武控词"云:

---

① 参见汪辉祖:《学治臆说》,"治地棍讼师法"。
② 《名公书判清明集》卷十,胡石壁:"乡邻之争劝以和睦"。
③ 《樊山政书》,"批定远厅民萧登清控词"。

>   以尔之顽钝无耻,缠讼不休,实属罕见。候饬两县将尔递解回籍,以免陕民久受讼害。尔如知机,早遁为妙。①

我们并不清楚,客民黄氏何以诉讼不止,又为什么会背上"顽钝无耻,缠讼不休"的恶名。也许,他对于自己那点蝇头小利太过执着了。凡是遇到这一类情形,樊氏的批语大抵总是如此。比如下面两例:

>   为买卖田地之故,与族众结讼不休,辄欲本司提人于千里之外,居心阴毒已极。不准。②

>   尔以紫阳县民,不远千里来省上控,而所控者无非买卖田地钱财胶葛之事,辄敢指控被证九人之多,其健讼拖累已可概见。本应惩责押递,姑宽申饬。③

要求官司"提人于千里之外"便是"居心阴毒已极";为田土钱财之事,不远千里来省上控便是"健讼拖累",这不能不说是偏见了。只是在中国古代社会,这是最最自然的偏见。倘我们了解古人对于人和自然的看法,懂得他们关于社会所抱持的理想,以及在这种理想指导下建立起来的体制,它的性质和负载能力,社会运行的独特方式,这一切又都是不难理解的。

十一

古代中国人由天道—自然—和谐的信仰出发,创造出一整套与众

---

① 《樊山政书》,"批客民黄鑫武控词"。
② 《樊山政书》,"批定远厅民妇李张氏控词"。
③ 《樊山政书》,"批紫阳县民马家骏控词"。

不同的价值体系。在处理纷繁的人际关系时,他们把宇宙的和谐奉为楷模,力图创造一个合乎自然的社会。在他们看来,这不仅是必要的,而且是可能的。因为,人道与天道并非全无干系,它们相通乃至相合,天道就在人心之中,并且是人间全部道德的最后依据。人依其天性而生活,理想中的和谐社会就一定能实现。自然,在经验的层次上,这些内在的信念,这一套有关和谐的"玄学",实际表现为一整套关于礼、乐的理论和制度。后者又蕴涵在全部的社会制度(当然也包括法律制度)当中,渗透在几乎每一个人(当然也包括被统治者)的观念、心态里面。正是这些东西从根本上决定了古代中国人对于诉讼的态度。

在论及传统的无讼、息讼等观念时,我们引用了许多文献资料,特别是那些能够表明司法意识和行为的部分。这些资料有什么特殊意义?它们对于中国古代法实际上有着怎样的影响?应当怎样看待和评判它们?这些问题要在下一章里讨论,而在这里我只想指出,所有这些都表明了一个基本的立场:理想的社会必定是人民无争的社会;争讼乃是绝对无益之事;政府的职责以及法律的使命不是要协调纷争,而是要彻底地消灭争端。为做到这一点,刑罚是必要的,但更重要的是教化。要利用所有的机会劝导人们,以各种方式开启他们的心智,使之重反人道之正。显然,这种基本立场与前面几章的主题有着密切的关联,倘把它们放到一起来考察,我们一定会对中国古代法的一个重要方面有比较清楚的认识了。

第九章 礼法文化

> 故圣人之所以治人七情,修十义,讲信修睦,尚辞让,去争夺,舍礼何以治之?
>
> ——《礼记·礼运》

一

在一个社会里面,决定着私法发生、发展以及发达程度的因素是多种多样的,要把它们一一罗列出来,并予以清晰明白的分析,那是不大可能的事情。好在,也没有这样的必要。因为真正具有决定意义的因素可能是为数不多的几种。当然这并不是说,无论涉及的是哪一种社会,哪一个时代,只须注意其中某种固定不变的因素,就可以洋洋洒洒地写出一大串结论来。同样的问题,针对不同的社会或者文化,提出的方式必定有各种差异,往下注意的问题因此也有不同。研究中国古代的"私法"问题,却先由最一般的文化问题入手,考察个人和阶级的状况,探究古代的法律观念和权利意识,就是因为我们先已注意到这样一个事实:中国古代法只是"公法"(韩非子所谓"公法",而非罗马人意义上的公法),中国古代法典一概是刑法典。如果在一种古代的法律制度里面未能发现有民事法典,我们也许不会太觉意外,但是如果在有着悠久传统,并且本身已极尽成熟的法典当中竟然找不出真正的民事法律条款的时候,我们就会感到惊异。倘若我们又进一步地发现,在这个民族的文化传统里面,没有,甚至也不大可能容纳"私法"或"民法"的概念,这时,我们简直是大惑不解了。显然,回答这些问题,需要的首先不是技术性的讨论和对于细节的研究,而是对于一般文化背景的把握。就是由这样的立场出发,我们提出并讨论了三个基本的概念:个人、权利、和谐。

说中国传统文化里面没有个人,也就是说没有个人权利这种东西。然而没有个人权利,实际上就等于一般地没有权利。正好像无私权的个体不能算作"个人",没有"个人"的"权利"也是不可想像的。现代人也许很难设想一个完全不讲权利的社会,但是这样一个社会不仅在历史上真实地存在过,而且不乏文化上的合理。它强调绝对的和谐,强调人与人,人与自然乃至整个宇宙之间的洽和无间。于是,争讼成了绝对的坏事,法律亦被认为是"必要的邪恶"。

"邪恶"是相对于理想而言,"必要"则纯由现实立论。在理想的社会里面,民无争心,因此无须任何外在的强制,但是眼下要"使民不争",却不能没有威刑。这就是为什么,中国古代的"法"只是"刑律"。当然,"法"对于实现社会的和谐虽属必要,却还不是惟一的武器。刑罚可以使人畏惧而不敢与争,但不能够消除欲争之心。实现社会和谐的最根本手段应该说是"教化"。教使民不争,且能化之于无形。这时,人们不是畏于惩罚而不敢争,而是达于人道而不愿争。换句话说,人们不是慑于强暴而放弃自己的主张,而是出于内心的认识与信念自觉自愿地否定"自己"。这便是数千年来,所有贤人圣哲众口一辞赞颂的无私。因为无私,所以无争,所以有人类的大同。这是我们祖先普遍抱持的理想,也是我们这种文化一以贯之的基本立场。由这样的角度去观察,我们就会发现,个人、权利一类观念绝不是普遍的自然生成的事实,它们实际是价值,是某种基本的文化立场或者态度。

权利的概念不仅指个人的要求和主张,而且本质上带有"正当"的意味。后面这一点尤其值得注意,因为这是一个道德判断,它表明了某种道德态度。在这里,私欲、私利有着道德上的正当性,所要解决的问题,只是确定哪些属于正当的要求,哪些不属于;对于正当的要求可提供什么样的保护,以及,如何去协调各种相互冲突的要求和主张,等等。当然,对于一个复杂的社会来说,这不纯是个道德问题,还经常是一个法律问题,技术问题。法律在这里担负着确定和保护权利的职能,因此与"权利"结下不解之缘。西语中"法"与"权利"同为一字的语言现象就是这样产生的。也只有在这样的背景之下,罗马的"民法"和"私法"才可能发展、发达起来。从这里我们也可以看到,相对于"权利"或者"刑"的"法"观念,既没有任何一种先验的规定,也不是在经历了某种孤立的发展之后才具有其特定内涵的。事实上,它从一开始就与"权利"或者"刑"的观念相互影响着,并且是在与包括它们在内的许多观念的相互作用中逐渐确定其界限的。归根到底,法的观念是被塑造出来的,它不能够越出它置身其中的文化的界限。

二

现在,我们可能比较容易地了解到,为什么中国古代的法律只是"刑律";为什么在古人的心目中,争讼之事乃是绝对地不可取;又为什么在如此源远流长而又丰富多彩的文化里面,竟找不出与"权利"相对应的概念,等等。当然,站在一种新的或比较新的立场上,任何人都可以很容易地看到这种文化中的若干特异之处,然而更重要的,也是比较不容易的,是发现所有那些特异之处的合理联系。因为实际上,在那些看似矛盾、怪异和不可理解的现象后面,有着完整的秩序或说格局。在这种格局里面,也是在它的支配之下,发达造成了不发达,进步带来了退化,成功蕴涵着失败。每一组矛盾都是特殊的,许多这样的矛盾就构成和表明了这格局本身的特质。这也就是我们时常说到的文化的基本性格。

性格静止地呈现出来,格局却是种动态的结构。如果我们把中国传统文化中没有权利概念和民法制度一类现象看成是这种文化的基本性格的话,那么从整体结构的角度来看,它们的没能出现正是因为它们一直受到积极抑制的缘故。李约瑟先生写道:

> ……中国的政治和伦理的成熟水平远远超过其他制度的发展程度。这些制度包括一种多样化的经济体系,一部民事契约法典,以及一种保护个人的司法制度。随着时间的推移,后面这些成分,虽然相对而言仍然没有得到充分的发展,却受到了积极的抑制,以免它们干扰国家的统一管理。……个人被鼓励去依附各种首属群体(Primary group)[原译为"首要集团"——引者]。并且,如果说有一种启蒙性质的伦理法规强调个人对其同伴的职责,那么它同时也禁止对于天赋人权的各种要求。在过去的两千年里,这些状况几乎没有发生变化。①

这段话由另一方面向我们提出了一个非常重要的问题,即过于发达的道德意识对于技术的抑制乃至扼杀。实际上,前面谈到的许多问题都与此有关。

从某种意义上说,"私法"正是一种技术,一种确定和保护私权、调节各种利益之冲突、置社会生活于法律构架中的高度专门化的技术。这种或这类技术之不见于中国传统文化,首先是因为,作为一种特定的

---

① 《李约瑟文集》,第279页。

道德立场、和谐的观念、无私的理想、对于人类大同的向往,以及因此制定出的种种原则和制度,无不具有某种反技术的性格。在中国传统文化的语汇里面,有一个词足以表明这种道德的立场和要求,那就是"礼义"。礼义的概念难以界定。它包罗万象,无所不在,既可以是个人生活的基本信仰,又可以是治理家、国的根本纲领;它是对他人作道德评判和法律裁断的最后依据,也是渗透到所有制度中的一贯精神。如果说,礼义与技术之间确实存在着某种对立,那么,对峙的两端实际是处于某种极不平衡的状态里面。又如果说,在强大的压倒一切的道德要求下,"自然的技术"比如建筑尚可于委曲中求得某种发展(尽管它要合"礼"),那么,"社会的技术"比如"私法"则可能自始便无由产生。这是因为,人的社会要求较其自然要求更高级,更复杂,更敏感,而且其本身更不能脱离开道德评判。我们在把"私法"当作一种技术看待之前,先把它作为一个道德问题来考察,就是因为,这种技术直接地建立在一系列的道德前提之上。也正因为如此,中国古代社会可以创造出所谓"礼制"建筑,但却注定不能够产生私法。

说中国古代无私法和说中国古代社会不能够产生私法,不但意思两样,性质也有了不同。前一说只是对事实的陈述,后一说却是逻辑上的判断。由对现象的描述进到现象背后原因的分析和把握,当然是问题的深化。按通常的标准,只要我们的分析是扎实的和有说服力的,对此问题的研究便可以到此结束了。不过,实际情况总要复杂得多。它千变万化,呈现出多重性格,往往很难纳入到单纯的逻辑框架中去,所以,尽管前面的讨论已经包含了对大量社会材料细节的分析,但是如果我们没有在此基础上做进一步的综合性研究,则对此问题的研究还不能说是接近于完备的。

人类面临的问题往往是共同的,不同人群对待、处理这些问题的方式却经常迥异其趣。这些因时、因地、因人而异的思考和行为的方式构成了文化的核心。我们上面的研究正偏重于这一方面。现在,我们要注意的是问题的一个特殊方面:理想向现实的妥协。

三

人们抱持的理想无论怎样美好,他遇到的第一个问题总是生存。生存问题是现实的,所以人首先也是现实的。理想的社会没有法律,现实中却不能没有;理想社会里民无争心,现实中人却动辄论诉;理想的社会里面"天下为公",现实中的人不但各亲其亲,而且各有私财。总之,我们在世界其他文明当中看到的许多东西,这里也存在着。这不但是说,有些基本的经济关系如买卖、借贷、雇佣普遍存在于古代文明,而且意味着,处理这些关系的某些最一般的准则如"欠债还钱"一类原则也是共同的。如何看待和评价这类现象显然不是个简单的问题。

据前所述,中国古时的习惯做法是将"户婚田土"一类"民间词讼"划归州县自理,而对这类案件的处理,事实上往往没有明白载于律文的依据。这种做法似乎是把法律一分为二,一部分表现为国家的刑律,另一部分较少见于律文,更多是法官的自由裁断。当然,自由裁断并非无所依凭,而且事实上,法官在这种场合引以为据的有时正是"法"、"令"一类正式条文。只是在更多的情况下,他依凭的并非法条,而是礼。蔡元培先生认为,现今所谓民法在古代颇具于礼,大概就是针对这一现象说的。问题在于,所谓民事关系皆依礼处断,与礼即是民法乃是截然不同的两种判断。在我们对私法、民法一类概念的历史和文化意蕴有了基本认识之后,要弄清礼是否就是以及能否成为民法的问题并非难事。这里,不妨先弄清这里说的"礼"的含义。

按学界的一般看法,最早的礼不过是原始人事神祈福的仪节,但是这里讲的,可以作州县官审理词讼之依据的礼,不但是古礼的转义,而且其含义要广泛得多,也难把握得多。据《乐记》的说法,"礼也者,理之不可易者也",这是把礼与理看作一事。而据《礼运》,"礼也者,义之实也。协诸义而协,则礼虽先王未之有,可以义起也",这是把"义"看作是"礼"的本质。《管子·心术》曰:"礼者,因人之情,缘义之理,而为之节文者也。故礼者谓有理也。理也者,明分以喻义之意也。故礼出乎义,义出乎理,理因乎宜者也。"最广意义上的礼,即是理,即是义。按照通常的看法,礼所以节民之情,礼所具有的这种"节"的社会功能,与理与义也是相通的。古人以理与欲、义与利对举,注重的正是理、义对于欲、利的灭、绝、抑、杀的性质与功用。①《礼运》有一段话把这个意思说得很好:

> 故圣人耐以天下为一家,以中国为一人者,非意之也。必知其情,辟于其义,明于其利,达于其患,然后能为之。何谓人情?喜、怒、哀、惧、爱、恶、欲,七者弗学而能。何谓人义?父慈、子孝、兄良、弟弟、夫义、妇听、长惠、幼顺、君仁、臣忠,十者谓之人义。讲信修睦,谓之人利,争夺相杀,谓之人患。故圣人之所以治人七情,修十义,讲信修睦,尚辞让,去争夺,舍礼何以治之?

最后这一句就不只是在讲礼,而是讲依礼所建立的整套秩序了。我们上面谈到过的所谓中国传统文化的基本性格,如不讲权利,没有个人,追求绝对之和谐等等,实际正是这种礼治秩序的基本内容。这种意义上的礼,不仅不能被看成是民法,反倒应被看成是阻碍民法成长的最

---

① 据今人考证,"义"之古义即是"杀"。参见庞朴:《儒家辩证法研究》"仁义"章,中华书局1984年版。

重要的社会因素。明白了这一点,我们就不难把握中国古时将"户婚田土"一类案件大多划归地方政府"自理"的做法的意义了。

四

表面上看,将"民间词讼"一类我们所谓"民事案件"另作处理的做法,颇似古代罗马人关于私法与公法的分类,然而其内在根据是完全不同的。罗马人认为,"统治者与被统治者之间的关系有其特有的问题,仅就一般与特殊利益不能在同一架天平上衡量而论,这类关系也要求其规定不同于私人间关系的规定"。① 这是立足于私权,立足于法律对于私权的调节与保护而对法律做出的划分。相反,中国古时"户婚田土"之事所以归由州县自理,却首先是因管辖权而来。

中国古代的法律,虽然形式多样,内容庞杂,本质上却极统一。它仅仅是"公法",并且只能是"公法"。这种统一也表现于审判机关的管辖方面,即只有地域的不同,而无事件上的划分。至于审级的管辖,则根据刑罚的轻重来确定。按一般情形,州县一级只对于笞、杖以下案件有自决之权。因此,古人以"户婚田土"案件为州县自理一类,实即是由于这类案件中的违法行为通常只引起笞、杖以下的处罚。然而,何种情形应予笞、杖,何种行为又当适用徒、流乃至死刑,这种判断所依据的标准在当时又只能是道德的。这是我们祖先评判一个人的行为是否于社会有害,以及有害时其程度大小的惟一标准,也是我们古代法所以具有如此单一性格的内在原因。法律充作道德之手段,依道德之评判而为处罚之轻重,因此又可以说,古人对于"户婚田土"事项的这种法律

---

① 〔法〕勒内·达维德:《当代主要法律体系》,漆竹生译,上海译文出版社1984年版,第74页。

上的安排,又是因为它们依道德评判不够重要的缘故。古人以息讼为美事,但对于道德上有重要性的事却绝不宽贷。清人所著《幕学举要》云:"词讼息结,极为美事,然惟户婚田土及角殴小事则可,若关系诬告、命、盗、赌博、风化及卑幼犯尊等事,皆须究惩,不可轻易准息,庶刁健之徒知所畏惧。"①这便是为什么辱骂尊长应如何处置在法律上有详尽的规定,而有关田土钱债交易及其纠纷之解决办法的内容绝少见于律文的缘故。显然,古人以"户婚田土"案件为州县自理的做法绝无将法律区分为两支的意思。

轻忽"户婚田土"事宜的一个结果,便是法律上缺少有关的细则。比如在《唐律》里面,虽然"杂律"一篇收有诸如受寄人私自使用受寄物,或者负债违约逾期不偿应当处刑多少的规定,但在唐律的五百余项律文当中,它们只占一个极小的比例。绝大多数有关"户婚田土"的事项并无法律上的明确规定,倒是在杂律之末有两条概括性的规定。一条是:

> 诸违令者,笞五十;谓令有禁制而律无罪名者。别式,减一等。

"令"能够随时损益,较律为灵活,且涉及面更广,也包括处理今人所谓"民事纠纷"的规定。另一条更重要。

> 诸不应得为而为之者,笞四十;谓律、令无条,理不可为者。事理重者,杖八十。

---

① 古代法律虽然不鼓励复仇,但对于"私和",尤其是受财"私和"之人又规定严厉的惩处。这种自相矛盾尤其能够表明古人对于伦理的极端重视。参见瞿同祖:《中国法律与中国社会》,第83—84页。

[疏]议曰:杂犯轻罪,触类弘多,金科玉条,包罗难尽。其有在律在令无有正条,若不轻重相明,无文可以比附。临时处断,量情为罪,庶补遗阙,故立此条。情轻者,笞四十;事理重者,杖八十。①

"诸不应得为"的标准不是"律",也不是"令",而是"理"。这与我们前面讲的依礼处断"民事纠纷"的原则完全是一回事。从逻辑上我们有充分的理由说,古代州县的司法实践正是在这类原则的指导下进行的。

理即是礼,即是义。而理与律、令具有同等效力这件事不过表明,在古代的法律里面,理、义或礼据有完全的支配地位。古人把理、义或礼与律、令等更专门的法律形式区分开来,至少是因为前者的含义更为宽泛、含混,缺乏固定的形式。事实上,理、义或礼不但包括古代圣贤的教导,制度化的礼仪,而且还包括与经书中的原则相符的习俗、惯行、人情、良知等内容。古人并不把这些东西看成或叫做法,他们只是以法去维护和推行理、义或礼。然而以现代人的立场观之,至少在某种意义上,古代法因此而有更大范围内的统一性。理、义或礼乃是有普遍指导意义的原则,只是在有的场合,它以其精神贯注于律、令等专门的法律形式之中;在另一些场合,它直接被援用作为判决的依据。从它所使用的手段来看,虽然审理"民间词讼"每以息讼为要旨,但在原则上,并非不能够施刑。依唐律,在"理"之不可为者,"情轻者,笞四十;事理重者,杖八十"。可见并无何种界限。古人心目中的"法"辄与刑罚相连、相通,由现代人类学立场所见的中国古代"法"又何尝不是如此。

总之,我们可以说,古时案件审理中的礼、法之分(暂时套用这种

---

① 此二条均见《唐律疏议》"杂律"。

简单化的说法),并无实质性或学理上的意义,更不带有民、刑分立的意味。它只是由国家的立场出发,依据特定的道德标准,将事分为大小,以决定什么情况一开始就诉诸法条,什么情况先交调处或加劝谕,使尽量自息。但正是由于同样的原因,实际上事无大小,最后都可以刑罚手段解决。自然,这样的划分不可能明白确切,究竟如何处断当由执法者自行掌握。所以,我们不妨谈得更具体些。

五

  总的来说,解决"民事纠纷"的方法,在古代可以分作两大类,一是"调处",二是"判决"。调处有多种形式,既可以由当事人亲族近邻或乡保自行调处,也可以由官府据情批着乡保、族长调处。此外,还可以由官府直接调处。上文援引《后汉书》所载吴祐、鲁恭诸人事迹就属于后面一类。

  宋以后,家族组织日益完备起来,因此一方面,官府的直接调处相对减少,另一方面,民间自行调处的做法逐渐成为定制。依明代法律,"各州县设立申明亭,凡民间应有词状,许耆老里长准受理于本亭剖理"。① 至清代,虽然法律规定,"民间词讼细事,如田亩之界址沟洫、亲属之远近亲疏,许令乡保查明呈报,该州县官务即亲加剖断,不得批令乡、地处理完结"②,而实际上,大量有关"户婚田土"的争端是在官司之外解决的。这不但是因为一般人辄以论诉为耻,更是因为,调解与裁判族内纷争业已成为宗族组织重要职能的一种。梁任公《中国文化史》"乡治"章述其家乡自治概况时云:

---

  ① 《大明律集解附例·刑律·杂犯》。
  ② 《大清律例·刑律·诉讼》。

每有纷争,最初由亲友耆老和解,不服则诉诸各房分祠,不服则诉诸叠绳堂。叠绳堂[即梁氏宗祠——引者]为一乡最高法庭,不服则讼于官矣。然不服叠绳堂之判决而兴讼,乡人认为不道德,故行者极希。子弟犯法,如聚赌斗殴之类,小者上祠堂申斥,大者在神龛前跪领鞭扑,再大者停胙一季,或一年,更大者革胙。停胙者逾期即复,革胙者非经下次会议免除其罪,不得复胙。故革胙为极重刑罚。耕祠堂之田而拖欠租税者停胙,完纳后即复胙。犯窃盗罪者缚其人游行全乡,群儿共噪辱之,名曰"游刑"。凡曾经游刑者,最少停胙一年。有奸淫案发生,则取全乡人所豢之豕悉行刺杀,将豕肉分配于全乡人,而犯罪之家偿豕价,名曰"倒猪"。凡曾犯倒猪罪者,永远革胙。①

在这种秩序井然的小社会里,不仅有习俗,而且有规则,人们不但根据经验生活,也依靠规则行事。许多家规、族规禁止族人擅自论诉,人们习惯上也很少直接讼于官府。下面两则文献记载应当是可信的。

举凡族人争吵沟洫等事,均取决于族中之贤者长者,必重大案件,为族人调解不开者,始诉之于官。官之判断,仍须参合族绅之意见。②

同宗者虽远家千里,族正皆有管理之责。……民有争执之事,先经本系族正房长,暨村正及村之贤德者评之,不果,巨绅里

---

① 转引自梁漱溟:《中国文化要义》,第227页。关于清代"宗族法"的一般情形,可以参见朱勇:《清代宗族法研究》,第二章、第三章。
② 胡朴安编:《中华全国风俗志》下篇卷五,"安徽·合肥风俗记",中州古籍出版社1990年版。

保再评之,而后上达。苟直接官府,必惩不赦,理曲者则议罚于宗祠云。①

在今人看来,这样一类调处、评议和处断所依据的原则、规范当然是"法",或者至少是"准法"。但它们不可能是民法,因为它们所依循的是礼——广义上的礼,一套有着深远历史渊源的道德原则。它解决纷争的着眼点并不在确定或维护什么人的权利,而是要辨明善恶,平息纷争,重新恢复理想的和谐:一种按照道德原则组织起来的秩序。

由于中国古代社会处于农业经济阶段,又有发达的家族组织,"民事关系"的发生往往不出血缘与地缘的范围之外。这就使得家族和乡里组织能够有效地发挥其调处作用,因而大大减少提交官府处断之词讼的数量。不过,在某种意义上说,官府对于"民间词讼"的裁判也许更值得我们注意。与民间的调处、评断相比,它毕竟还可能援引法条,并且多少有正式的文书留存下来。下面主要就宋人书判中的有关部分略加分析。我们以为,这些材料对于人们一般地了解古代,特别是由宋至清数百年间的"民法"问题有很大的帮助。

六

新近整理出版的《名公书判清明集》收宋人书判约四百件,分官吏、赋役、户婚、人伦、人品、惩恶六门依次排列。值得注意的是,全书十四卷,仅户婚一门就占六卷之多,倘再加上人伦、人品二门中内容得归于"户婚田土"的部分,词讼案例恐不下二百件。这样一个数字正好可

---

① 胡朴安编:《中华全国风俗志》下篇卷六,"湖北·武昌东乡乡里制度"。

以用来验证《宋史·食货志》中所谓"官中条例,惟交易一事最为详备"的说法。

中国古代社会的经济发展至于宋代,至少在表面上呈现出相对繁盛的景象。这大概是产生上述现象的主要原因之一。问题是,这样一种现象究竟是对我们上面得出结论的挑战,还是从另一方面证实、充实了这些结论？要回答这些问题,我们必须做些具体的考察。

根据古人的分类,且沿用古人的语汇,户婚门包括立继、归宗、婚嫁、检校、孤幼、孤寡、户绝、遗嘱、争业（屋业与田业）、争财、争界至、取赎、抵当、赁屋等许多类别。我们大体可以把这些杂乱的内容归为两大类：一类为家庭、婚姻与继承；另一类为财产。一般说来,这两类关系因为涉及领域不同,其本身性质亦有所不同。家庭关系总是最能够表明文化独特性的,婚姻与继承关系在根本上决定于特定的家庭形态,亦是如此。相对来说,财产关系的文化色彩不那么强烈,因此多受一般性规则的支配。基于这一点,我们可以将"户婚门"的内容分作两层来讨论。下面先讲前面一类。

说中国古代家庭为一伦理实体,实际包含有两层意思。一层意思是说它具有某种宗教或准宗教的功能,即负有祭祀祖先和使宗族绵延的神圣义务。而在另一层意义上,家庭又是我们这种文化建立于其上的最基本单位或实体。因为这两个缘故,一方面,婚姻自始就不是当事人个人的事情,继承亦不简单是财产移转的方式之一,它们都须要服从家的职能。另一方面,有关婚嫁、立继的法律,毫无例外是以礼为依归的,历朝的正式律文当中,亦不乏这方面的规定。在立法者看来,这显然是较财产事端重要得多的问题。这种特点反映在司法上面,便是礼与法的完全融合。这一点在宋人书判中亦有充分的反映。

由《清明集》所收宋人书判看,婚姻纠纷远不如有关立继的讼案来得多。这部分是因为,立继之事直接与财产问题有关,容易引起纷争。

相比之下，诸如已嫁而后再嫁，定帖后翻悔，婚嫁违制或在某种情形下要求离异一类婚姻纠葛，与财产关系比较间接，诉讼中财产与礼法的冲突也不总是突出的。所以，要弄清宗法关系对于财产关系的影响及其在法律上的表现，不妨先看一些立继方面的讼案。

这里有一件同宗争立的案子，案情大致如下：

王文植无子，立其房侄孙志道为后。有亲侄伯谦（又名鹤翁）欲争立，四年之间用尽智谋，后来终于成功，使王文植废志道，立伯谦。争讼由此而起。在承审官看来，这是件堪与嗟叹的事情。其判词开篇曰：

> 古人宗族之恩，百世不绝，盖以服属虽远，本同祖宗，而况一家叔伯兄弟之亲，血脉相通，何有内外间隔。今观王文植家争立互诉之词，大可伤叹。

以下详述案情，于是非曲直一一辨明。判决认为王文植逐志道而别立鹤翁，虽然于法条无碍，却未必合于人情。"志道为文植嗣，曾承祖母重服，又已娶妻生子，祖孙相依四年"，岂可因一时喜怒便改立他人。况且此事全是因鹤翁从中施计的缘故。当然，倘志道之侍奉老人更好上十倍、百倍，便有离间之辞亦未必奏效。这里，问题不在于谁"有权"做什么，而在于各人都有自己的不是。志道久立而废于一旦，"鹤翁蹊人之田，而夺其中，于心果安乎？"再看文植诉志道之词，无非狠戾，自用而已。"狠戾，可消平也；自用，可训化也。志道挈其妻与子妇，而悔罪悔过于其祖，天理油然而生矣。"何必要改立他人呢？法官对于人性不乏乐观，但也只是到此为止。毕竟，王文植改立伯谦之举并无违法情事，倘不确认这一事实，讼事将无止休地延续下去。"不若金厅两立之说，以止终讼"。在此折中的判决之后，则是一篇情辞恳切且不乏威严的训戒，也颇典型，现照录于下：

文植景薄崦嵫,日暮途远,子孙致孝致敬,相与娱逸其老可也。听伯达、节臣之互为谋主,簸弄词诉,必至于破家析产而后已,王氏之重不幸,而尊者曰有扰其怀,甚可悯也。古诗云:百年能几时,奄若风中烛。达孝在承宗,可免亲龄促。文植八秩余老,固可优游数年,以享期颐之寿,为人子若孙者,亦合体孝经养则致其乐之语,朝朝奉养无缺,有以顺适其亲之意,使之喜乐,勿伤伦谊,以促其亲之龄,则可承宗矣。今两立鹤翁、志道,不许别籍异财,各私其私,当始终乎孝之一字可也。天下万善,孝为之本,若能翻然感悟,劝行孝道,天地鬼神,亦将佑之,家道日已兴矣!倘或不然,再词到庭,明有国法,有司岂得而私之哉!①

这件普通的继嗣案中有许多可注意的地方,这里只提出两点。

第一,法律的立场纯为礼、义、理,具体说是孝亲原则。它代表了人际之间的和谐,因此又与无讼的观念完全打成一片。这样一种基本立场、态度同样可以在其他类型的案件中看到,不过在这类关系中更见显明罢了。立继原本受宗法规则的支配,却又摆脱不了财利的纠葛,因此极易造成"财"与"礼"的对抗之势,而在这里,两者实际上不能相容。有位司法官在判词中说,"存亡继绝,非特三尺昭然,为宗族兄弟子侄者,皆当以天伦为念,不可有一毫利心行乎其间"。② 这在当事人固然很难做到,但在法律方面却至少是能够勉力去实行的。在这种情形下面,要使立继逐渐脱去其宗法色彩,最终转变为近代民法意义上的继承制度,可以说几乎没有可能。③

---

① 《名公书判清明集》卷七,韩竹坡:"同宗争立"。
② 同上书,吴恕斋:"不可以一人而为两家之后别行选立"。
③ 立继乃是宗祧与财产的一并继承。此外,亦有诸子均分的单纯财产继承,其规则至为简单,并且体现了"大功同财"和兄弟和睦的原则。

第二，书判既言法律，又讲礼义。立志道这件事，借书判中语即所谓"以嗣以续，出于一家，法甚顺也"，然而"逐志道而别立鹤翁"之举，亦于"立嗣遣子孙条无碍"，倒是两立鹤翁、志道这件事不能不参酌人情。在这层意义上，判决乃是法条与人情的折中。这样的做法在当时是非常自然的，并无矛盾、不便之处。古人固然不曾把律、令等特定的法律形式与礼义相混同，但也不认为这些不同的规范、原则之间是互相对立或排斥的。法律应当符合礼义、顺应人情，这不仅是立法的精神，也是指导司法活动的原则。在现代人看来，所有经法官解释和适用的原则、规范，不拘是叫做律、令，还是礼、义，本身都是"法律"。我们正应在这样的意义上理解"古代法"的概念。宋人处理词讼案件多有折中判决，更有以拈阄办法为最终决定的。① 这固是由于处理词讼时往往没有明确而详尽的法律条文可资援引，然而众多的判决最后能够保有基本的一致，不正是因为有"礼法"这样一个大而且统一的原则吗？

在涉及家庭关系的法律里面，对于立继一类问题的处理是有代表性的，这不仅是因为它有着数量上的多数，而且是因为它最能够表明家的原则及其对于财产关系的支配。当然，这并不意味着单纯处理财产关系的法律不受文化规则的支配。只是，它们的这一面有外表上不甚显明之处。这是值得我们加意探究的。

七

清人汪辉祖谓民间词讼，"两造非亲则故，非族则邻，情深累世。衅起一时"，②此种情形，宋时亦然。又据我们对于中国传统文化基本

---

① 详见本书"礼与法：法律的道德化"。
② 《牧令书辑要·治讼》。

立场的分析,且揆诸有关文献,这两朝的法律,包括对民间词讼的处理,亦可以说是大同而小异。

《清明集》专设"人伦"一门,收宋人书判四十余件,几乎全是因为财产问题而起的亲族间的纷争。而把财产纠纷归之为人伦问题,这种做法本身就已经表明了古时司法官可能引以为据的原则、规则的性质。关于这个问题,我们讲得够多了,现在应该注意的是另一些问题,一些至少表面上看可以说是比较技术性的规则甚或制度。这些规则和制度在诸如西方法律那样的制度里面似乎也能够看到。我们是否可以把这一部分,不管它们本身是如何弱而且少,视之为中国古代存在着民事法律制度的证据呢?

《清明集》中宋人引用的带有"技术性"的规范,仅限于很少的几种,其中最有代表性的是法律就官司"不得"或"不应"受理某些案件所做的时间上的规定。比如下面两例:

> 准法:诸理诉田宅,而契要不明,过二十年,钱主或业主死者,不得受理。①
>
> 在法:分财产满三年而诉不平,又遗嘱满十年而诉者,不得受理。②

这类规定很容易让人想到现代民法中的所谓"时效"制度。它们所生之实际效果,也似乎与今人所谓诉讼时效有相近之处。同样的问题也可以在其他方面提出。比如,对逾期不履行债务的人施以刑罚,可以说客观上就是在维护"债权人"的利益。实际上,官府也未必不能够

---

① 《名公书判清明集》卷四,"王九诉伯王四占去田产"。
② 同上书卷五,翁浩堂:"侄与出继叔争业"。

采取比较积极的措施从正面去保护某种利益,《清明集》中就有一些书判,就其实际效果而言实现了这样的功能。然而要把这种做法看成和说成是对个人权利的保护,理由还远不能说是充足的。在一种真正称得上是文明的社会里面,不但有许多问题是共通的,某些解决办法也是相近的乃至相同的。问题在于,有些共同点直接决定于某种简单的生存条件,另有些共同特征却是文化之复杂作用的结果。这两样东西意义完全不同。我们要准确地把握住中国古代法中上述现象,就不能孤立地看待这些现象,而要把它们置于文化的总体当中,找出它们的根据,它们的出发点,

黄仁宇先生研究中国古代社会经济,认为诸如遵守契约一类的义务,虽然不能贯彻于商业之中,"却最有效地体现于农村中的租佃及抵押上。这些契约所涉范围虽小,其不可违背已经成为社会习惯,……因为如果不是这样,整个帝国的农村经济就无从维持"。① 这里,我们无须借助于权利(此处为债权)的概念就可以解释严守契约义务的习惯。换句话说,欠债还钱的信念,既可以权利、义务的概念作为依据,也可以另有一种出发点。当然这并不是说,根据是什么无关紧要,恰恰相反,根据往往是文化现象的决定性因素。文化现象愈是复杂和高级,根据也就愈显得重要。研究"私法"、"民法"一类高度复杂的文化制度,尤其要注意"根据"问题。

时效制度乃是现代民法中的重要部分,亦是西方法律史上最古老的制度之一。《十二表法》第六表中有如下规定:

> 凡占有土地(包括房屋)二年,其他物品一年的,即因时效取得所有权。

---

① 黄仁宇:《万历十五年》,第151页。

这种因连续无中断地使用他人所有物，经过一定期间而取得该物所有权的办法，为罗马法上移转所有权的重要方式之一，是为"取得时效"。与"取得时效"相对待的又有"消灭时效"，后者系法律对于诉讼权利所加的限制。具体言之，权利人经过规定期间不行使其关于特定物之诉诸法院的请求权，其诉权即归于消灭。罗马人之设定时效制度，原因为多方面的。由物权方面说，这种制度可以调节所有人与需要人之间的矛盾，提高物之利用；亦可以补救所有权取得之缺陷，或用来证明所有权的存在。由诉讼方面看，它可以减少查证的困难，并对诉讼予以限制，其于私法和社会发展的重要性自不待言。《十二表法》之后，经过历代法学家与立法者的努力，时效制度逐渐细密、发达，趋于完备，其关于时效取得者之占有须连续、和平及善意诸项规定，均为现代立法所采纳。

中国古代法制是否包含有与上述时效制度相类的制度，现代研究者所见不一。戴炎辉先生认为，"固有法无时效取得"，不过，同时他也举出一种特例：晋室南迁后，人民多弃地而流亡江南，至江北稍平，田地大率为他人所占，致使北魏之时，现占人与归农者间频起田土争执。后孝文帝限制了还地之出诉期限，规定：所争之田，宜限年断，事久难明，悉属今主。① 另一种看法恰好相反。林咏荣先生以为，时效制度的两种形式在我国古代法制中均已具备。宋太祖建隆三年敕曰："如为典当限外，经三十年之后，并无文契，虽执文契，或难辨真伪者，不论理收赎之限，现佃主一任典卖。"此取得时效之例。又唐穆宗长庆四年制曰："百姓所经台府州县，论理远年债负，事在三十年以前，而立保经逃亡无证据，空有契书者，一切不须为理。"此消灭时效之例。②

---

① 参见戴炎辉：《中国法制史》，中国台北三民书局1979年版，第504、518页。
② 参见林咏荣：《中国法制史》，中国台北1976年，第123页。

着眼于时效制度建立其上的特定社会关系(占有他人所有物之占有人与所有人,如上例中"现占人与归农者")以及此种制度的基本功能,我们可以推断,中国古代法制中至少会有最广泛意义上的"时效"制度。只是,由上引三例的行文方式,我们可以注意到一个显著特点,即此种关于"时效"的规定,其着眼点几乎完全在于诉讼方面。孝文帝所以为系争田地规定年限,以其"事久难明";宋太祖规定"佃主一任典卖"之条件,是三十年后无有文契,或虽有文契而难辨真伪者;唐穆宗规定官府不须为理债负的情形为"事在三十年以前,而立保经逃亡无证据,空有契书者",其由官府立场出发,尽量避免查证上的烦难和限制诉讼的倾向至为明显。这一点,又与我们在宋人书判中所见的情形完全一致。

《名公书判清明集》中有关"时效"的书判,除上引两则之外尚有数篇。在其中一篇里面,法官判云:"在法,契要不明,过二十年,钱主或业主亡者,不得受理。此盖两条也。谓如过二十年不得受理,以其久而无词也,此一条也。……今此之讼,虽未及二十年,而李孟传者久已死,则契之真伪,谁实证之,是不应受理也。"① 又一案谓当事人所执干照"已经五十余年,其间破碎漫灭,不明已甚,夫岂在受理之数"。② 因为年深日久而造成查证上的困难,无疑是人们(无论东方还是西方)考虑对诉讼加以限制的原因之一。不过,我们从上引书判的行文里面,分明见得出一种道德的旨趣。比如在上面提到的"侄与出继叔争业"一案里面,法官在援引法条之后又说:"杨天常得业正与未正,未暇论,其历年已深,管佃已久矣,委是难以追理。请天常、师尧叔侄各照元管,存睦

---

① 《名公书判清明集》卷四,方秋崖:"契约不明钱主或业主亡者不得受理"。
② 同上书,"吴肃吴熔吴桧互争田产"。

族之谊,不必生事交争,使亡者姓名徒挂讼牒,实一美事。"①显然,这样一种对于诉讼的时间上的限制,同时有着道德上的深刻含义。在这种意义上,官府的"不得受理"或"不应受理",在当事人方面则产生"不应有词"的效果。"不应有词"而辄论诉,谓之"缠讼"、"健讼",官司可以笞、杖相加。宋人书判中往往有"扰害亲族,紊烦官府"一类批语,所论大抵都是"不应有词"的情形。这里实际包含了古代中国人特有的法律观念,表明了他们对于诉讼所抱持的特殊态度。

虽然在对于诉讼加以限制这件事情里面,有着某种普遍的必要性,但要在这种必要性里面培植出作为高度专门化之技术的时效制度来,还需要具备其他一些文化上的前提。我们不能忽视这样一种表述的含义:因善意、和平且连续地占有他人之物至一定时间,占有人即取得对于该物的所有权。这种公式自然不曾出现在中国古代的法律里面。由这一点入手,我们就可以理解,为什么说"不得受理"一类法条虽能够实现某种最基本的社会职能如控制诉讼数量,却无由发展成为一种高度专门化的制度——近代民法中的时效制度。

八

在"时效"问题之外,中国古代法里面可以作为技术性规范来考察的另一种制度是"监护"。

现代法律上之监护制度专为未成年人设立,旨在补充其能力,保护其利益。古制与此略异。在罗马法上,监护的设立最初是为了保全家族财产,嗣后方逐渐变成为保护被监护人利益的一种方法。此外,古时受监护者在未成年人之外,还包括妇女。这与妇女旧时地位以及当时

---

① 《名公书判清明集》卷五,翁浩堂:"侄与出继叔争业"。

人的偏见有关。

考我国古制,虽无被称为"监护"的制度,但以与监护相对待的特定社会关系同样存在于中国这一事实推论,与之相当的惯习和法律或者是有的。以妇女之监护为例,古人以为妇女有"三从"之义,谓之未嫁从父,既嫁从夫,夫死从子。① 这既是经义,也是惯习和法律,看上去与罗马法上对于妇女的终身监护相类。至于父母亡而子女幼小,这种情形之需要有人代行父母职责更不待言。只是,在成熟的罗马法里面,监护制度相当发达而臻于完备,其关于监护之设立与消灭、监护人之资格与职责、监护人与被监护人间之权利与义务等,均有明白细密的规定。至我国则不然。我国古时,监护事项通常由私人自理,国家条法鲜有规定。仅有的例外,为宋、元法制中以国家管理孤儿财产的一种办法,称为"检校"。

关于我国古法中监护制度的不发达,有当代学者解释为家族组织发达的结果。其表现有二:一是"以家为国家及社会组织的单位,原则上禁止卑幼的别籍异财,家产统摄于家长";二是亲属法上,"尊长卑幼的伦序极为严密,关于身份上的事项,若无自然的保护人,则由尊长担任。故只于家内无尊长时,始有特设监护人的必要"。② 这种解释或者不差,但未必是充分理由。古代罗马家族组织亦甚发达,罗马法中"家父权"更是突出。何以监护制度发达于罗马而不见于中国,深一层原因恐怕要在古代人建构其社会关系的观念,以及法律据以调整此类关系的出发点中求得。

在罗马,男14岁、女12岁以前,如果为"自权人",则须为之设置监护人,是为未适婚人之监护;为自权人的女子年满12岁则脱离未适婚

---

① 最后一条须加若干限制。参见戴炎辉:《中国法制史》,第266页。
② 同上书,第263页。

人之监护而处于女子监护之下。此种监护的前提是有一适当的"自权人",即不在他人权力之下而能独立行使权利之人。自权人产生可以为自然的,如家长死亡,其妻与子女即成为自权人;亦可以依照法律,如家子为家父"解放"而成为自权人。中国古时,建构家内关系的准则不是权利—义务模式,而是宗法,是永恒不变之伦常。"监护"之宗旨因此也有不同。罗马人为妇女设立终身监护(此制于帝国后期废止),乃是基于妇女不具有完全行为能力这样一种偏见,监护人职责在于补充其能力,以免因为其管理不当损害继承人或其本人利益。这种考虑与纯发自宗法关系的所谓"三从",实在有着很大的不同。这一种不同还可以进一步在宋、元流行的"检校"制度里见出。

"检校"为宋、元法制中国家对孤儿财产的管理,已如上述。《宋会要》:"元丰令,孤幼财产,官为检校,使亲戚抚养之,季给所需。赀蓄不满五百万者,召人户供质当举钱,岁取钱二分为抚养费。"又,"孤幼财产,官为检校,不满五千贯,召人供抵当,量数借请,岁收二分之息,资以赡养,使其长立而还之。"①这种安排看上去与罗马法上对未成年人的监护制度颇相近,而且就它们都保护了孤幼(未成年人)财产利益这一点而言,二者功能亦不乏相同处。只是再深入一步,又会发现其出发点不尽相同。"所谓检校者,盖身亡男孤幼,官为检校财产,度所须,给之孤幼,责付亲戚可托者抚养,候年及格,官尽给还,此法也。"②可知"检校"当用于男性未成年人,目的在于维护宗嗣,其对于家产的保护,只附带地包含其中。这一层用意,我们在宋人判词里面看得明白。

  方天禄死而无子,妻方十八而孀居,未必能守志,但未去一日,

---

① 转引自戴炎辉:《中国法制史》,第265页。
② 《名公书判清明集》卷七,叶岩峰:"不当检校而求检校"。

则可以一日承夫之分,朝嫁则暮义绝矣。妻虽得以承夫分,然非王思诚所得干预。子固当立,夫亡从妻,方天福之子既是单丁,亦不应立,若以方天福之子为子,则天禄之业并归天福位下,与绝支均矣。先责王思诚不得干预状,违不从应,为杖断。仍将天福押下县,唤上族长,从公将但干户下物业均分为二,其合归天禄位下者,官为置籍,仍择本宗昭穆相当者立为天禄后。妻在者,本不待检校,但事有经权,十八孀妇,既无固志,加以王思诚从旁垂涎,不检校不可。请本县详判区处讫,申。①

此案关键在"绝支"二字,虽然立天福之子为天禄之后在昭穆顺序上没有问题,但实际产生的后果,可能是使"天禄之业并归天福位下,与绝支均矣"。财产归属尚在其次,宗嗣问题才是根本。又,依法,本案原不在检校之列,只因"妻方十八而孀居,未必能守志",又有不良之人从旁垂涎,法官即以权变经,破例而为检校。关键还是宗嗣问题。我们可以比较一件驳回检校请求的案子:当事人张文更父亲亡故,堂叔张仲寅意欲检校。法官援引并解释了检校法条,认为张文更年已三十,纵有弟妹未及十岁者,已自可抚养,正合不应检校之条。倒是张仲寅大有"幸灾以报仇,挟长以凌幼"之嫌,借书判中话说,"但见心术之险,族义之薄,天道甚迩,岂可不自为子孙之虑也哉!"②小人所为往往只受利欲支配,法官之责却是要存义理,去私欲,维护宗法与伦常。宋时敕令,辄支用已检校财产,论如擅支朝廷封桩钱物法,徒二年。③ 重罚如此,正是因为这一类犯罪在道德上是足够严重的。

---

① 《名公书判清明集》卷八,吴雨岩:"检校鳌幼财产"。
② 同上书卷七,叶岩峰:"不当检校而求检校"。
③ 同上书卷八,胡石壁:"侵用已检校财产论如擅支朝廷封桩钱物法"。

《清明集》中另一案系检校财物失窃,官司邀集众人,至其家中点对原检校财产,严与封桩,其文曰:

闻通判平生清苦自立,乡曲所共知之。今不幸殁于官所,其家惟一妇一孙,惸惸嫠幼,孤影凄然,过者见之,犹为不忍,矧如同气之至爱,犹子之至情乎!扶持之,保护之,以慰泉下之望,此实天下之大义也。今乃幸其人之云亡,睥睨归橐之物,盼盼然惟恐谋夺之不亟。且其家赀产素微,所余俸给,一入豺虎之吻,死者何以葬,生者何以养?有如目今所失一箱物,委官验之,初无外贼来踪,非家人之谋,而谁为之乎?舐糠及米,势所必至,辨之不早,祸必燎原。见委察推躬亲屈致季知县、王宗教、潘县尉、汤将仕集会其家,点对元检校数目,严与封椿。将来准备襄事支遣之外,以其余金悉为买田,活其孤幼,如见留日用婢仆之类,亦合量为支给,其他蚕食于旁,一切屏去之,毋以故息为事。一死一生,乃见交情,季知县、诸寓公畴昔风谊之厚,蔼著旦评,必能相与协心经记而保全之。烦察推更为转致此意,实州家之公祷也。切幸介注。①

显然,检校之法的出发点主要不是对财产的维护,亦非以权利—义务模式为其依据(如古罗马监护制),而是旨在强化某种具有复杂文化意味的道德秩序。在这种道德里面,核心问题乃是"义利之辨",而在所有涉及伦常、名分、宗教、血缘的场合,义与利的对立又是格外突出的。下面引录的一段"保护孤幼财产"的判词最能够说明问题。

宗族亲戚间不幸夭丧,妻弱子幼,又或未有继嗣者,此最可念

---

① 《名公书判清明集》卷八,"检校闻通判财产为其侄谋夺"。

也。悼死而为之主丧,继绝而为之择后,当以真实恻怛为心,尽心竭力行之,此宗族亲戚之责之义也。近来词诉乃大不然,死者之肉未寒,为兄弟,为女婿,为亲戚者,其于丧葬之事,一不暇问,但知欺凌孤寡,或偷搬其财物,或收藏其契书,或盗卖其田地,或强割其禾稻,或以无分为有分,或以有子为无子,贪图继立,为利忘义,全无人心,此风最为薄恶。①

官司重惩此辈,正是要"以为薄俗之戒"。这里,首要的问题是厚民俗,变民风,对于财产的保护倒在其次。财产问题附属于道德问题,人与物的关系,还原为人与人的关系。这样一来,问题便不在于某人依法得拥有、享有某物,而在于大家都应该遵从围绕伦常建立起来的一套道德秩序。换句话说,这里不存在"权利"有无之问题,有的只是"义"与利的冲突与对立。中国古代法的全部特殊性都在这里。

九

所有文明社会,无论它们之间的差异有多大,总会有许多共通的问题。这些问题或者是因为人性所致,或者是社会处于特定物质发展阶段的产物。但是另一方面,举凡文明社会,都保有自己独特的价值观念和处理问题的特殊方式。我们把这叫做文化。

共通的问题是客观的、一般性的,文化却偏重于主观,并且是独特的。共通的问题需要解决,因此而提出的要求至少在比如不如此则社会无以维系一类最基本的层面上,到处都是一样的。不同的只是解决的方式以及因此而产生的结果。不同社会之间,制度安排上的差异往

---

① 《名公书判清明集》卷七,吴恕斋:"宗族欺孤占产"。

往导源于此。

在古代中国,上述客观与主观、一般与独特、共通问题与文化的两极对立似可以简单地概括为"义"、"利"二字。中国古代的法律制度则正是出于此二者的交互作用之中。因此,古代中国法律的性质、特点、功用和可能的命运,皆可以在对这二者关系的把握中求得。

在中国历史上,或许真的有过一个"天下为公"的黄金时代,但是不管怎样,有史可考的文明史是由各亲其亲,各有私财开始的。私利与私欲不仅在客观上存在着,而且事实上构成了私有制的基础,是这个社会的主要动力之一。在这个意义上,"私"是合理的,是现存秩序中一种基本成分。法律的任务之一就是要维护这个秩序,否则,社会将陷于混乱,面临解体的危机。中国古代法中"欠债还钱"一类基本原则就是这方面职能的表现。自然,同样的原则,其表述方式不尽相同。同样是产生保护契约履行效果的法律,既可以"当事人得诉请……"的句式表现出来,也可以采用"诸负债不偿……勘杖若干"的规定。这中间的微妙差异便是文化的。

我们传统文化的基本立场可以用一个"义"字来概括,这实际上意味着对于"私"的否弃。中国古代的全部道德都建立在这样的基础上面。这固然不能够消除人们的私欲,但是它至少可以把私放在一个不合"理"的位置上面。私是不合"理"的(此天理之理),这种精神渗透了中国古代的所有制度,并且因此将私的活动、私的关系有效地限制在了一个尽可能低的水准上。于是,中国古代的法律同时具有了双重的使命与性格。一方面,它要维护一个基本上是"私有"的秩序;另一方面,它又致力于保护和贯彻一个本质上是去私的道德秩序。为使这社会存续下去,它不能不以权威的方式确定财产所属,划定疆界,判明文契真伪,分割财产,清点财物,等等,但是从其固有文化的立场出发,它又必须谴责见利忘义的行为,甚至对有害于道德的行为予以惩戒,努力维系宗族与乡里的和睦,劝人向善,息争止讼。在现代人看来,这两样东西似乎不能够相容,但是在古代法中,它们实际上和谐地融为一体。这种和谐以牺牲其技术方面的发展作为代价,而在某种意义上说,体现了此种和谐的混和物,既不是道德也不是法律(当然更不是什么"民法"),恰当的名称也许是"礼法"。

这里讲的礼法,不仅是古人所说的礼仪法度,还是可以禁乱止争的礼防;此外又不仅是礼防,还是道德化的法律,法律化的道德,是法律与道德合而于一的混合物。它只有一种判断标准,那就是善与恶,善所以讲应当(常常又是必须),恶所以有禁忌。而所谓法律,实际只是赏善惩恶。由于这样一种性质,它实际上是无所不包的。全部的社会生活,上至治国纲领,下至细民生计,统统可以纳入其中。这是一个完整的秩序,我叫它作"礼法秩序"。古代法,包括古人对于民间词讼的处理,都是以此为出发点的。把握住这一点,历史上各种纷杂的法律现象就会立刻变得井然有序了。

十

这里,我们又可以就古人以法为刑的久远传统提供一种新的说明。

依古人的看法,刑罚乃是维护和恢复包括社会在内的自然秩序之和谐的必要手段。这种立场严格说来是道德的。于是刑罚实际上成了"道德之器械"。当然这并不意味着,社会生活本身没有非道德的一面。问题在于,在一种特定的文化氛围之中,古人把所有的问题都翻译成了道德问题。因此,在涉及财产纠纷时,惩错纠过与其说在于保护财产,莫如说是要维护某种道德秩序。古人处断在我们看来是最最典型的民事纠纷,之所以动辄使用刑罚,就是因为在他们眼中,财产问题原本是道德问题,而依照道德的标准来衡量,人是分为"好的"和"坏的"

的。在其本身绝不是一件好事的争讼里面,至少有一方是"理曲"者,"在彼则曲,在此则直,曲者当惩,直者当予"。① 法官的责任,就是要于其中辨明曲直,惩恶扬善,财产的解决同时也就包含其中。

在《名公书判清明集》所收有关"户婚田土"的大约二百件书判中,多数直接有惩戒的记录,余下的绝大多数载有"如再有词,合行科坐"一类字样。从理论上说,没有什么情况是不得施以刑罚的。因为,道德问题贯穿了一切。也是因为这个缘故,在另外一方面,原本可以施刑的,根据情况也可以暂免。比如一件宗族欺孤占产的案子,据案情,当事人梁某"便合科断",只因为"尚是亲戚,未欲遽伤恩义",②于是便免了刑罚。这类情形在宋人书判中极是普遍。由此可以知道,处理民间词讼所适用的法律是极富弹性的。这一方面是因为,站在特定的道德立场,会认为这类纠纷纯系薄物细故,因此较少法律上的详尽规定而交地方官自理;另一方面是因为,着眼于礼法秩序,处理民间词讼,官司通常无须法条亦可以胜任。事实上,在许多案件里面,法官并不或很少援引条令,对他们来说,处理这类争讼只凭古往圣贤的教导和自己的生活经验即可游刃有余。因为他们所要做的,终究不是理清财产关系和维护财产权,而是使"天理人情,各得其当"。③ 宋人书判中充斥了大量"理"、"义"、"天理"、"人心"、"人情"一类字眼,他们的许多判决,也正是依照这些含混的概念、原则作出的。这些东西与正式的、成文化的律、令并无牴牾,因为后者不过是形式更为确定的"义"、"理"罢了。它们统一于礼法秩序。

现在,我们或可以理解,何以中国古代法中少有技术性规范,即使

---

① 《名公书判清明集》卷四,"吴肃吴熔吴桧互争田产"。
② 同上书卷七,吴恕斋:"宗族欺孤占产"。
③ 同上。

有，也远不及西方古代法如罗马法中相应的规范、制度来得精确、复杂和系统。中国古代的法律，由于它所由出发的特殊立场，虽然有效地维系了一个私有社会的基本秩序，却注定不能成为保护个人权利的完备手段：从"不应受理"的规定当中，不可能生出时效制度；检校亦只能是检校，它注定不能发展为监护制度。

十一

有关中国古代社会"民法"问题的讨论，至此当告一段落。我们的结论可以申说如下：

在中国古代社会，尽管存在着一般意义上的私有经济形式，存在着我们今天名之为"民事"的种种关系，但是并未产生出可以称之为"私法"或"民法"的那部分法律。这并不是说这类关系完全不受法律的调整，而是说调整这类关系的法律并不具有私法或民法的性格。数千年来中国只有一种法律，那就是"刑律"（并非正好就是今人所谓"刑法"），此乃道德之器械，它以内在的道德评判与外在的刑罚等级相配合，构成一张包罗万象的大网，其中无所谓民事与刑事，私生活与公共生活，只是事之大小，刑之重轻。

黑格尔论及古东方，尤其是中国的情形时写道："无论他们的法律机构、国家制度等在形式方面是发挥得如何有条理，但在我们这里是不会发生的，也是不能令我们满意的，它们不是法律，反倒简直是压制法律的东西。"①这段话在我们是能够并且容易理解的，因为黑格尔所谓法律，只是西方意义上的那种，而在精神上面，中国古代法与西方古代法确乎是两种颇不相同的东西。也许，把我们由人类学和社会学立场

---

① 〔德〕黑格尔：《哲学史讲演录》第一卷，贺麟等译，商务印书馆1981年版，第119页。

叫做中国古代法的东西称之为"礼法"更合适些。

礼法的概念，前面已经有了简单的界说，总而言之，它是中国古代"礼"（就这个概念的最广意义而言）与"刑"的完全融合。在范围上，它包括了古代全部法律文献：从正式的律文，一直到地方官所做的判牍。我们当然认为地方官审理"民间词讼"的活动乃是真正的司法活动，适用于其中的全部原则，不管以什么名义出现，也都称得上是法律。只是它们决非民法，而是礼法。它的最基本原则，不但不是权利，反倒是要彻底消灭权利的"义"，此其精神上与民法相反；又因为普遍的道德化，它又把一切都"刑事"化了，此其法律效果上与民法相悖。这两种制度之间的差异，实包含了极为丰富的文化内蕴。倘我们将曾经受罗马法养育的西方文化名之为"私法文化"，那么在同样意义上，中国传统文化可以被恰如其分地称之为"礼法文化"。礼法文化中是不会有私法或者民法的地位的。①

最后，我们可以引李约瑟先生的一段话做本章的结束：

> 不发达的信用制确实与缺乏严密的商业法有联系。但在传统中国几乎不可能制定出以西方法律为楷模的法律。通过一种独立

---

① 这一点也可以在黄仁宇的研究中得到印证。他指出："……法律如果以保护人权和产权作为基础，则一次诉讼所需详尽审查和参考成例，必致使用众多的人力和消耗大量的费用，这不仅为县令一人所不能胜任，也为收入有限的地方政府所不能负担。而立法和司法必须全国统一，又不能允许各个地方政府各行其是。既然如此，本朝的法律就不外是行政的一种工具，而不是被统治者的保障。作为行政长官而兼司法长官的地方官，其注意力也只是集中在使乡民安分守己，对于他们职责范围外没有多大影响的争端则拒不受理。这一类案件照例由族长村长或耆老士绅调解仲裁，为了鼓励并加强这种仲裁的权力，我们帝国的圣经'四书'就为读书人所必须诵习，而其中亘古不变的观念又通过读书人而渗透于不识字的乡民之中，即幼者必须追随长者，女人必须服从男人，没有知识的人必须听命于有教养的人。帝国的政府以古代的理想社会作基础，而依赖文化的传统而生存。"（黄仁宇：《万历十五年》，第152—153页）

的司法制度来实施这类法律,涉及到承认财产权利的绝对性,这与中国社会的价值观念及其社会组织原则相抵触。这些价值观和原则所支撑的传统中国的政治结构建立在一个前提的基础上,即公共利益往往必须先于私人利益。如果抛弃这一前提,这个广袤的帝国的官僚政府就会彻底崩溃。当然,诚实胜过法律制裁;但现代社会是否仅仅依靠诚实就能建立起来,这是很值得怀疑的。①

---

① 《李约瑟文集》,第297页。

第十章 礼与法:道德的法律化

礼之所去,刑之所取,
失礼则入刑,相为表里者也。
　　　　　　　——《后汉书·陈宠传》

一

清人沈家本作《历代刑法考》,内有"董仲舒治狱"和"春秋断狱"两条,都是考汉儒董仲舒以经义决狱的事迹。董仲舒生在汉代,其时,中国古代法律至少已经历了千余年的发展,典章制度蔚为大观,而他竟以一代宗师的身份,依据《春秋》大义、圣人微旨去剖断案件,这样的事总是耐人寻味的。

董仲舒生年,汉家天下已定,海内一统。昔日任法与任德之争正逐渐消融,统一在"王霸杂之"的汉家制度之中。董仲舒旁收博采,推陈出新,建构起新的儒学体系,亦可以说是这一历史变迁的另一种反映。在董仲舒合天人于一的宇宙图式里面,德与礼固然是根本,刑与罚却也不曾偏废。董氏以儒家典籍、六经之一的《春秋》作判案的依据,更是他为调合儒法两种思想实际上做出的一种努力。从历史上看,这种努力对于中国古代法的发展意义重大。这不独是因为它满足了历史所提出的某种要求,也不只是因为引经断狱的流风余韵延至唐代还不曾消绝,还是因为它以一种特殊方式开启了中国古代法律史上一个伦理重建的重要时期。在此期间,儒家以其价值重塑法律,系统地完成了儒家伦理的制度化与法律化,结果是在继承先秦乃至青铜时代法律遗产的基础上,将礼崩乐坏之后破碎了的法律经验补缀成一幅完整的图景,最终成就了中国古代法的完备体系。这一过程亦即是后人所谓的"以礼入法",我们名之为道德的法律化。它的深远影响不但表现在法律方面,而且及于道德领域。这一点,就是在董仲舒的"经义决狱"当中即已表露得十分充分了。

二

瞿同祖先生认为,董仲舒以《春秋》决狱,"是以儒家经义应用于法律的第一人"。① 此说或有些绝对,不过我们至少可以说,有汉一代,引经断狱之风颇盛,董仲舒当属其中最负盛名的一家。② 据《汉书·艺文志》,董仲舒曾有《公羊董仲舒治狱十六篇》,后来删定董仲舒之作的东汉人应劭更具体言之:"故胶(东)[西]相董仲舒老病致仕,朝廷每有政议,数遣廷尉张汤亲至陋巷,问其得失,于是作《春秋决狱》二百三十二事,动以经对,言之详矣。"③可惜的是,此二百三十二事久已不存,由后人记述留传至今的少数案例亦不能称详。下面仅就沈家本《历代刑法考》中辑录者选取四例,或可以由其中见其概貌。

例一:拾道旁弃儿养以为子

---

① 瞿同祖:《中国法律与中国社会》,第313页。
② "汉人多以《春秋》治狱,如胶西王议淮南王安罪、吕步舒治淮南狱、终军诘徐偃矫制颛行、隽不疑缚成方遂、御史中丞众等议廷尉共议薛况罪、龚胜等议傅晏等罪,并引《春秋》之义,乃其时风尚如此,仲舒特其著焉者耳。"沈家本:《历代刑法考》(二),第881页。
③ 《后汉书·应劭传》。《汉书·董仲舒传》亦云:"仲舒在家,朝廷如有大议,使使者及廷尉张汤就其家而问之,其对皆有明法。"

时有疑狱曰:"甲无子,拾道旁弃儿乙养以为子,及乙长,有罪杀人,以状语甲,甲藏匿乙,甲当何论?"仲舒断曰:"甲无子,振活养乙,虽非所生,谁与易之,《诗》云,螟蛉有子,蜾蠃负之。《春秋》之义,父为子隐。甲宜匿乙,诏不当坐。"

例二:乞养子杖生父

甲有子乙以乞丙,乙后长大而丙所成育。甲因酒色谓乙曰:"汝是吾子。"乙怒杖甲二十。甲以乙本是其子,不胜其忿,自告县官。仲舒断之曰:"甲生乙不能养育以乞丙,于义已绝矣,虽杖甲,不应坐。"

例三:殴父

甲乙与丙争言相斗,丙以佩刀刺乙,甲即出杖击丙,误伤乙,甲当何论?或曰,殴父也,当枭首,论曰:"臣愚以父子至亲也,闻其斗莫不有怵怅之心,扶杖而救之,非所以欲垢父也。《春秋》之义,许止父病,进药于其父而卒,君子原心,赦而不诛。甲非律所谓殴父,不当坐。"

例四:

甲夫乙将船,会海风盛,船没溺流死亡,不得葬。四月,甲母丙即嫁甲,欲皆何论?或曰,甲夫死未葬,法无许嫁,以私为人妻,当弃市。议曰:"臣愚以为《春秋》之义,言夫人归于齐,言夫死无男,有更嫁之道也。妇人无专制擅恣之行,听从为顺,嫁之者归也。甲又尊者所嫁,无淫行之心,非私为人妻也。明于决事,皆无罪名,不当坐。"①

---

① 沈家本:《历代刑法考》(三),"春秋决狱"条。又可以参见程树德:《九朝律考》"汉律考七","春秋决狱考"。

按照以往的一些说法，汉人动辄引经断狱，或者是因为成法还不够完备，或者是因为当时的法律多具有非儒乃至反儒的倾向，或者两种情况兼而有之。这类说法恐怕都是些主观的臆测，于事实未必相符。以上引数例相印证，我们可以发见另外一种值得注意的情形。

例一称"疑狱"，但下面又有"诏不当坐"一语，显见此"疑狱"之疑，只是判定事实之性质的游移，并非缺少可资援用的法律规范。① 例二不曾标举成法，但是由此案性质来判断，显然可以与例三同归于"殴父"一类，原则上可根据《贼律》殴父母条断处。② 例四意甚明，"或曰"者即是对当日法律的征引。③ 由此可见，董仲舒的引经断狱往往不是因为当时缺少可资援用的法律规范，而是另有缘故。这缘故或者是法律执行道德的不利，或者是人们在适用法律过程中未能把握住儒家的纯正精神，却很难归结为当时的法律是非儒家的乃至反儒家的。例一要解决的乃是事实的认定问题，与律文无涉，倒是"诏不当坐"一语引得我们窥见了一条纯然儒家化了的法律。在例二与例三里面，仲舒引为依据者固然另有所取（"经义"），然而"殴父也，当枭首"一类律文又何尝不带有维系伦常的味道。"殴父"自来都是最为严重的一种犯罪，此处却一概作无罪判，其中当有深意，这一点我们在下面还要详细讨

---

① 宣帝地节四年诏书曰："父子之亲，夫妇之道，天性也。虽有祸患，犹蒙死而存之。诚爱结于心，仁厚之至也，岂能违之哉！自今子首匿父母，妻匿夫，孙匿大父母，皆勿坐；其父母匿子，夫匿妻，大父母匿孙，罪殊死，皆上请廷尉以闻。"（《汉书·宣帝纪》）此时距仲舒逝年已三十八载。仲舒当日言"诏不当坐"究竟何所本已难考实。然而我们可以据此推断，有关父子相为隐的法律原则当时也已确立。这与宣帝诏书中"自今"一说并不矛盾。后者规定的容隐范围远在父子之外，况且，以新法重申旧法也是常有之事。又，沈氏所述本于《通典》卷六十九（东晋成帝咸和五年散骑侍郎贺娇妻于氏上表）所引，现查原书，所用正是"诏不当坐"一语。《庄子·盗跖》云："若父不能诏其子，兄不能教其弟，则无贵父子兄弟之亲矣。"这里，"诏"取"教训"之意，然自秦皇统一宇内，"诏"字便有了特定含义，仲舒引经断狱所用之"诏"，恐怕不能有别的含义了。

② 沈氏于此例后注明"详《贼律》殴父母"。《历代刑法考》（三），第1771—1772页。

③ 沈氏于此例后注明"详《杂律》私为人妻"。《历代刑法考》（三），第1772页。

论。现在只须指出，当时那些依据经义处断的案件，不但往往有成法可依，而且这些成法亦不是一般非儒家乃至反儒家的。例四中的"或曰"或"议曰"导向两种截然不同的结果，然而其所由出发的基本立场分明相去不远。大概这就是为什么，在上引四例里面，仲舒援引经义都只是辨明事实，而不曾以经义否定成法的缘故。①

三

当然，说董仲舒引经断狱是着意要解决法律适用过程中的问题，并不排斥另一种判断，即他同时也是改造成法，重建古代法的伦理结构。

须知，中国古代社会在公元前3世纪前后，经历了一个巨大的转变。血缘国家转变为地域性国家，家与国直接合一的大一统格局，逐渐过渡到家、国间接相通的新的一统形态。在此旧秩序解体，新制度建立，社会失去平衡，又重新取得平衡的过程中，必然伴随一个价值的失落与重建的过程。董仲舒和他的同时代人都参与了这样一个价值重建的过程，只是此一过程却不是由他们发其端的。

史家陈寅恪先生尝云："李斯受荀卿之学，佐成秦治。秦之法制实儒家一派学说之所附系。《中庸》之'车同轨，书同文，行同伦'（即太史公所谓'至始皇乃能并冠带之伦'之伦）为儒家理想之制度，而于秦始

---

① 清人沈家本作《汉律撷遗》，考竟其源流，排比其内容，洋洋数十万言，素为学界推重，其自序云"是汉法亦本于李悝而参之以秦法，非取秦法而全袭之也。今试以《周官》考之：先请原于八议，决事本于八成，受狱即士师之受中，案比即司徒之大比，读鞫者小司寇之读书也，乞鞫者朝士之听治也，过失不坐三宥之法也，年未满8岁，80岁以上非手杀人不坐三赦之法也。其他之合于周法者，难偻指数。先郑、后郑注《周官》，并取汉法以为比况，可见《汉律》正多古意，非犹为三代先王之法之留遗者乎"[《历代刑法考》（三），"汉律撷遗自序"]。可见，不独汉律中多有合于儒家精神的内容，秦律也不纯是非儒或是反儒的。详见下。

皇之身而得以实现之也。汉承秦业,其官制法律亦袭用前朝。"①说秦法实际乃是儒学之所附系,实在是非常大胆的判断,而这正是陈先生独具卓识的地方。

商鞅相秦,以李悝《法经》为蓝本制订秦法,当看作是秦汉乃至魏晋、隋唐一系法律沿革过程中的重要一环,这一点不仅由《法经》在中国古代法律史上的地位可证,也可以在秦代考古中得到若干例证。在1975年由云梦出土的一批秦简当中,有"法律答问"一篇,其内容系对秦律某些条文、术语以及律文意图的解释,而其范围则与《法经》六篇大体相符。更值得注意的是,在这篇被研究者认为具有法律效力的文献里面,有些内容纯粹是"儒家化"的,比如下面的两例:

例一

免老告人以为不孝,谒杀,当三环之不?不当环,亟执勿失。②

例二

"子告父母,臣妾告主,非公室告,勿听。"可(何)谓"非公室告"?主擅杀、刑、髡其子、臣妾,是谓"非公室告",勿听。而行告,告者罪。告[者]罪已行,它人有(又)袭其告之,亦不当听。③

例一中不但确立了"不孝"的罪名,而且肯定了"不孝"罪的严重性,要求对被告"不孝"之人立即拘捕,不予原宥。这里的"三环"(读为

---

① 冯友兰:《中国哲学史》(下册),陈著"审查报告三"。秦时所成就的一整套帝国制度(包括法制),实是法家留于后人的一大宗遗产。关于这一点又可以参见:Derk Bodde and Clarence Morris, *Law in Imperial China*, p. 498。
② 《睡虎地秦墓竹简》,第195页。
③ 同上书,第196页。

"原")实即是古时的"三宥",源自《周礼》。① 此例中对于父母提出处刑要求的认可也是后来法律的一贯精神。

例二关于禁止子告父母、奴婢告主的规定我们更为熟悉。秦简的整理者在此例之下引《唐律疏议》卷二十三、二十四有关内容详加注释,仅此一点就足以说明问题。② 此外,在同时出土的另一简册《封诊式》里面,我们还见有两例父亲告子不孝的案件。

其中一例某甲要求将其亲子断足,流放到蜀郡边远县分,并使之终生不得离开流放地。官府照所要求的办理。③ 另外一例是父亲告子不孝,请求处之以死刑,官府亦立即将其捉拿归案。④ 这两例正可以与上举《法律答问》中的规定互相印证。而具有同样精神的法律条文和实例,就是在两千年后的清代律例以及《刑案汇览》中也是屡见不鲜的。⑤ 据此,我们完全可以说,秦汉之法律即使"纯本于法家精神",⑥内中亦有许多基本上也合乎儒家信条的内容。这不但表明了儒、法两种思想实际所具有的共同文化背景,而且表明了它们在早期法律实践中的融会贯通,特别是表明了汉民族于秦、汉两朝数百年间,为完成历史转变,共同建构新价值体系所作之努力的统一性与连续性。关于这一点,我们还是由法律史的角度来谈。

---

① 《周礼·秋官·司刺》:"司刺掌三刺三宥三赦之法,以赞司寇听狱讼。……壹宥曰不识,再宥曰过失,三宥曰遗忘。"又见原整理者脚注。《睡虎地秦墓竹简》,第195页。
② 参见《睡虎地秦墓竹简》,第196页。
③ 同上书,第261—263页。
④ 同上书,第263页。
⑤ 详见瞿同祖:《中国法律与中国社会》,第11—15页。又,关于历史上父对于子的权力,以及不孝罪的种种发展,亦可见瞿著此节。
⑥ 瞿同祖先生以为,"秦汉之法律为法家所拟订,纯本于法家精神",并因此得出结论说:"此乃代表法家精神,为儒家所攻击的法律",又说"秦汉法律为法家系统,不包含儒家礼的成分在内"(《中国法律与中国社会》,第329—330、345页)。这种将儒法两派在理论上和实践上截然对立的做法,似有割裂历史文化连续性之嫌,亦与本文研究结果相左。

四

　　有秦一代,法令繁多而且严苛,史家于此多有论述。只是后人往往注意了这种情形对于秦朝迅即覆亡所起的不良作用,却忽略了另一件重要事实,即汉承秦制,秦代的制度建设实是奠定了秦汉以降新的官僚帝国的始基。这一点自然也充分表露于法律方面。萧何"捃摭秦法,取其宜于时者,作律九章"①,是就其大者言之。上面就董仲舒治狱以及秦代考古所见所做的比较、分析,亦可以部分地说明问题。当然,我们不会因此得出结论说,秦人的经验对于后人来说是充分的和完备的。相反,我们倒是由秦帝国仅十五年而亡的史实当中看到了秦人的稚嫩。事实上,对于此绵延两千年而不绝的新的大一统格局来说,始皇帝轰轰烈烈的大业不过发其端而已。当时人所面对的是一幅"礼崩乐坏"的价值破碎图景,除非它能够在此废墟之上重建价值体系,新秩序便不能够完备,新社会亦难以成功地维系下去。在这方面,秦人虽然有筚路蓝缕之功,但是其寿命毕竟太过于短促。如果说它们曾经成功地开创了一种新局面的话,那么要使这新局面在延续的过程中不断完善起来,则是后来许多代人努力要做的事情。

　　从历史上看,中国古代法发展至汉代,一个最值得注意的现象便是出现了"法律的自觉"②。具体言之,便是律学的兴起和本文开始时谈到的"引经断狱"的成为时尚。

　　据《晋书·刑法志》:"汉承秦制,萧何定律,除参夷连坐之罪,增部

---

① 《汉书·刑法志》。
② 我仅以此说标明汉人引经断狱和律学昌盛的实质:法律的系统化与价值重建。至于古人得之于无形的那些"神圣传统",则是两千年来未为人所"自觉"的。这一点在本书"刑法律"及"治乱之道"诸章已经论及,这里再加说明,只是为了避免误解。

主见知之条,益事律《兴》《厩》《户》三篇,合为九篇。叔孙通益律所不及,傍章十八篇,张汤《越宫律》二十七篇,赵禹《朝律》六篇,合六十篇。又汉时决事,集为《令甲》以下三百余篇,及司徒鲍公撰嫁娶辞讼决为《法比都目》,凡九百六卷,世有增损,率皆集类为篇,结事为章。"由此观之,则汉代的法律建设至此已经初具规模,自成体系。当然,问题也是有的。比如下面紧接着就说:"一章之中,或事过数十,事类虽同,轻重乖异。而通条连句,上下相蒙,虽大体异篇,实相采入。《盗律》有贼伤之例,《贼律》有盗章之文,《兴律》有上狱之法,《厩律》有逮捕之事,若此之比,错糅无常。"结果是,"后人生意,各为章句,叔孙宣、郭令卿、马融、郑玄诸儒章句十有余家,家数十万言。凡断罪所当由用者,合二万六千二百七十二条,七百七十三万二千二百余言。"① 把上面三段话合起来看,我们就会得到这样一种清晰的印象:在汉初法律匮乏的危机("约法三章")得以解决,法律建设初具规模之后,法律中存在的种种技术问题立即凸现出来,并日益引起人们的注意,于是有了"后人生意,各为章句"的局面出现。中国古代律学之兴,于斯为盛。②

遗憾的是,此诸儒章句,家数十万言,如今已不可考。我们只能说,当时读书人一般地对于法律发生兴趣,更有一代儒学宗师如郑玄者,亲为法律章句,其建设性意义是无可否认的。因为在法律渐次发达,而其术语未尽其精、技术未尽其善的情形之下,对于律文的训释与注解是极为必要的。自然,这里讲的都还是概念分析、条文阐说一类技术性问题,而实际上,诸儒之所为法律章句还有着价值建构的深一层意义,这

---

① 《晋书·刑法志》。
② 沈家本曾引《晋书·刑法志》记汉儒为法律章句之事,然后写道:"郑氏括囊大典,网罗众家,犹为此学,尤可见此学为当时所重,故弟子之传此学者,亦实繁有徒。法学之兴,于斯为盛。"参见"法学盛衰说",载《历代刑法考》(四)。

又是与秦汉时候中国古代文明价值重建的大趋势相呼应的。① 在这方面,汉人的热衷于引经断狱,似乎更能够说明问题。

不管在有争议的案件里面另一方提出了什么样的法律依据,至少在援引经义的这一方,是始终保持着价值上的自觉的。在前面引录的董仲舒治狱的四个例子里面,董仲舒确是在做一种价值上正本清源的尝试,只是这种尝试并非针对另一方所援用的律文,而是落在对于事实性质的认定上面。如例一和例二是关于父子亲情之有无的判断;例三和例四是关于行为人的行为是否与律文中的罪名相符的确认。这种对于法律适用之过程的关注,既包含了法理上的内容,又带有很浓的经验色彩,这实际是意味着,引经断狱既是一种价值建构活动,同时又是技术改进的过程。这一点又可以与律学的兴盛同时具有技术和价值两方面意义的事实相互印证。它表明,出现在汉代法律发达过程中的这两种现象,实际上具有同样的历史背景,产生于同样的历史原因,甚而产生同样的历史结果。它们是一种潮流的两面,表现了古代法律进化过程中的某种"自觉"。

这样一种"自觉"在创立了第一个官僚帝国,而且不幸只存在了十五年的秦代是不可能出现的。因为,当时人们还缺少一种对于历史的反思和把握,还没有产生对于实际是新秩序之核心的新的价值系统的真切认识,甚至,他们还不曾获得一个真正安定的外部环境,更没有掌握已经积累到相当程度的物质材料和经验材料作自己整理和规划的基础。只是在若干年后,人们既有秦朝覆亡的前车之鉴,又亲历了文景之治的清明贤良,才有可能产生这样的自觉。如果说,在创立新秩序和价值重建的过程中,秦人的行为往往是不自觉的或不完全自觉的,那么,汉人则是相当自觉地推进了这一历史进程。

---

① 汉儒为法律章句所具有的价值意义似可以由郑玄辈在经学中的地位得到一种旁证,这个问题还将在下章讨论,这里只须指出,汉儒借章句之助输入经义于法律,这在学界是普遍得到承认的。参见瞿同祖:《中国法律与中国社会》,第332—333页。

仅就法律的发展来说,引经断狱也好,法律章句也好,都是汉人试图在法律中重建价值体系,并且围绕着这一核心创立更加完备的法律体系和更加确定之法律秩序的自觉尝试。仲舒之后、郑玄之前的东汉人陈宠在其上疏中云:

> 臣闻礼经三百,威仪三千。故《甫刑》大辟二百,五刑之属三千。礼之所去,刑之所取。失礼则入刑,相为表里者也。……汉兴以来,三百二年,宪令稍增,科条无限,又律有三家,其说各异。宜令三公、廷尉平定律令,应经合义者,可使大辟二百,而耐罪、赎罪二千八百,并为三千,悉删除其余,令与礼相应。①

这种欲将礼与刑协调起来的努力偏重于制度的整理与改造,是一种系统化的尝试,也是汉人以经义决狱和为法律章句最后必然要导向的结果。事实上,自汉末至唐初,四百年间,所有的法律改革都是循着汉人开创的方向进行的。仅择其荦荦大者言之,魏律的一大建设,是以八议之礼入于律;晋律"峻礼教之防,准五服以治罪"开后代依服制定罪之先河;②北魏在继承前朝制度的基础上创制了留养官当的条例;这些又为齐律所吸收,且加入了"十恶"之条;隋、唐两代承袭旧制,且总汇其成,创立了一代完备而成熟的法制,③其影响不但及于海外,而且

---

① 《后汉书·陈宠传》。原文末句至"令"为一句:"悉删除其余令,与礼相应"。今酌改。
② 陈寅恪先生尝云:"古代礼律关系密切,而司马氏以东汉末年之儒学大族创建晋室,统制中国,其所制定之刑律尤为儒家化。既为南朝历代所因袭,北魏改律,复采用之,辗转嬗蜕,经由(北)齐隋,以至于唐,实为华夏刑统不祧之正宗。"(《隋唐制度渊源略论稿》,第100页)
③ 关于这一时期法律的沿革,可以参见瞿同祖:"中国法律之儒家化"一文,载《中国法律与中国社会》。

事实上圈定了此后千余年间法律发展的范围。经唐律最后确定的篇目、体例乃至用语和概念，基本上延续至清而没有根本性的改动；完美体现于唐律之中的礼与刑的紧密扣合，更成为中国古代法的一种基本特征。在这一意义上说，《四库全书总目·唐律疏议提要》谓"唐律一准乎礼"，不仅表明古代法之价值重建至唐已最终完成，同时也指明了这一价值体系的实际蕴涵，那就是把礼奉为最高的价值评判标准，凡礼所认可的，即是法所赞同的，反之，礼之所去，亦是法之所禁。① 古代所谓"礼"因此具有法的威权，古代之法亦相应具有礼的性质。在比如唐永徽律的502种禁条里面，我们不但可以看到大量的伦理规范，而且分明感到一种均匀渗透于其中的道德的精神。从历史上看，这既是《周礼》所具有的特征，也是汉人在价值重建过程中自觉追求的目标。我们对董仲舒引经断狱之事的评判，也可以从这里入手。

五

上文分析董仲舒辄以经义断狱的缘由，有"或者是法律执行道德

---

① 瞿同祖先生总结说："儒家讲贵贱上下有别，本为礼之所以产生，于是八议入于法，贵贱不同罚，轻重各有异。礼，贵贱之服饰、宫室、车马、婚姻、丧葬、祭祀之制不同，于是这些都分别规定于律中。儒家重视尊卑、长幼、亲疏的差别，讲孝悌伦常，于是听讼必原父子之亲，宜轻宜重，一以服制为断。'五刑之属三千，而罪莫大于不孝。'于是不孝之罪特大，不待法律有专条，隋、唐以来且名列十恶，标于篇首。礼，子当孝事父母，于是供养有缺成为专条。礼，父母在，不蓄私财，于是私财有罚。礼，父母之丧三年，于是释服从吉者有罪，居父母之丧嫁娶者有罪。礼，父子仇弗与共戴天，于是子报父仇，每得原减。儒家说，父为子隐，子为父隐，于是律许相隐，首匿不为罪，不要求子孙为证，更不容许子孙告父祖。礼有七出三不去之义，于是法律上明定为离婚的条件。一切都源于礼经，关于亲属、继承、婚姻的法律实可说是以礼为依据的。"(《中国法律与中国社会》，第320—321页)关于这里所述种种，瞿先生的研究可以说是深入而且详尽的，这也是本文论及有关内容时一概从略的原因。此外，关于礼与刑的相为表里，瞿先生是书偏重于法典和制度化的一面，涉及"户婚田土"者甚少，在这方面，本书前面的几章或可以充作补充。

的不利"一语。倘这种说法能够成立,我们就必须接受另一种判断,即在董仲舒所处的时代,以法律执行道德的做法已经非常普遍了。仲舒曾有一段可以被看作是剖白心迹的话,颇值得玩味。

> 臣闻圣王之治天下也,少则习之学,长则材诸位,爵禄以养其德,刑罚以威其恶,故民晓于礼谊而耻犯其上。武王行大谊,平残贼,周公作礼乐以文之,至于成康之隆,囹圄空虚四十余年,此亦教化之渐而仁谊之流,非独伤肌肤之效也。至秦则不然。师申商之法,行韩非之说,憎帝王之道,以贪狼为俗,非有文德以教训于(天)下也。诛名而不察实,为善者不必免,而犯恶者未必刑也。是以百官皆饰,(空言)虚辞而不顾实,外有事君之礼,内有背上之心,造伪饰诈,趣利无耻;又好用憯酷之吏,赋敛亡度,竭民财力,百姓散亡,不得从耕织之业,群盗并起。是以刑者甚众,死者相望,而奸不息,俗化使然也。故孔子曰:"导之以政,齐之以刑,民免而无耻",此之谓也。①

这段话里对于秦政的批评可以分三层来看。"至秦则不然"一段说的是秦政的本质,这是批评的总纲;落到实处,则有"诛名而不察实"和"又好用憯酷之吏"两段;最后"是以刑者甚众"一段是对上文的总结。大体说来,总纲偏重于价值上的判断,中间一层则近于事实的描述,末一层是对因果关系的总结。就我们所讨论的问题而言,这里最值得注意的是其中第二层,具体说又是这第二层中的前一段。从肯定的方面来理解这段话,则我们必须承认,秦政是重名的,而且这个名又未必与善恶的观念全然无涉。这一点不仅可以由下面"外有事君之礼"

---

① 《汉书·董仲舒传》。

一句来印证,更可以在秦时的法令里面找到佐证。在 1975 年云梦出土的那批秦简当中,除了前面提到过的移教于法的律条和案例之外,还有这样的规定:

> 有贼杀伤人冲术,偕旁人不援,百步中比野(野),当赀二甲。①

在今人看来,救人危难显然是一种积极的道德义务,而以刑罚来强制人完成这样的义务,不能说与人的善恶之心全无干系。在同时出土的秦代官方文件,著名的《语书》里面,我们可以读到下面这样的字句:

> 廿年四月丙戌朔丁亥,南郡守腾谓县、道啬夫:古者,民各有乡俗,其所利及好恶不同,或不便于民,害于邦。是以圣王作为法度,以矫端民心,去其邪避(僻),除其恶俗。法律未足,民多诈巧,故后有间令下者。凡法律令者,以教道(导)民,去其淫避(僻),除其恶俗,而使之之于为善殹(也)。②

青铜时代建立在家与国直接合一基础上的礼法体系虽然崩坏,以法律来执行道德的传统却不曾中断。试看前面提到董仲舒治狱时所举的四种案例,例一中关于"父子相为隐"的"诏书",例二、例三中严惩"殴父"行为的律条,以及例四中体现妇从夫道之义的法律,都是移道德于法律,而以刑罚的强制力量保证人们恪守所规定之义务的。这类规定是否为秦制的一部分而为汉人所承继,这点虽然还不能十分地确定,但我们至少可以说,这种做法在秦汉时人乃是一脉相承的。仲舒以

---

① 《睡虎地秦墓竹简》,第 194 页。
② 同上书,第 15 页。

经义决狱,反对的不是以法律执行道德的传统,而是要在适用法律于事实的过程中,正本清源,把这传统进一步发扬光大。他批评秦人"诛名而不察实",不正是因为这使得"为善者不必免,而犯恶者未必刑"吗?他在所著《春秋繁露》中自白说,"《春秋》之听狱也,必本其事而原其志,志邪者不待成,首恶者罪特重,本直者其论轻。"同是一种行为,如何处断,关键要看行为人是抱着善心还是恶念。这即是《盐铁论》所谓"《春秋》之定狱,论心定罪。志善而违于法者免,志恶而合于法者诛"。这种将法律执行道德的原则推向极端的立场,在仲舒引《春秋》许止进药于其父一事的案例中(即前引"春秋决狱"例三),可以说表现得尤为充分。

客观地说,这种做法在当时具有一定的合理性,只是对于仲舒想要消除的法律僵化的弊端来说,此举又不能完全地奏效。就说他引了《春秋》之义,而以"君子原心,赦而不诛"原则所处断的"殴父"一类案件吧,不仅当时和以前人们大多不分故伤与误伤而将有过犯者处以极刑,即使是在仲舒以后,法律上亦不载误伤作何治罪之条,而是不分故意、过失一律处斩的。① 这种情形固然是由于古人对于孝亲原则的极端重视所致,但是另一方面,它也表明了道德法律化过程中某种固有的矛盾。

早在董仲舒之前,孔子便充分注意到了外在规范与人之意志、心态之间的矛盾,并且试图将二者统一于内在的一方面。孔子尝云:"人而不仁如礼何! 人而不仁如乐何!"②又说,"君子义以为质,礼以行之,孙以出之,信以成之"。③ 不仁之人无真性情,虽行礼乐之文,适足增其虚

---

① 关于这一问题,瞿同祖所著《中国法律与中国社会》第一章第三节下"杀伤罪"一条有详尽的说明。
② 《论语·八佾》。
③ 《论语·卫灵公》。

伪耳。因此,孔子要求"质"与礼相副而行。① 此正是道德的要求。四百年后,董仲舒有感于世人的"外有事君之礼,内有背上之心",主张本其事而原其志,论心定罪,实是贯彻着同一种道德要求,所不同的是,孔子阐说的礼大抵还属于道德规范,而在董子的时代,礼已经越来越多地具有了法的性格。换句话说,孔子想要解决的纯然是道德问题,董子关注的却是要在法律的领域彻底地贯彻道德的原则。如果说,孔子统一礼的外在规范于仁的内在要求的努力至少在理论上比较容易取得成功的话,那么,董子欲将以法律执行道德的原则推到极端的做法,难免要走到自己的反面。

六

近人关于法律与道德的分界有各种不同的说法。有以强制力的有无来区分法律与道德,也有以外在与内在的观点应用于法律与道德。前者着眼于形式的方面,后者则由内容方面入手。着眼于形式固然可以在理论上得出某种完满的结果,但是实际上,由于任何规范都可能因为具有强制力而变成为法律,这样做几乎就等于是取消了道德。不仅如此,以形式特征作区分的标准,同时也取消了人们由内容上把握法律或道德的可能性。着眼于内容,我们不能不承认,道德是把善的意志作为其要求对象的。如果这种善的意志不但是道德,而且也是法律所要求的对象,那么善乃至道德立即就变得不可能了。一个人履行了社会以强制力要求于他的某种义务,不能被认为有德。德行产生于自决,必须以自由为前提。在这层意义上,我们说道德的本质特征是自律,法律的本质特征是他律,并且是以外在强制力量作为保证的他律。仲舒不

---

① 参见冯友兰:《中国哲学史》(上册),第92—97页。

满于法律的他律,而要将自律的领域也划归法律,使法律直探人心。这在他并非创举,而是要将固有的原则充分地实现。

正如我们在上面反复强调的,秦汉时期的法律,虽然在价值和技术两方面都还没有成熟,但依然是以执行道德为己任,或至少是延袭了这样一种传统的。只是在秦汉之际,法律因为流于形式而与行为人内心意志脱节的弊端已充分暴露出来,董仲舒遂强调本其事而原其志,以期道德之原则在法律中获得真正的实现。这种做法,与孔子当年因感于"礼由外作",一味强调礼可能造成道德上的虚伪而提出了"仁"的核心概念是一样的,不幸的是,董仲舒其时,礼已不纯是一种道德规范,他的努力也因此不能够获得成功。

从技术的方面看,董仲舒在引经断狱过程中采取的种种解决办法,虽然对于人们掌握经义的真髓和判定事实之性质不无裨益,但只要规定于律文之中,便难以避免形式化和机械化的危险。因此,就事物的本性来说,法律不可能直接作用于人心,它的直接对象乃是行为,比如法律规定,父母在不蓄私财,不得别籍异财,供养有缺;居父母之丧不得释服从吉,婚配嫁娶等等,都是关于行为的。倘法律只做此一种要求,自然无碍,问题在于,我们古代法通常要求的更多,比如上面的这些规定,虽然事关行为,却又是针对人心的,它们所要求的乃是子孙对于父母、祖父母的孝心。父母在而别立户籍,分异财产的行为所以为法律禁止,实是因为这样做"不仅有亏侍养之道,而且大伤慈亲之心";① 至于说居丧时别籍异财也要受到法律的惩处,那是因为立法者"恶其有忘亲之心"。② 这种直接对于人心的要求实在是远远超出了法律实际上能够奏效的范围。由这种不能为而强为之的情形必定产生手段与目标之间

---

① 瞿同祖:《中国法律与中国社会》,第16页。
② 同上。

的严重脱节,僵化和流于形式自然容易出现。惟一的补救办法,是有无数像董仲舒这样深明义理且洞悉人性的法官,能够在实际的司法过程中审度人情,参引经义,俾使"志善而违于法者免,志恶而合于法者诛"。然而,这只是理想的境地,实际上不可能实现。这是道德法律化过程中的一大矛盾,亦是董仲舒想要消除"诛名而不察实"的弊害而终不能成功的原因之一。

七

从另一方面看,不论法律中的道德原则实际上能够被贯彻到什么程度,只要是全面地以法律去执行道德,道德所蒙受的损害就必定是致命的。因为以法律去执行道德,其结果不但是道德的外在化,而且是道德的法律化。这种外在化、法律化了的道德,按我们上面的界说,又不但不是道德,而且是反道德的了。从形式上看,这类规范因为附加了刑罚而具有法律的特征,但是着眼于内容,它所要求的实际是人心而非行为。它以刑罚的手段强迫人们行善,结果可能是取消善行。因为它靠着强暴力量的威胁,取消了人们选择恶的自由。德人黑格尔也曾注意到这一点,他在其《历史哲学》一书中这样写道:

> 在中国人心目中,他们的道德法律简直是自然法律——外界的、积极的命令——强迫规定的要求——相互间礼貌上的强迫的义务或者规则。"理性"的各种重要决定要成为道德的情操,本来就非有"自由"不可。然而他们并没有"自由"。在中国道德是一桩政治的事务,而它的若干法则都由政府官吏和法律机关来主持。①

---

① 〔德〕黑格尔:《历史哲学》,王造时译,三联书店1956年版,第112页。

第十章 礼与法:道德的法律化

他在另一处又说,"中国的法律建立在家长政治的原则之上,臣民们被看成是处于幼稚状态里面;自由的情调——就是一般道德的立足点,因此便完全被抹杀了。"①黑格尔曾认为中国的法律"不是法律,反倒简直是压制法律的东西"。② 倘我们将这里的"法律"二字换成"道德",想必也还是符合黑格尔原意的,因为在这里,法律被用来执行道德,法律与道德变成了同一种东西。这种将道德外在化、强制化的做法限制乃至取消了道德所由立足的自由前提,它的一个附带的结果便是普遍之虚伪的产生。人们更多是关心如何适应或逃避他律的约束,而将自律的领域弃置不顾。与此相应,社会既然习惯以法律来执行道德,它对于道德的强调必定只注重表面的东西而流于形式。由此产生的表里不一,内外脱节,适足表明在中国传统意识结构中道德意识的严重缺乏。关于这个问题,除去理论上的分析,我们还有大量的材料可用以说明。比如在能够比较直接地反映古代普通人生活的民俗学材料里面,有关的例证便俯拾皆是,③且看下面的一例。

富户莫翁有私生子朱某。一日,莫翁一病告殂,遂有一班市井无赖怂恿朱某戴孝上门认亲,只待莫家逐赶,立即告官,索得应分遗产,大家一起得利。没想到此计被莫家长子大郎看破,即时就认了兄弟,并将朱某留在了内宅,将祸端消弭于未萌。诸无赖一计不成,又生一计。此前

---

① 〔德〕黑格尔:《历史哲学》,第171页。
② 〔德〕黑格尔:《哲学史讲演录》第一卷,第119页。
③ 最近有人曾就莎翁名剧《麦克白斯》与中国传统戏《伐子都》作过一个饶有趣味的比较。这两出戏的情节颇为相似,而且都讲的是善恶问题,也都包含了"报应"的思想。不同的是,《伐子都》仅仅是宣扬了"恶有恶报"的道德观念,《麦克白斯》却用了大量的笔墨去刻画剧中人处在善恶临界点时内心世界的激烈冲突。(参见方平:"'人'的悲剧",载《读书》1987.12)如果说,这两出戏都具有道德警戒的意味,那么《伐子都》显然只是要通过宣扬"报应"的观念来制止人们的恶行,这时,能够发生作用的乃是恐惧的观念,这当然是他律的。《麦克白斯》则不同,它对人内心世界的深刻和细致的描写本身就是对自律的肯定。这种区别实际上揭示了两种不同的道德观,以及道德意识的两种不同状态。

为使朱某答应告官,诸无赖曾空口许下一千两银子,且由朱某手中索得借据一张,为的是朱某遗产到手时分得一股。如今官司不成,借据还在手里,诸无赖于是讨债上门,重又挑起官司。后来是遇到一位贤明太守,明察真伪,惩恶扬善,将此案判得平正公允。

在这段故事里面,最值得注意的是莫大郎对自己亲兄弟的态度和法官对于此案的判决。莫大郎的态度决定了他的行为的道德与否,法官的判决则可以表明社会的道德评判标准,或说社会的道德意识。以下分别述之。

朱某披麻戴孝,哭拜生父,莫母的反应是"怒从心上起,恶向胆边生,嚷道:'那里来这个野猫?哭得如此异样!'",原是要打出去的,"亏得莫大郎是个老成有见识的人,早已瞧出了八九分,忙对母亲说道:'妈妈切不可造次,这件事了不得。我家初丧之际,必有奸人动火,要来挑衅,扎成火囤。落了他们圈套,这人家不经拆的。只依我指分,方免祸患。'"①这才阻住了莫母,于是有了上面提到的认兄弟一场。事后莫母报怨儿子道:"那小野种来时,为甚么就认了他?"莫大郎回答说:"我家富名久出,谁不动火?这兄弟实是爹爹亲骨血。我不认他时,被光棍弄了去,今日一状、明日一状告将来,告个没休歇。衙门人役个个来诈钱,亲眷朋友人人来拐骗!还有官府思量起发,开了口不怕不送。不知把人家拆到那里田地!及至拌得到底,问出根由,少不得要断一股与他。何苦作成别人肥了家去?所以不如一面收留,省了许多人的妄想,有何不妙?"②

这段自白固然可以表明莫大郎的精细、老成有见识,却不能证明他认兄弟这件事有哪怕有丝毫的道德动机在里面。相反,因了钱财上的

---

① 凌濛初:《二刻拍案惊奇》(上),第213—214页。
② 同上书,第216页。

算计去认兄弟,这样的事在我们看来,正是不道德的。当然,莫大郎并不曾明白说自己的所作所为是道德的,只是由他的实际表现看,他又显然不以自己的行为为不道德。这种态度间接反映了他本人和社会的一般道德意识。试看下面这段法庭上的对话:

>太守点头道:"是了,是了。"就叫莫大郎起来,问道:"你当时如何就肯认了?"莫大郎道:"在城棍徒,无风起浪,无洞掘蟹。亏得当时立地就认了,这些人还道放了空箭,未肯住手,致有今日之告。若当时略有推托,一涉讼端,正是此辈得志之秋。不要说兄弟这千金要被他诈了去,家里所费又不知几倍了。"太守笑道:"妙哉!不惟高义,又见高识。可敬,可敬……"①

于是提笔写了一纸判书,将一班无赖汉"问拟了教唆词讼、诈害平人的律",脊杖二十,刺配军州。回过头来,"唐太守又旌奖莫家,与他一个'孝义之门'的匾额,免其本等徭役。"②后面这一笔最让人惊异。原来"孝义"是不问动机的,无怪太守不但称莫大郎"高识",更赞他"高义"呢。③ 这种立场与董仲舒当年"原心定罪"的旨趣相去实在很远,但是归根结蒂,又是由那里合乎逻辑地发展出来的。这是道德法律化过程中的又一种矛盾,亦是董仲舒不可能真正解决"诛名而不察实"问题的另一种原因。

---

① 凌濛初:《二刻拍案惊奇》(上),第218页。
② 同上书,第219页。
③ 这个故事虽然取自明代的话本小说,其真实性却不会有什么问题,何况我们着意考察的道德意识问题,在这里是无意识中表露出来。作者意在劝人莫生争讼之心,却连带着引出一桩道德案,倒使我们在莫大郎与唐太守外,又在作者身上发现了能够用来支持本文论点的新的佐证。

因为过分地强调道德的重要性,而把它变得如同法律一样威严,不可侵犯,其结果是取消了道德,磨灭了人们的道德意识,把所谓德行变得徒具虚名。这不只是董仲舒的失败,也是以执行道德为己任的古代法的失败。虽然就中国古代意识结构中道德意识严重缺乏的状态来说,道德的法律化实际上可能并不是惟一的原因,但有一点可以肯定,即古代意识结构中道德意识的严重丧失,在很大程度上是由它促成的。①

八

上面的讨论,着重于秦汉官僚帝国崛起以后古代法的发展,尤其是古代法的价值重构、道德的法律化,以及这一发展对于中国人道德意识的影响,至于这种令人惊异的发展、变化如何在文化上和技术上是可能的,我们很少论及,最多只是提到,以法律执行道德乃是秦代已经有的传统。而事实上,这种传统不但具有更加丰富的内涵,而且有着更为久远的渊源。

追溯道德法律化或以法律执行道德之传统的渊源,我们势必要回到中国古代文明成长的初期。那时,家与国本是一物,由此派生出来的制度典礼,实乃道德之器械,自然实行礼之所去、刑之所加的原则。春秋战国以后,旧有之家国合一的格局被打破,家与国的关系亦随之发生变化,但是其结果却并非是家与国的截然两分,而是它们在新的历史条

---

① 黄仁宇先生尝云:"本朝开国二百年,始终以'四书'所确定的道德规范作为法律裁判的根据,而没有使用立法的手段,在伦理道德和日常生活之间建立一个'合法'的缓冲地带。……这种情况的后果是使社会越来越趋于凝固。……在道德的旌旗下,拘谨和雷同被视同高尚的教养,虚伪和欺诈成为官僚生活中不可分离的组成部分。"(《万历十五年》,第228—229页)这实际是贯穿中国传统社会结构和文化结构的一个大问题。

件下的重新结合,君主把对社会的统治间接地建立在作为此社会最基本单位的家族之上,哲学家则由家族的伦常里面推衍出一整套政治哲学和道德哲学。家与国被以一种新的方式联接起来,"礼之所去,刑之所取,失礼则入刑"的原则自然地获得了再生。唐律是"一准乎礼"的,它与周之制度典礼同是道德之器械,但是礼与法的结合方式在它们又不尽相同,这种不同,实是因为家与国的结合方式有了改变。周时的家至于唐代早已不存,唐时的国较文、武、周公时的"天下"也远为成熟、完备。这期间经历了漫长的发展。传统一代代传承下来,并且被发展和创新;有些传统失落了,又被重新发现,还有些传统却是从来不曾中断过,比如我们提到过的一些。在这些堪称神圣的传统里面,我们还可以加上一条:以法律执行道德。

虽然在秦代的法律里面,确实有些内容与儒家伦理相悖,我们却不能够由此得出结论说,秦法是在系统的反儒思想指导下制订的。① 因为事实上,我们不但发现儒、法两家思想在一些更为基本的问题上保持着一致(往往是无意识的),而且在秦、汉的法律里面,也可以发现不少一般说是合乎儒家伦理的信条。特别值得注意的是,秦人自觉地运用法律来执行道德,实际是走在了儒家的前面。早期儒家虽然没有完全地排斥法律的功用,毕竟因为过于热诚地推崇德治而表现出轻视刑政的倾向。在这一意义上讲,汉儒后来在法律中重建价值体系,确立以刑弼教的原则,虽然是远承三代之传统,却也是直接受秦制影响的。这一

---

① 一般地说,法家以任法、治法反对任德、务德,只是讲治理国家应采用的手段,并不涉及具体内容。换句话说,法家自可以运用法律执行道德(包括儒家可以赞同的东西)而不违背初衷。由具体的方面看,秦制中有些内容是非儒的,如商鞅所定异子之科,然而须注意的是,这类法律的制定都是为奖励耕战,富国强兵,自有其现实方面的原因,绝不是专门针对儒家伦理而来。关于秦律与儒家伦理相符的内容,正文中已有例举,这里从略。

点又不仅表现在秦、汉法律有某些相近或相同的内容方面,更表现在贯穿于各种不同规定之中的一般精神里面。秦人以法律"矫端民心",以期除民恶俗而使之趋于善,这与李斯佐秦政而规定"有敢偶语《诗》《书》者弃市,以古非今者族",①以及汉代创"腹非之法比",②董仲舒"论心定罪",本质上都是一样的,都是把人心作了法律的对象,想要使法律对人心发生作用。问题是这恰好违反了事物的性质,结果就像自"腹非"之法立,"公卿大夫多谄谀取容"一样,论心定罪只是造出了更多的伪善。③

当然,对于像中国古代法这样完备、成熟,且有着漫长历史和丰富文化蕴涵的法律体系来说,道德的法律化必定是一个极为复杂的过程。从理论上说,此一过程的发生、发展乃至完成,不但取决于古时人们所抱持的基本价值观念,而且也与古代法自身的性质有密切的关系。

九

中国古时所谓"法",依我们前面诸章得出的结论,实即是"刑"。当然这并不是说,古人观念中的法仅仅是刑罚。因为无论在什么时候,

---

① 《史记·秦始皇本纪》。
② 事见《汉书·食货志》:"初,异为济南亭长,以廉直稍迁至九卿。上与汤既造白鹿皮币,问异。异曰:'今王侯朝贺以仓璧,直数千,而其皮荐反四十万,本末不相称。'天子不说。汤又与异有隙,及人有告异以它议,事下汤治。异与客语,客语初令下有不便者,异不应,微反唇。汤奏当异九卿见令不便,不入言而腹非,论死。自是后有腹非之法比,而公卿大夫多谄谀取容。"在造成道德之虚伪这一点上,这些事例也是一样的。
③ 以法律来维护信仰也会产生同样的结果,这是在比如中世纪西方能够见到的情形。只是,贯穿于整个中世纪的政教对立与中国古代礼与法的关系有很大的不同,由于这种不同,法律和道德的发展,在中国与在西方表现出了极大的差异。本书"治乱之道"一章曾经提到西方中世纪后期最有权威的神学理论中所蕴涵的后来令政教分离乃至法律与道德分野的因素,可以供读者参阅。

单纯的刑罚都是没有意义的,除非它们与某个意志相连,或是附着于某种规范之后。问题在于,作为法律的规范究竟具有怎样的性质,或者说,刑罚究竟与什么样的规范相配合,这一点取决于整个社会的基本价值选择,而与刑罚本身无关。单纯的刑罚是没有任何特点的,因此,法律一旦被刑罚化,它就失去了自己独立的性格。在这一意义上说,中国古代法辄与刑罚相连的特点,虽然不能够直接引发道德的法律化,却至少为这样一种发展提供了可能。这一点,在历史上儒法两种思想的相互关系之中看得尤为清楚。

春秋战国之际,中国古代社会经历了一次新旧交替的巨大变革,在此旧秩序解体、新制度建立的过程之中,出现了中国历史上第一批自由的思想家和最早的文化自觉。本来,人们也许可以指望在这一特别时期,随着剧烈的社会变革而出现的一些新的思想和理论,能够改变旧有的法律观念,从而为中国古代法的发展创立一种新的方向。然而我们发现,由最早的"文化自觉"中产生出来的新的法律理论,纵然包含了许多旧时所没有的内容,却根本上还是一种刑罚理论。这表明,新的法律观念仍旧未脱法即是刑的旧传统,它依然把法看成是刑。同时这也意味着,现实生活中的法依然囿于旧有的疆域,而不曾因为社会的变革获致某种根本性的突破。正是因为这样的缘故,法家虽然顺应着时代的要求发展出一套初具规模的法律理论,却未能塑造出法的独立性格,未能为中国古代法的发展开创出一种新的方向。从法理学的角度来看,商鞅所定异子之科,与后来禁止父母在别籍异财的法令几乎没有什么差别。因为从前者到后者仅仅是变换了某种内容,而没有真正原则性的差异足以使它们具有不同的性质。或者我们换一种说法,古人辄由刑罚的角度去把握法律现象,实际是上面提到过的纯由形式方面界定法律的观点,依照这种观点,则任何规范原则上都可以成为法律。"同一规范,在利用社会制裁时为礼,附有法律制裁时便成为法律。"①这就是我们说法家未能塑造出法的独立性格,以及中国古代法辄与刑罚相连的特点至少为道德的法律化提供了可能的依据所在。②

最后我们还可以指出,刑所具有的禁止功能与道德对于义务的强调本身就很接近,这是否就是中国古代法之具有如此性格的又一种隐秘原因呢?尽管我们已经发现了中国古代法发生的独立来源,但是它后来的发展是否又因为遇到了强烈的道德化倾向而深受其影响呢?不管怎么样,在唐《永徽律》的502种禁条里面,我们不但能感觉到均匀分布于其中的道德精神,而且能够领略到此种道德情调与威刑原则紧密结合的完美与和谐。

---

① 瞿同祖:《中国法律与中国社会》,第221页。汉人贾谊尝云:"凡人之智,能见已然,不能见将然。夫礼者禁于将然之前,而法者禁于已然之后。是故法之所用易见,而礼之所为生难知也。……然而曰礼云礼云者,贵绝恶于未萌,而起教于微眇,使民日迁善远罪而不自知也。"(《汉书·贾谊传》)表面上看,这段话似乎是将礼与法明白地区分开来,而实际上,它还是不曾在这二者之间作出一种内容上的分界。对礼的预防作用的强调,消极地说是为反对不教而诛,积极地说是为使民无讼,要旨在一个"教"字。关键在于,教而不从还是可以刑罚相加,这与后人讲的失礼则入刑又是相通的。我们由此可以注意到,中国古代法与古时道德目标乃是一致的。其结果,法律既是对教而不从之人的惩罚手段,同时也是教化的工具。换言之,法律亦担负了教化的使命,法律即是道德。关于这个问题,我们将在下章讨论。

② 这里可以顺便指出,任法与务德同样只是涉及形式的论争。法家重威刑,儒家重教化,讲的都是手段,是形式。法家可以刑来执行具有道德内容的规范,儒家也未尝不可以借暴力手段贯彻其道德命令。正如瞿同祖先生所言:"儒家所争的主体,与其说是德治,毋宁是礼治,采用何种行为规范自是主要问题,以何种力量来推行这种规范的问题则是次要的。"(《瞿同祖:《中国法律与中国社会》,第321—322页)

第十一章　礼与法:法律的道德化

礼义以为纲纪,养化以为本,明刑以为助。

——《隋书·刑法志》

一

　　法律与道德,这是两种性质不同但又关系密切的社会现象,如何认识和看待这两种现象,以及怎样确定此二者之间的界限,不独古人与今人不同,同时代的人因为所处地域和文化背景的不同,彼此也会有很大的差异。在中国古代社会,部分由于法的囿于刑,也部分由于弥漫于整个社会和历史文化之中的强烈的泛道德倾向,法律与道德竟是完全地融铸于一了。《唐律释文序》云:"夫礼者民之防,刑者礼之表,二者相须犹口与舌然。礼禁未萌之前,刑制已然之后。"这便是出礼则入刑的道理。由这里,产生出双重的结果:一方面,道德训诫具有了法律的威势,这是道德的法律化;另一方面,法律规范同时要行道德的职能,这是法律的道德化。它们是同一种事物的两面,因此既有共同的表现,又有不同的影响。

　　在前面的一章,我们除了对礼与法的这种特殊关系进行某种历史的和文化的探究之外,主要讨论了这种情形在中国古代道德意识方面所具之深刻意蕴。而在这一章,我们的重点将放在法律的一面,看法律的道德化对于中国古代法律秩序的形成、法律思维的方式乃至中国古代法最终之命运发生了怎样的影响。显然这是一个深而且大的问题,它不但旁及我们在前面已有一般叙述的立法的基本精神或者制度化的法律体系如何围绕着礼建立起来一类比较表面化的现象,更涉及古代法律秩序中一些具有相当广度和深度的问题,比如,中国古时是否存在着某种法律职业阶层？司法机构实际上是如何开展工作的？特别是,法官们如何处理案件,他们总是依法行事吗？当时是否有律师参与司法活动？法律教育的状况如何？中国历史上所谓律学的昌盛意味着什么？律学即是中国古时的法律学吗？对这些问题的探究与回答,将逐步导出关于中国古代法的进一步总结。

在中国古代社会,严格说来,并无何种法律职业,如西方历史上的 legal profession。我们的帝国具有某种单一性,它的特点是维持和依靠着一个在精神上尊奉一套共同价值准则的文官集团。这个庞大的官僚群体由清一色的读书人组成,他们不曾受过何种专门训练,但却饱读经书,熟知由圣贤教诲中引伸出来的治理国家的各种原则。事实上,正是这种价值上的强烈认同意识而不是法律,把它们塑造成一个有着自觉意识的群体,从而保证了这样一个农业大国在行政上的统一性。这样一种单一的格局决定了:"(1)解决问题的关键在于全体文官的互相合作、倚赖乃至精诚团结;"(2)"施政的要诀是以抽象的方针为主,以道德为一切事业的根基。"① 表现在司法方面也有两个特点,一是司法的从属于行政,二是法律的服从于道德。前一种特点首先表现在司法组织或制度上,这方面前人的论述可称详备,② 因此在这里我们只须指

---

① 黄仁宇:《万历十五年》,第52页。关于这个问题,黄先生此书有十分精到的论述与见解。

② 参见戴炎辉:《中国法制史》,第三篇第二章"司法组织";陈顾远:《中国法制史概要》,第二编第一章第三节"关于司法组织者"。

出，以行政统司法实即是以一般读书人为法官，而又是以道德统法律的一个制度上的前提。我们的讨论正可由这里开始。

二

秦汉时候，为官吏而明于法律或者出于政府要求，或者是一种习尚。《史记·秦始皇本纪》云："若欲有学法令，以吏为师。"前章所引南郡守文告亦可以表明政府对于官吏习法的要求。汉时，私家研习法律蔚然成风，更有以法律传家而历任廷尉的，①这种情形在秦汉以后实不多见。"唐宋试士虽有明法一科，但不为时人所重。明、清以制义取士，更无人读律。"②唐代取士以身、言、书、判四者为标准，其中，判"取其文理优长"，通常由官府出题，设一案例，由应试者作判。这种假设案件以见其词章优劣的做法，自然不要求何种专业训练，法律的不为时人所重因此也是很自然的。雍正《钦颁州县事宜》勉励地方官熟读律令，正是针对着这种情形，其中说"每见少年州县喜恃聪明，或于无事时学书学画，讲弈讲诗，津津然自诩为能，而问之以律令，则呐呐不能出诸口。夫书画诗弈等类，家居文人之余事也，律例者，出任治人之大纲也，既已出任治人，而乃效彼家居者挥毫拈韵，子声铮铮然，以侈得意，是何异于舍己芸人者之可笑也？夫居官之贤否，视乎吏治，若经济无闻，纵其笔墨入妙，而已无当于国计民生之要，况必至于废时，必至于误公，是以有用之精神施于无用之游衍，方且足以引累而招尤，岂不甚可惜哉？"尽管如此，有清一代依然不曾产生何种"法律职业"，也不曾把专门的法律训练看成是对于司法官吏的一项要求。这并不奇怪，我们

---

① 近人程树德作汉"律家考"，其中搜罗颇详。参见《九朝律考》卷一，"汉律考八"。
② 瞿同祖：《中国法律与中国社会》，第305页注。

的帝国从来都不是依照法律的原则来统治的。倘我们能理解这一点，我们就不会得出结论说，秦汉时一般官吏大都通晓法律，唐宋以后则士以习律为耻；秦汉时司法皆依据法律，唐宋以后人则喜引礼义为凭。虽然在不同的时期，士大夫阶级看待文章与政事的态度可能不尽相同，而在历史上也确实有过律学的兴盛与衰败，但是相对于"以道德为一切事业的根基"这个不变的根本，上述变化又都只具有极为有限的意义。

事实上，秦汉时候虽有律学之盛，却既非一般官吏皆能通晓法律，也不是断案辄引律令。汉人曾以经义决狱为时尚，不过是一个比较显明的例证罢了。《汉书》《后汉书》所载韩延寿、鲁恭、吴祐、许荆、仇览诸人于司法过程中以德化民的事迹，也足以表明道德原则在司法活动中的重要性。① 至于张汤、赵禹、杜周一班所谓俗吏、酷吏，虽然走向另一个极端，却也只是用刑深刻，或专以人主意指为狱。这类人的活动亦不能证明有一个训练有素的"法律职业"存在。② 同样，唐、宋以后虽然律学寖微，却不能说士大夫自此鲜知律令，或于听讼之事漠不关心。即以宋代为例，著者如欧阳修、陆九渊、朱熹、邵伯温辈都极重视听讼，而且往往政绩斐然。③ 正是由于这些人的努力，士大夫阶级对于政事、吏事的重视程度日渐提高。北宋以后渐次出现了一些疑难案例汇编和书判辑录，就是这种转变的结果。清代判牍更多，流布亦广，这在一定意义上，也是吏事广为人所注重的一种表现。瞿同祖先生说，"读书人既服官'做大事'（用朱子语），自不得不留心吏治，于经史子集外多读有

---

① 参见《汉书》《后汉书》诸人本传。其中有几例在本书"无讼"章中已引用，可以参考。

② 余英时先生以为，秦代即存在着两种不同的"吏道"观，分别代表着"政"与"教"两个方面。汉代有俗吏或酷吏与循吏的区分，即是这两种传统的延续。余先生这种说法和他关于循吏在历史上地位的论述可以为我们参考。详见氏所著"汉代循吏教化传播"，载余英时：《士与中国文化》，上海人民出版社 1987 年版。

③ 参见《宋史》各人本传。

用之书。"①恐怕这就是问题的症结所在。无论读书人是否看重政事，只要他们为官便不能不负起听讼的责任，因为要治理这样一个帝国，没有法律是不行的。但是另一方面，只要是这班读书人执掌法律，法律就不可能获得某种专门化的发展。因为这些充任法官的读书人没有，也不需要经过何种专门训练，他们以道德治国。

三

中国古代的法官依靠什么来处断案件，是道德，还是法律？如果说，道德的精神业已渗透了法律，他们只须依照成文的法律去行事，即是在执行道德，那么因为同样的缘故，他们在很多情况下会有充分的理由背离成文的律令，因为道德原则要求具体情况具体处理，何况"权"乃是我们古代伦理学中一要义。"夫权者，适一时之变，非悠久之用。……圣人知道德有不可为之时，礼义有不可施之时，刑名有不可威之时，由是济之以权也。……设于事先之谓机，应于事变之谓权。机之先设，犹张罗待鸟，来则获矣，权之应变，犹荷戈御兽，审其势也。"②柳宗元作《断刑论》，强调的只是一个"当"字："经非权则泥，权非经则悖；是二者，强名也。曰'当'，斯尽之矣。'当'也者，大中之道也。"③"故圣人论事之曲直，与之屈伸，无常仪表。"④这种设权以应变的原则、方法必定对古代司法活动发生深刻影响，只是我们又不能够因此断言，古人断案全不顾成文法令，只须以抽象的道德原则去推衍、发

---

① 瞿同祖：《中国法律与中国社会》，第307页。
② 《全唐文》卷四百四，冯用之"权论"。
③ 《全唐文》卷五百八十二，柳宗元"断刑论"下。
④ 《文子·道德》。参见钱锺书：《管锥编》（一），"左传正义"三〇，"成公十五年"。这一条关于中国古代伦理学以权为一要义有很好的论述。

挥,那显然与事实不符。法、律所以铨量轻重,而由于法的囿于刑,这种轻重感又必然表现在规定于不同罪名的刑罚的轻重上面。古人从不根据事件来确定法院的管辖范围,①他们把审级管辖建立在刑罚轻重的等级上面,②仅这一件事实就可以表明,古人的判罪定刑不能不依照一定之规。

上面的讨论足以揭明问题的复杂性,要弄清古时法官究竟在多大程度上严格地遵行法律,实在是件困难的事情。有研究中国古代法的西方学者认为,在古代中国,一般正式立法的作用,与西方的情形大不相同。中国的法律"乃是仁慈的和富有经验的统治者手中灵活运用的工具。它可能被扩大或者修改以便去适应一种较高的公道的观念。在这样的制度下面,成功之道一半在官吏个人的娴熟与公正,另一半在法律的细则"。③ 在很长一段时间里面,这种看法具有相当的代表性,只是近些年来,随着对于中国古代法律研究的深入,又有一种新的看法出现。它认为,中国古代的司法活动远非过去人们以为的那样散漫无章,而是有着相当之严格性的。美国一位很有权威的学者这样写道:

〔中国古代的〕制定法制度深受司法官员们的尊重,事实上所有的法官自始至终都在努力地了解制定法规的真正含义(这种含义并不总是字面上的),并将它们付诸实施。中国司法官员之看重他们

---

① 古时司法从属于行政,并无专门意义上的法院,本书所谓古代"法院"实是指兼有审判职能的行政机构,使用"法院"一词只是为了行文上的方便。

② 如唐代审判机构大致上分县、州、大理寺、刑部、皇帝五级,视笞、杖、徒、流、死而分配其权限。关于古代审判机构管辖范围的问题,可以参见戴炎辉:《中国法制史》,第三篇第三章"裁判机关"。

③ J. H. Wigmore, *A Panorama of the World's Legal Systems*. p. 153. 马克斯·韦伯亦认为,中国古时法官只根据具体情形或对具体结果的适宜考虑来判决,系统的经验汇编只有在有巫术传统支持的时候才是不得违反的。参见:*The Religion of China*, the Free Press of Glenwe, 1962, p. 149。以为古人裁判案件颇为随意的看法在我们这里至今仍然流行。

忠实于制定法的义务,并不输于任何其他制度中适用法律的法官。①

这种看法所依据的一项重要事实在于,"给出之刑罚应当与每一种罪行相配合"的原则,两千年来一直对我们这个帝国的法律制度发生着持久的影响。依此原则制定的法典,"在极大程度上只是细致规定之各种犯罪的精心汇集。其中每一种罪行都被规定了与之相应的刑罚。"②从理论上说,这种情形不啻是对自由裁量的一种极有力的限制,而实际上,法律也要求司法官吏在制作判决的时候援引律令。唐律第十二篇"断狱"律有"诸断罪皆须具引律、令、格、式正文,违者笞三十"③一条,并有关于官司"或虚立证据,或妄构异端,舍法用情",出入人罪时应负罪责的规定。④ 研究者们以之与古代文献中的实证材料相印证,得出上面的结论应当说具有相当的说服力。只是这里必须注意,上述研究者所依据的实证材料《刑案汇览》,不过是清人据当时的刑部说帖、成案、邸抄等编纂而成。前朝情形怎样,这里不可能有直接的反映;传统上一向属于州县自理的案件如何处断,这里亦无记载。所以倘我们着眼于完整的法律秩序,它所由形成和展现的全部历史,而不是其中的部分和呈现于特定时间的朝代,则我们在古时法官们如何行使其职责这一问题上,必得采取更为审慎的态度。

四

与古人将审级管辖建立在刑罚轻重等级上面的做法相应,制定法

---

① Derke Bodde and Clarence Morris, *Law in Imperial China*, p. 541. 关于这个问题,此书有详尽的研究。参见此书第三部分。
② 同上书,第541页。
③ 《唐律疏议》卷三十,第484条。
④ 同上书,第487条。

的详尽与细密程度也与刑罚轻重成正比例。处罪在"徒"以上的案件，第一审级要送上一级官司复审，死刑的判决往往要上呈皇帝核准，至于笞杖以下的案件，州县即可自理。① 与这种安排相适应，法典对那些比较严重的犯罪总有详尽的规定（虽然也包括笞、杖），而对法律上归州县自理的轻微案件，如今人所谓民事诉讼的"户婚田土"案件的规定往往只具原则，语焉不详。唐律所谓"诸不应得为而为之者，笞四十"一类即是如此。就这种情形来说，我们确可以承认，在处断那些由法典直接予以规定的案件的时候，法官们在很大程度上是受着制定法约束的。当然，这并不简单意味着司法中的清明。严格地将律文适用于事实不会自动地产生公正，因为对于事实的判断正确与否取决于一些与适用法律全不相干的因素。而实际上，古人判案的重结果、重口供和普遍地使用刑讯，经常是造成冤狱的根由。再者，古时法律渊源极为繁多，笼统言之，除编排为法典的律之外，尚有令、有典、有敕、格、式，有科、比、例。这些不同的法律形式往往杂糅并用，效力高下因时而异，宋时以敕代律，清代以例取律，而在汉代，科实即是律外施法。② 这种法外有法的复杂情形，在客观上给了司法裁判以相当大的回旋余地。汉人桓谭曾上书言当时司法中的"刑开二门"现象，有这样的说法："法令决事，轻重不齐，或一事殊法，同罪异论，奸吏得因缘为市，所欲活则出生议，所欲陷则与死比。"③他建议"校定科比，一其法度，班下郡国，蠲除故条"。④ 观之中国法律史，这样的议论差不多历代都有，因为事实上，法

---

① 大致情形如此，机构名称及细节方面的规定，各朝又不尽相同。
② 有人称这种法律渊源多样并存的情形为"泛文主义"，且视之为中国古代法特质之一端。见张金鉴：《中国法制史概要》，第12—14页。关于中国古代法律渊源问题，又可以参见陈顾远：《中国法制史概要》，第一编第四章"重要典籍"。
③ 《后汉书·桓谭传》。
④ 同上。

律之由简而繁和削繁就简的循环往复就像朝代更替一样生生不息。

此外，又由于我们的法律制度本质上不是一种保护人权促进社会进步的工具，而只是消极的防范和惩罚手段，它的不完善乃至漏洞百出几乎就是不可避免的了。宋人欧阳修贬官夷陵，"无以遣日，因取架阁陈年公案反复观之。见其枉直乖错，不可胜数，以无为有，以枉为直，违法徇情，灭亲害义，无所不有。"①这自然不是一地一时的偶然现象，欧阳修当时亦感叹，"且以夷陵荒远褊小尚如此，天下固可知也。当时仰天誓心曰，自尔遇事不敢忽也。"②这种本诸个人良知和责任感的做法是否能够弥补体制、结构上的不足姑且可以不论，理想境地的求得往往并不要求严格地执行法律，这一点却是我们要特别指出的。

我们的法律既然直接建立在道德的原则上面，它就必然包含了反对自己的因素在内。贞观六年唐太宗"亲录囚徒，闵死罪者三百九十人，纵之还家，期以明年秋即刑；及期，囚皆诣朝堂，无后者，太宗嘉其诚信，悉原之"。③ 这种以一念之仁而释人罪的做法与其说是出于帝王的特恩，不如说是因为法律的道德化。正惟如此，诸如此类的做法在历史上总是被作为善政记载下来的，它们非但不违背法律，而且是合乎律文真精神的理想的实现。④ 卜德和克拉伦斯·莫里斯(Clarence Morris)谓古时法官自始至终都在努力地了解和适用制定法规的真实含义，而不只是它们字面上的意义。如果这种字面后面的意义便是道德的话，

---

① 《三朝名臣言行录》卷三，转引自陈智超："宋史研究的珍贵史料"，载《名公书判清明集》下册。

② 同上。

③ 沈家本评曰："此其纵之还世，乃出于一念之仁而非以其罪之可恕，其来归而悉原之也，乃出于非常之特恩，亦非以其真有可原，欧阳永叔所谓违道以干誉也。"《历代刑法考》(二)，第797页。实际上，"纵囚"之事，历代皆有。

④ 这种因为道德的缘故而施法外特恩的事例史不绝书，较为典型的集中在"代刑"与"复仇"方面。详见瞿同祖：《中国法律与中国社会》，第一章第三节之三"代刑"，第四节"血属复仇"。

我们倒不如说他们更忠实于传统的道德。毕竟,他们所执行的法律受着道德原则的支配,因此,无论对这种法律作何种解释,严格的还是富有弹性的,最终都是以道德的标准来评判和归于道德支配的。如果说,这种特征在某些类型的案件中因为法典中已有细密的规定而不显得突出的话,那么在那些法律规定通常只具纲目的州县自理案件中,它的表现就可以说是非常典型的了。

五

上文说古人以道德治国,其中的一种含义是指古人以道德目标的实现作为行政官所固有的职责。一个好的行政官固然不可能把治下的老百姓都变成圣人,但他一定能够把争讼的发生率降低到尽可能小的程度;他可以在促进这个地区的进步与繁荣方面一无所成,但他应当能够很好地保持当地民风的淳厚与质朴。《宋史》记程颢为晋城令事,曰:"民以事至县者,必告以孝悌忠信,入所以事其父兄,出所以事其长上。度乡村远近为伍保,使之力役相助,患难相恤,而奸伪无所容。凡孤茕残废者,责之亲戚乡党,使无失所。行旅出于其途者,疾病皆有所养。乡必有校,暇时亲至。召父老与之语。儿童所读书,亲为正句读,教者不善,则为易置。择子弟之秀者,聚而教之。乡民为社会,为立科条,旌别善恶,使有劝有耻。在县三岁,民爱之如父母。"①这便是一个称职的行政官应有的形象。在这里,作为其政务之一项的听讼,完全受同一种原则的支配,其性质与其说是法律的,莫如说是行政的和道德的。

道德化的法律要行道德的职能,司法过程便成了宣教活动,法庭则

---

① 《宋史·程颢传》。

是教化的场所。清人汪辉祖曾就当时有人只于内衙听讼的做法提出批评,因为"内衙听讼止能平两造之争,无以耸旁观之听"。升堂断讼则不同,"大堂则堂以下伫立而观者不下数百人,止判一事而事之相类者为是为非皆可引伸而旁达焉,未讼者可戒,已讼者可息,故挞一人须反复开导,令晓然于受挞之故,则未受挞者潜感默化,纵所断之狱未必事事适惬人隐,亦既共见共闻,可无贝锦蝇玷之虞。且讼之为事大概不离乎伦常日用,即断讼以申孝友睦姻之义,其为言易入,其为教易周。"①这里所表现出来的道德上的自觉是有代表性的,这倒不是因为我们在汉代循吏为政以德的事迹或宋人书判里面能够看到同一种道德上的自觉,而是因为,这样一种自觉符合我们立国的根本精神,并且与担负着治国重任的文官们的身份及素养正相一致。从社会的和文化的结构方面看,古代法律的粗疏与简陋必得由各级行政官吏道德上的自觉来补足,这是无可避免的事情,而它的一个附带的结果,便是适用法律过程中的含混和司法判决的富有弹性。

自然,即使是州县一级的法官也不只是凭着良知来处断日常生活中大量的诉讼案件的,事实上,他们常常援引法律条令,并把法律的规定或者原则扼要地写入判决书中,通览《名公书判清明集》中百余书判,屡屡见到"在法"、"准法"、"准敕"、"揆之条法"一类字眼,可知宋人听讼是经常征引法条的。但是我们同时也注意到:(1)援引法条往往只具有原则,引用细则的情形极少,这种现象与前面说到的古代法自身结构上的特点正好可以互相印证;(2)引用法律通常不是判词的核心部分,事涉伦常、礼义时尤其如此;(3)判词中明确引为断案依据的,除法条之外,还有天理、人情、礼义等内涵不甚确定的概念。有时,判词中还会出现大段的说教、感慨,道德上的愤怒和申斥,先贤圣哲语录以

---

① 汪辉祖:《学治臆说》,"亲民在听讼"。

及具有道德教训意味的古代故事的引述,这些东西即使不是直接的判决根据,至少也是对判决发生重大影响的比较间接的因素。有判词为证:

> 孔子曰:"不在其位,不谋其政。"曾子曰:"君子思不出其位。"圣贤之意,盖欲天下之人,各安其分,各至其所,以无相夺伦而已。否则位卑而言高,其不陷于罪者几希。刘涛,筚门圭窦之人耳,自当安贫乐道,笃志好学,如仲舒之下帷讲诵,三年不园窥,如昌黎之焚膏继晷,矻矻以穷年,可也。公家之事,岂宜过而问焉。今乃背圣贤之戒,缪其用心,出入公门,搂揽关节,又从而为之辞曰:此义也。嗟夫!天下之义事,岂常人之所能为哉!杜季良豪侠好义,忧人之忧,乐人之乐,而马援犹诫兄子不可效之,涛实何人,而敢为马援之所不敢乎?使涛果出于诚心,则吾尝闻于孟子矣!曰:"今有同室之人斗者,救之,虽被发缨冠而救之,可也;乡邻有斗者,被发缨冠而往救之,则惑矣,虽闭户,可也。"孟子以往救乡邻之斗为惑,而涛以干预他人讼为义乎?①

这篇判词开篇引圣人语录,进而由其中得出教训;次讲读书人应守之本分,并引汉、唐高人故事,与前引圣人语录相呼应;继则笔锋一转,点出士人刘涛之过,并引故事及圣人言论层层驳议,气势磅礴,确是篇好文章。然而在古人看来,这也是一篇绝佳的司法判决。因为这位法官并未满足于在判词中列举刘某"过证赃物"、"计嘱公事"、"漏泄狱情"等项违法事实,而是着意由道德上立论,彻底驳倒了刘某以"出入公门,搂揽关节"为"义"的辩辞。这篇判词没有直接援引法条,但

---

① 《名公书判清明集》卷十二,胡石壁:"士人教唆词讼把持县官"。

由末尾"揆之于法,本合科断"一语可知,当时,至少有确定的法律原则可资引用。而这绝不意味着前面大量引用的故事、语录均属多余,相反,它们甚至是判决中更为重要的部分,因为只有它们才能够充分地表明刑罚的正当性。又有一例,讲的是庵僧盗卖墓木的事情,其判词如下:

> 许孜,古之贤士也,植松于墓之侧,有鹿犯其松栽,孜泣,叹曰:鹿独不念我乎! 明日,其鹿死于松下,若有杀而致之者。兽犯不题,幽而鬼神,犹将声其冤而诛殛之;矧灵而为人者,岂三尺所能容哉! 师彬背本忘义,曾禽兽之不若。群小志于趋利,助之为虐,此犹可诿者。潘提举语其先世,皆名门先达也,维桑与梓,必恭敬止,今其松木连云,旁起临渊之羡,斤斧相寻,旦旦不置,乡曲之义扫地不遗,此岂平时服习礼义之家所应为乎! 事至有司,徽之以法,是盖挽回颓俗之一端也。师彬决脊杖十七,配千里州军牢城收管。①

盗卖墓木原是对他人私权的侵犯,但在这里却是有悖于礼义,法律之惩处罪犯,着眼点亦不只是为了保护私产,更是为了"挽回颓俗"。这正是中国古代法的一项本质特征。由此,我们亦不难了解何以传奇故事也能够成为法律的根据。人们既然以法律去直接追求道德的目标,自不免将司法判决变作道德训诫。当然,援引那些圣人语录、贤人故事并不只是出于立论上的需要,也是宣教者本人内心感慨极其自然的抒发。尽管这种做法因为受客观条件的限制,事实上不可能十分普遍,但是从逻辑上说,每一个案件的判决都可以包含这种东西。正是在

---

① 《名公书判清明集》卷九,"庵僧盗卖墓木"。

这样的意义上,我们可以把它看成是古代法律受道德原则支配,为道德精神浸染的一个很好的表征。①

六

除具引圣人语录、道德故事之外,古人断案更大量地使用义、礼、天理、人情一类字眼,这些也都是判案的依据,其效力并不输于载入正典的法条,甚至较它们更高。当然这并不意味着礼、义、理、法之间有何种矛盾。在古人看来,礼法本是一物,上以顺天理、下以应人情;礼义者法之本,法者礼义之用,二者相须犹口与舌。法律条令的制定体现着这种精神,法律条令的适用也同样体现这种精神。有的案件因与礼关系直接而且密切,其判词甚至只言礼义而不引法条,比如下面的一例:

> 阿张为朱四之妻,凡八年矣。适人之道,一与之醮,终身不改,况历年如此其久者乎!纵使其夫有恶疾如蔡人,阿张亦当如宋女曰:夫之不幸,乃妾之不幸,奈何去。今朱四目能视,耳能听,口能言,手能运,足能行,初未尝有蔡人之疾也,阿张乃无故而谓之痴愚,欲相弃背,已失夫妇之义;又且以新台之丑,上诬其舅,何其悖之甚也。在礼,子甚宜其妻,父母不悦,则出之。阿张既讼其夫,则不宜于夫矣,又讼其舅,则不悦于舅矣,事至于此,岂容强合。杖六

---

① 《名公书判清明集》卷六,叶岩峰:"谋诈屋业"开篇即云:"尝读杜甫诗曰:'安得广厦千万间,大庇天下寒士俱欢颜。'又曰:'何时眼前突兀见此屋,宁令吾庐独破受冻死亦足。'使涂适道观此诗,将愧死无地矣。……"又卷四,胡石壁:"随母嫁之子图谋亲子之业",判词中引"昔欧阳公作五代义儿传,有曰:世道衰人伦坏,亲疎之理反其常,干戈起于骨肉,异类合为父子"以为不肖之人戒。与法官之道德立场同样值得注意的,是身为法官的读书人的教育背景,它们也对于古时司法判决有着重要影响。参见拙文"文人判",载梁治平:《法意与人情》。

十,听离,余人并放。①

全篇判词未引法条,只就礼义予以申说,末了"杖六十"云云,应该说自有所本,显见的依据却只是阿张有悖于礼义。这里,法律不大可能提供正合适用的细则,量刑的幅度因此便取决于法官道义愤怒的强烈程度。② 然而我们又不能据此便认为,至少在这一个案件的处理过程中法官没有依法行事。问题在于,违背礼义即是犯法,惩处悖义之人不仅是司法官固有的职责,而且是国家条法的精神所在。正是因为这个缘故,在判词中引据理、义就不仅是可以、而且是应当乃至必要的了。

在古代各种书判、判牍当中,这类事例可以说比比皆是,无须一一具引,我们只须指出,在法律完全从属于道德,法官以理、义的精神来解释法律,为直接的道德目标来运用法律的时候,法律也就像道德一样是富有弹性的,一切都要视具体情况来决定。原来应罚者可以不罚,财产处分亦可以于法律之外另行安排。清人汪辉祖尝言:"幕之为学,读律而已,其运用之妙,尤在善体人情。盖各处风俗往往不同,必须虚心体问,就其俗尚所宜随时调剂,然后傅以律令,则上下相协,官声得著,幕望自隆。若一味我行我法,或且怨集谤生,古云,利不百不兴,弊不百不除,真阅历语,不可不念也。"③这是经验之谈。宋人断案亦深明此理。有不肖之人为争财而悖其母与兄,罪实当诛,法官为教化计,并不遽行

---

① 《名公书判清明集》卷十,胡石壁:"妻背夫悖舅断罪听离"。
② 法律的限制表现在刑罚等级方面,比如在此案中,或笞或杖以及确定限度之内的笞、杖数目可由法官自决,但不能科徒以上刑。
③ 汪辉祖:《佐治药言》,"须体俗情"。汪氏又言笞挞当慎,"谚曰:刑伤过犯,终身之玷,不惟自玷而已。尝见乡人相詈,必举其祖若父之被刑者而显诉之,是辱及子孙也。为民父母,其可易视笞挞耶。……至两造族姻互讦细故,既分曲直,便判输赢,一予责惩,转留衅隙,讼仇所结,镠辖成嫌,所当于执法之时,兼遇笃亲之意,将应挞不挞之故,明白宣谕,使之幡然自悟,知惧且感,则一纸遵依胜公庭百挞矣。"(《学治臆说》,"姻族互讦毋轻笞挞")可见一切均须以道德上的考虑为转移。

科断，却给之以自新之路，以观后效。① 事涉财产纠纷，官司处断往往更具弹性。宋人书判里面，有一件争地界的案子，法官"考之干照，参之地势，证之邻里"，已尽其原委，且判决一方拆除新篱，归还地段。但是下面又说，所争之地不过数尺，邻里之间贵乎和睦，因此倘败诉一方仍欲借贷，胜者亦当以睦邻为念。② 又有一案，两人因财产问题论诉。法官已判明真情，洞悉"小人奸状"，只因两家是亲戚，"岂宜为小失大，因此押下本厢，唤邻里从公劝和，务要两平"。③ 还有一件舅甥互争的案子，法官虽已点明"两词曲直"，但因为"舅甥义重，忍伤和气"，遂不必论"契书之有无"，亦不论"管业之久远"，作一个折中判决了事。④ 又有一例互争财产的案子，按照当时法律，此系争财产，原本应当为官府籍没（"律之以法，尽合没官"），然而判词却云："今官司不欲例行籍没，仰除见钱十贯足埋葬之外，余田均作三分，各给其一。此非法意，但官司从厚，听自抛拈。"⑤ 显然，法官并不以法外施恩为异，而我们在某种更为宽泛的意义上，似乎也不能说这种做法便违背了法律。这正是古代法律的特异之处。下面又有一例，判词虽长了些，却属于极典型的一类，现照录于下：

> 理诉交易，自有条限。毛汝良典卖屋宇田地与陈自牧、陈潜，皆不止十年，毛永成执众存白约，乃欲容赎于十年之后。本县援引条限，坐永成以虚妄之罪，在永成亦可以退听。今复经府，理赎不已，若果生事健讼之徒，所合科断。详阅案卷，考究其事，则于法意

---

① 《名公书判清明集》卷十，胡石壁："争财而悖其母与兄姑从恕如不悛即追断"。
② 同上书卷六，"争地界"。
③ 同上书卷九，胡石壁："赁人屋而自起造"。
④ 同上书卷六，叶岩峰："舅甥争"。
⑤ 同上书卷四，"熊邦兄弟与阿甘互争财产"。

人情,尚有当参酌者。大率小人瞒昧同分,私受自交易,多是历年不使知之,所以陈诉者或在条限之外,此姑不论也。永成白约,固不可凭,使果是汝良分到自己之产,则必自有官印干照可凭,今不赍出,何以证永成白约之伪乎?此又不论也。但据永成诉,汝良卖与陈自牧屋一间,系与其所居一间连桁共柱,若被自牧毁拆,则所居之屋不能自立,无以庇风雨,此人情也。又据永成诉,汝良将大堰桑地一段,黄土坑山一片,又童公沟水田一亩,梅家园桑地一段,典卖与陈潜,内大堰桑地有祖坟一所,他地他田,不许其赎可也,有祖坟之地,其不肖者卖之,稍有人心者赎而归之,此意亦美,其可使之不赎乎?此人情也。使汝良当来已曾尽问,永成已曾批退,则屋虽共柱,地虽有坟,在永成今日亦难言矣。今汝良供吐,既称当来交易,永成委不曾着押批退,则共柱之屋,与其使外人毁拆,有坟之地,与其使他人作践,岂若仍归之有分兄弟乎!今官司从公区处,欲牒唤上毛汝良、陈自牧、陈潜,将屋二间及大堰有祖坟桑地一亩,照原价仍兑还毛永成为业,其余黄土坑山、童公沟田、梅家园桑地,并听陈潜等照契管业,庶几法意人情,两不相碍。陈自牧、陈潜既为士人,亦须谙晓道理,若能舍此些小屋地,非特义举,亦免争诉追呼之扰,所失少而所得多矣。①

这个案子判得非常有趣。汝良、永成兄弟本是共同财产持有人("同分"),②汝良典卖房、地产若干与人,十余年后永成要求赎回。县衙援引法律,坐永成以虚妄之罪,永成不服,控诉到府。府衙认为此案

———

① 《名公书判清明集》卷六,吴恕斋:"执同分赎屋地"。
② 此处以"共同财产持有人"解"同分"乃是"姑妄为之",任何以现代语言解说古代术语的尝试都会有这样那样的缺憾。

判得不妥,于法意人情均有可参酌者。这时,我们或可以要求解决这样一些问题:(1)县衙是否正确地适用了法律;(2)法律上是否规定有财产赎回的有效期限,如果有,期限为多长;(3)汝良在典卖房产之前是否已与永成分产,换言之,汝良典卖的财产是一己之私产还是与永成共有之财产;(4)如果是共有财产,汝良与人交易是否有永成的合意。头两问属于法律问题,后面二问则是与法律有关的事实问题。判词的制作者对前两个问题未作明确说明,①对后两个问题则以"此姑不论"、"此又不论"一笔带过。因为作者所注意的主要是"人情"。但是,在对人情这样稍加申说之后,再说"使汝良……则屋虽共柱,地虽有坟,在永成今日亦难言矣"(仅仅是难言)已经是很勉强了。下面讲当日交易永成不曾着押批退亦是如此。永成请求取赎的准与不准,显然不在这一件事实上面,否则问题亦不致如此复杂。

通观全篇判词,我们找不到确定的法律规则或原则,这倒不是因为判词中不曾援引法条,而是因为判决本身是含混不清的。设若永成之请"合法",则应准其取赎,反之,尽可予以驳回。又如果照后来的安排部分赎回为合法之举,那又何必陈说"人情",且更以"道理"晓谕陈某,劝其舍财产以成"义举"。可见在此案中,"条限"与"人情"并非两不相碍。国家条法虽然建立在道德的原则上面,毕竟不可能照顾周全,因此正需要执法之人善体"法意",使法律与人情调合无碍。由这一方面看,我们又可以说这判决是清楚明白的。道德化的法律只有在其适用过程中才得彻底实现。虽然其结果必定是取消了所谓严格法(strict law)。《名公书判清明集》原编纂者称集中作者"大都略

---

① 《名公书判清明集》卷九,胡石壁:"典主迁延入务"一案提到一个八年取赎有效的事例。法律是否有赎回期限十年的规定不得而知。只是在此案中,法律上,永成似已无赎回的可能了。

法而崇教"。① 我们亦可以说,他们善体"法意",乃是古代法律最好的阐释者与执行者。

七

上面谈到的种种情形,无论我们可能作出怎样的评价,以当时的标准来衡量显然都是值得肯定和称赞的。然而这并不意味着,即使在当时人的心目中,任何以道德考虑而为法律上处置的做法都值得这样称赞。宋人批评过一种只知"怜贫扶弱"而不辨事情真伪的做法,其词曰:

> 窃见退败人家,物业垂尽,每于交易立契之时,多用奸谋,规图昏赖,虽系至亲,不暇顾恤。或浓淡其墨迹,或异同其笔画,或隐匿其产数,或变易其土名,或漏落差舛其步亩四至,凡此等类,未易殚述。其得业之人,或亦相信大过,失于点检。乃至兴讼,一时官司又但知有怜贫扶弱之说,不复契勘其真非真是,致定夺不当,词诉不绝,公私被扰,利害非轻。②

明人海瑞亦批评过一种但求止讼,不问曲直的做法。其文曰:

> 问之识者多说是词讼作四六分问,方息得讼。谓与原告以六分理,亦必与被告以四分。与原告以六分罪,亦必与被告以四分。二人曲直不甚相远,可免忿激再讼。然此虽止讼于一时,实动争讼于后。理曲健讼之人得一半直,缠得被诬人得一半罪,彼心快于是

---

① 《名公书判清明集》附录一,"清明集后序"。类似这样的判决在宋人书判中比比皆是,有兴趣的读者可以参阅该书卷四至卷十所收书判。

② 《名公书判清明集》卷五,人境:"物业垂尽卖人故作交加"。

矣。下人揣知上人意向,讼繁兴矣。人官问事怕刁人,两可和解,俗以老人和事笑之。四六之说非和事老人乎?①

清人樊增祥讲的又是一种情形:

> 妇女无识,戚族教唆,涉讼公庭,照例批饬调处,即经官断,往往无理者薄责而厚赏,有理者受累而折财。问官之自命循良者,于被讹之家,劝令忍让,曰全骨肉也。于诬告之人,酌断财产,曰恤贫寡也。此等断法,几乎人人如是。②

这些可以说历代都甚普遍的做法之所以不值得鼓励,既不是因为它们忽略了道德上的考虑,也不是因为它们可能没有严格地依照国家条令行事,而是因为它们背离了我们古代伦理学的根本:"权"。《孟子·离娄》:"男女授受不亲,礼也;嫂溺援之以手者,权也。"赵歧注:"权者,反经而善者也";《韩诗外传》卷二记孟子论卫女曰:"常之谓经,变之谓权,怀其常道而挟其变权,乃得为贤。"此即是钱锺书先生所谓"权者",变"经"有善,而非废"经"不顾。③ 为道德处断,固不可拘泥于条法,但是同样也不可失于流俗。官司听讼,第一要紧的是厚风俗,正人心。倘只知怜贫扶弱而于真伪不辨,何以服天下人。至于以四六分问断讼一类丧失原则的做法,更不可取。"君子之于天下曲曲直直,自有正理。"④岂能够问事怕刁人,一味做和事老人。自然,这又不独是为了求得讼案本身的公正处理,更是为了弘扬公义于天下。因为官司听讼为

---

① 《海瑞集》(上册),第117页。
② 《新编樊山批、判牍精华》卷三,转引自曹培"清代州县民事诉讼初探"。
③ 参见钱锺书:《管锥编》(一),"左传正义"三〇,"成公十五年"。
④ 《海瑞集》(上册),第117页。

道德处置这件事本身也是有道德意味的。"上官意向在此,民俗趋之。为风俗计,不可不慎也。"①

由上面所引宋、明、清人对于当时听讼陋习的种种批评,我们可以注意到,批评者与被批评者虽然有良吏与俗吏、清明与昏庸的区别,然而他们所守的立场却同样是道德的,他们可能都程度不同地在审判过程中援引国家法律,但是也可以肯定,他们从来不曾严格地遵从法条,这固然是因为,就他们必须处断的大量问题来说,法条远不曾提供足够详尽的规范和细则,但是更主要的恐怕还是因为,他们知道自己是在执行道德。

一个明白自己职责所在的合格的地方官,决不致不加分别地将同一条法律适用于所有同类的事件,他会细心地区分这一事与另一事之间的不同,体察人心的细微之处,如果有一条成文法律阻碍着合乎情理的结果的实现,他就会重新去体会"法意",直至达到法意与人情的两不相碍。当然,更多的时候,礼、法、义、情、理总是协合一致的。只是由于具体情境的千变万化,事实上很少有一种安排恰好如制定法所规定的那样。在宋人书判里面,我们看到大量的事例,法官们调合法意人情而为某种合情合理的安排,可以说极尽曲折。② 这一点在一般司法官员也许做不到,他们可能经常不辨真伪,或在处断复杂细微的案件时失之简单,然而这归根结蒂并不是因为他们只知适用法律而不顾具体情境,而是因为他们在推行教化时具体做法尚欠妥当。譬如以四六分问为止讼之道,因怜贫扶弱而不察真伪,便属于这种情况。虽然事实上,可能清明者少,昏庸者多,然而在我们看来,孰多孰少并不重要。既然他们都是在执行道德,我们便可以说,他们不可能严格地遵循国家条

---

① 《海瑞集》(上册),第117页。
② 有兴趣的读者可以参见《名公书判清明集》卷四至卷十所收的各种书判。

法,他们的判决富有弹性,在某种意义上说,他们在每一个案件里面都适用了一个特殊的规则。这一点,对于中国古代法性格的形成和未来的发展是有重要影响的。

八

由法律职业的角度考察,另一种可以注意的人是那些熟悉刑律、辅佐地方官办案的书吏、幕友。关于这一类人,瞿同祖先生写道:

> 听讼虽为州县正堂之事,不能由幕僚代理,州县官亦不能全然不晓法律,茫无所知,但幕友对于律例的知识必须更为熟悉,更为透彻。……做官人依靠幕友即因读书人平日不悉律例,到任后不得不借假于人。……幕友实为州县左右手不可或离。高坐听讼的虽为州县官,事实上在幕后提调处理的常为幕友,不谙刑名的东翁倚畀尤深,自集审至判决皆出于幕友之手。①

这种人原来大抵也是读书人,只是功名不成,只好退而求其次了。清代名幕汪辉祖尝自白曰:"我辈以图名未就,转而治生,惟习幕一途与读书为近,故从事者多。"②既有这样的出身与背景,则幕友之襄助州县官理讼将取怎样的态度与立场,也就不难想见了。事实上,一个好的幕友除于律例有透彻的了解之外,必定也像一个好的州县官一样通晓经义,善于调合法意人情,妥为区处。前面屡屡引录的清代名幕汪辉祖关于听讼、断讼的种种明智通达之论,便是很好的例子。这种情形与幕

---

① 瞿同祖:《中国法律与中国社会》,第305—306页。
② 汪辉祖:《佐治药言》,"勿轻令人习幕"。

友的明习律例并不矛盾,因为,他们所欲执行的法律不过是附加了刑罚的道德,他们借助于刑罚想要达到的亦只是道德的目标。正是基于这样的原因,幕友对于法律条文的熟练掌握既无助于法律的严格化,也不能够产生现代意义上的法学家。①

这里可以顺便指出一个有趣的现象:秦汉时候,以刀笔吏擢至九卿者不乏其人,而在清代,"专习刑名刀笔者只能为掾吏(如州县衙门刑房书吏之类)、为幕友",②而且一经入幕,便无他途可谋,终身坐困。因此,身为名幕的汪辉祖亦劝人勿习幕。"士人不得以身出治,而佐人为治,势非得已。"③然而这只是"勿轻令人习幕"的一种理由。掾吏幕友,为人作嫁,不为世人所重,这大概是另一种原因。这里,个人抱负的不能实现与世人的轻贱,实际又可能包含着同样的内涵:学而优则仕,以读书人身份而研习律例,佐人为治,绝不是体面的事情。倘研习刑律者以讼师为业,更要为人所深恶、所贱视了。

九

费孝通先生曾在其所著《乡土中国》一书中写道:"在乡土社会里,一说起'讼师',大家会联想到'挑拨是非'之类的恶行。作刀笔吏的在这种社会里是没有地位的。可是在都市里,律师之上还要加个大字,报纸的封面可能全幅是律师的题名录。"④这里的道理说来很简单:讼师

---

① 瞿同祖先生写道:"多半的幕友、刑吏,只是熟悉条文,善于运用而已,不能目之为研究法律的法学专家。Jean Escarra 说中国考试制度摧残了专门人才,阻碍职业法学家之成立。他的话是对的。"(《中国法律与中国社会》,第 306 页注)
② 瞿同祖:《中国法律与中国社会》,第 305 页。
③ 汪辉祖:《佐治药言》,"尽心"。
④ 费孝通:《乡土中国》,第 54 页。

并非律师,讼师所寄身的社会亦非律师生活于其中的社会。因此,这一些人对于讼师的轻贱和另一些人对于律师的敬重,原来是毫不相干的。

古时候官府对于讼师的痛恨,我们在前面已经涉及,现在我们可以将注意力转向讼师本身,看他们是些什么人,惯常做些什么事。下面先引宋人判词数节:

> 西安词讼所以多者,皆是把持人操持讼柄,使讼者欲去不得去,欲休不得休。有钱则弄之掌股之间,无钱则挥之门墙之外。事一入手,量其家之所有而破用,必使至于坏尽而后已。民失其业,官受其弊,皆把持之人实为之也。①

这是讲把持人之劣行。而充作讼师把持的,可以是闾巷小民,地棍无赖,亦可以是假儒衣冠者。

> 当职自到任以来,于士类每加敬礼,至于假儒衣冠者,或例借以辞色,此刘必先辈所以习玩视而无忌惮也。②

> 新化本在一隅,民淳事简,果不难治。只缘有数辈假儒衣冠者,与一二无赖宗室,把持县道,接揽公事,所以官吏动辄掣肘。③

这些都是当时社会上有身份之人凭借其地位包揽公事、把持县道

---

① 《名公书判清明集》卷十二,翁浩堂:"专事把持欺公冒法"。
② 同上书,翁浩堂:"把持公事赶打吏人"。
③ 同上书,胡石壁:"先治依凭声势人以为把持县道者之警"。

的例子。此外又有闾巷小民教唆词讼的,比如下面一例:

> 成百四,特闾巷小夫耳。始充茶食人,接受词讼,乃敢兜揽教唆,出入官府,与吏为市,专一打话公事,过度赃贿。小民未有讼意,则诱之使讼;未知赇嘱,则胁使行赇。置局招引,威成势立,七邑之民,靡然趋之。以曲为直,以是为非,骗取财物,殆以万计。①

前章所引明人小说《二刻拍案惊奇》"赵五虎合计挑家衅,莫大郎立地散神奸"一回中,教唆词讼的也是一班地棍无赖。这虽是话本故事,内中反映的恐怕并非世人偏见,而是社会的现实。这一点可以由大量的材料来证实。

清代河北地方讼师往往以"歇家"之名进行活动,据康熙《束鹿县志·风俗志》,"有訾生、豪棍及衙门胥吏假开店门,包揽词讼,号曰歇家。乡民一入其门,则款之以菜四碟、酒二尊,号曰迎风。于是写状、投文、押牌、发差等事皆代为周旋,告状之人竟不与闻也,及被告状诉亦然。百计恐喝,巧言如簧,原、被不敢不从。始则乡人行词,终则歇家对矣。结之后,又款之以菜四碟、酒二尊,号曰算账。袖中出片纸,罗列各款杂费,动至百金。无论讼之胜负,歇家皆得甚富,或有破家荡产,卖妻鬻女以抵者。"②浙江地方,讼师亦称歇家,"讼师皆在城中。每遇两造涉讼者,不能直达公庭,而必投讼师,名曰歇家。人证之到案不到案,虽奉票传,原差不能为政。惟讼师之言是听,堂费、差费皆由其包揽。其颠倒是非、变乱黑白、架词饰控固不待言,甚至有两造欲息讼而讼师不允,官府已结案而讼师不结,往往有奉断释放之人,而讼师串通原差私

---

① 《名公书判清明集》卷十二,蔡久轩:"教唆与吏为市"。
② 转引自刘敏:"清代讼师拾零",《中国历史大辞典通讯》1984年1—2期。

押者,索贿未满其欲也……"①便是地处东南一隅的福建,讼师亦同样地活跃,所取形式也与内地大致无二。据黄六鸿《福惠全书》所记:"(店)为有势绅衿所开,凡乡人讼事至,无论原、被,俱必寓此。其内外关厢惧忤绅衿意,意无留者,乡人舍此而更无他驻。且既为之停留,一切衙门料理,辄有纲纪之仆,至于求请属托,又皆主人居奇。以故,穷人亦因有所凭依,而群然投焉。其酒肴饭食,值贵数倍,自告状候准,以及投到、听审、发落,动辄浃旬累月。而所饮之食,则干证、原差、在事之人而外,又有随来弟子、探望之亲友,且其近于衙署,则原差之帮差、头役、该管之承行贴写,与夫藉名讲劝之市闲,插身打浑之白嚼,日不下数十人。及事完结算店账,已累计数十金,而他费不与焉。"②历代劝人勿轻易涉讼的话,无不将破财废业、所得不抵所失作一个主要的理由,可见殆非虚言。

以清代的情形而论,充当讼师的主要是些精通文墨、通晓律例的不法生员(所谓"訾生")和在官衙服役多年、精于案牍的退役书吏(所谓"革橐"),这些人以地方豪霸为依托,以官府书吏为底线,以衙役为公开而合法的打手,以流氓无赖充当帮凶,③俨然成有组织的社会势力,他们包揽词讼,把持诉讼,乃至于左右官府,以便向涉讼双方索取钱财。这种人与近现代人所习闻惯见的律师显然不是一回事情。

作为法律职业的一种,律师为一个社会的正常运转所必需。讼师则否,他们实际上不为社会所需,只是社会的赘疣。这样一种不同,可以归之于社会的不同,法的性质不同,以及法在社会中所具有之意义的不同。在一个真正需要律师的社会里面,法律的功用是复杂的,它的应用遍及社会生活的各个领域。这样的法律,作为组织社会的基本手段

---

① 《桐乡县志》卷二,《风俗》,转引自刘敏:"清代讼师拾零"。
② 黄六鸿:《福惠全书》卷十一,《刑名部》,转引自上文。
③ 刘敏:"清代讼师拾零"。

和整个社会秩序建立于其上的基础,其作用是肯定的和积极的。相反,倘一个社会只能够产生讼师,它的法律就一定只具有否定和消极的意义。我们古时的法律,因为承担着执行道德的使命,只好留驻于正常的生活秩序之外,做那"禁于已然之后"的工作。汇集于刑律中的大量条款之具有惩罚性自不待言,即便是法律规定常常只具纲目的"户婚田土"方面的纠纷,法官于听讼之时亦不忘区分善恶,辨明曲直。直者则予,曲者则惩。古人所以辄以干讼为耻,就是因为法律实际上并不为正常之生活所需。一个人只要晓明道理,安于本分,是可以终其一生而不与法律发生任何干系的。这即是我们的社会不能有律师,却间接产生讼师的最根本的缘由。①

作为一种社会势力,讼师代表的只是社会中腐败的一面。讼师之作为一种职业,大体亦不具有何种建设性的意义。部分地因为这个缘故,讼师虽然精于律例、案牍,却不可能构成我们所谓的"法律职业",更不可能于其中产生出法律学家。当然,就后一个问题而言,更值得我们注意的乃是这样一个事实,即同样是由于法律的道德化,中国古代虽有过律学的兴盛,却自始便不曾产生何种法学,自然,也没有能产生法学家。

十

清人沈家本作"法学名著序",内中有一节专论"法学"之盛衰。

---

① 刘敏先生认为讼师存在的条件有三:(1)司法制度之腐败,如存在各种陋规;(2)讼师往往为地方绅衿,且与胥吏、衙役相串通,与地棍无赖相勾结,势力颇大;(3)法条繁琐与民众无识。("清代讼师拾零")然而在讼师这种缺乏积极意义的寄生性格当中,我们更应看到中国古代法固有的否定性特征。关于此一问题的进一步论述,可以参见拙文"再说讼师",载《法意与人情》。

"夫自李悝著经,萧何造律,下及叔孙通、张汤、赵禹之俦,咸明于法,其法即其学也。迨后叔孙宣、郭令卿、马融、郑玄诸儒,各为章句,凡十有余家,家数十万言。凡断罪所当由用者,合二万六千二百七十二条,七百七十三万二千二百余言。法学之兴,于斯为盛。郑氏为一代儒宗,犹为此学,可以见此学为当时所重,其传授亦甚广。魏卫觊请置律博士,转相教授。自是之后,下迄唐、宋,代有此官,故通法学者不绝于世。洎乎元主中原,此官遂废,臣工修律之书,屡上于朝,迄未施行。明承元制,亦不复设此官。国无专科,人多蔑视,而法学衰矣。……然纪文达编纂《四库全书》,法令之书,多遭摈弃。并以刑为盛世所不尚,所录略存梗概而已。夫以名公巨卿,创此论于上,天下之士,又孰肯用心于法学? 其衰也宜也。"①沈氏缕述律学源流,所用却是"法学"二字。这种情形出现在西学东渐之后原也不足为怪,只是,律学归律学,法学归法学,这又是两种大不相同的东西。以源自西洋而又中经东瀛的概念、术语来指称我们古代的事物,②必定于其中隐伏了文化上的隔膜,这一点是我们不能不辨别清楚的。

考其本意,法学实即法律科学,西人所谓 legal science 或 science of law。既是科学,自然有它独立的性格。有当代学者哈罗德·J. 伯尔曼(Harold J. Berman)谓现代西方意义上的科学可以据三项标准来界定,这三项标准分别是方法论的、价值的和社会学的。由方法论方面看,科学必须是:(1)完整的知识体系;(2)其中之特定现象能够依一般的原则或者真理("法则")予以系统化的解释;(3)此种关于现象和一般原

---

① 《寄簃文存》卷六。

② "法学"一词不属于中国固有词汇,而是西学东渐之后日人据汉字构造的,这一点亦为我国人所承认。详见〔日〕实藤惠秀:《中国人留学日本史》,第七章第十三节"中国人承认来自日语的现代汉语词汇"。

则的知识始终可以由观察、假定、检验以及尽可能地由试验来获得。当然,调查与系统化之科学方法虽有上述诸项共同特征,但并非对所有科学都是一成不变的,它们必须缘每一特定科学特别地应用于具体现象。这也是界定科学之方法论标准中的一项内容。

科学的价值准则大体包含三项内容,即:(1)忠实于客观性和完整性,只依据科学的普遍标准来评判自己的和他人的工作;(2)对自己的和他人的前提、结论的确定性取怀疑的立场,且于新观念能宽容,更乐于公开承认错误;(3)视科学为一"开放系统",只追求对于真理的最大接近而不是最终解答。

最后,在科学的社会学方面,科学群体的形成,较大学术群体中各个不同学科之间的联系,以及科学家群体的特殊社会地位,包括在教学与研究方面的高度自由,构成界定科学的又一种标准。①

以上面三个方面的标准来衡量,则不仅西方近现代的法律研究称得上是法学,便是其中古的注释学派也可以看成是一支法学的派别了。在 11 世纪末和 12 世纪,意大利诸大学(尤以波伦纳为著)里的法学家依据各种一般原则,对大量可见的法律材料——判决、规则、习惯、制定法以及其他各式各样的法律材料——予以分类和系统化的阐释。这些解释又根据逻辑和经验加以验证。就当时能够提出适用这些解释的实证事例以及能够衡量其结果这一点来说,某种试验是有的。② 另一方面,在由这些经院式法学家创造来分析和综合法律问题的辩证方法里面,确也蕴含了科学的价值前提如客观性、整体性、普遍性、怀疑主义、

---

① 参见哈罗德·J. 伯尔曼所著《法律与革命》(*Law and Revolution*)一书中"Law as a Prototype of Western Science"一节,哈佛大学出版社 1983 年版。
② 参见同上书,第 152 页。

对谬误的宽容、对新知的开放态度,等等,这些东西,在法学家们专注于法律中的矛盾,并竭力要以法律原则和尽可能抽象的概念为之调合的时候,实在不可或缺。① 至于第三个方面,最可注意的是这样一个事实,即科学活动促生了大学,大学则以教研自由的宝贵遗产传给了科学。② 12 世纪以后,欧洲开始出现普遍适用的法律术语与研究方法,出现职业的法律家阶层,都与这些大学有关。事实上,正是这些大学把对于法律的分析提高到了科学的水平。③

这一番对于现代法律学内涵及其历史源流的考察,大大有助于我们对中国古时律学的认识。这不只是因为我们因此得以了解法学的要义,而且还是因为,律学与法学发轫之初,原不乏一些表面上看颇为相似的东西。比如,在中国,律学之盛全赖于诸儒章句,律学与经学同其盛衰,而在西方,法学之兴得益于教会法学家,法学与神学共其命运。虽然经学与神学迥异其趣,儒生与教会法学家更不可同日而语,我们依然可以提出这样的问题:何以对《圣经》的研究有助于法学的成长,而由我们传统的经学注疏中所产生的东西恰好是不利于法学成长的因素。要回答这个问题,首先就要弄清神学贡献于法学的是什么,经学影响于律学的又是什么。

十一

12 世纪的法学家在为罗马法之注释时所用的基本方法称为辩证法。这种方法源自古代希腊,而在 11 世纪以后,为神学家用于教义的

---

① 参见:Harold. J. Berman, *Law and Revolution*, p. 157。
② 同上书,第 159 页。
③ 伯尔曼大致列举了西方法学在其形成阶段因受大学影响而表现出来的九项主要社会特征。详见上引书,第 161—163 页。

研究,其著者如彼德·阿伯拉尔(Peter Abelard,1079—1142),他借助于分析与综合的经院方法,运用合理标准来判定,在天启的真理里面,哪些是普遍有效的,哪些只具相对之有效性,他所著《是与否》一书便是以这种方法写成。与阿伯拉尔同时而稍晚的僧侣格拉提安(Gratian)将这种方法应用于教会法研究,写成《矛盾教规之协调》一书,这本书被当代学者看成是西方历史上第一部综合和系统的法学论著。① 此书内容正如其书名所示,是将彼此矛盾的教规搜集、排列而后加以调合。当时罗马法学家用以整理和研究《国法大全》的正是这种方法。②

与这种纯以方法、逻辑影响和推动法学的情形不同,中国古代经学对律学的作用首先表现在价值方面。清人皮锡瑞言汉之经学曰:"前汉今文说,专明大义微言;后汉杂古文,多详章句训诂。……武、宣之间,经学大昌,家数未分,纯正不杂,故其学术极精而有用。以《禹贡》治河,以《洪范》察变,以《春秋》决狱,以三百五篇当谏书,治一经得一经之益也。"③这种以微言大义解律乃至决狱的做法我们已在前章认真分析过,它的意义在于实现此社会价值重构,包括在法律中间重新建立完整的价值体系。正因为如此,这一任务的最后完成,必定要带来律学的浸微。中国古代律学所以盛于汉、魏,至唐、宋而后衰,殆非偶然。

汉经今文学专以大义微言为务,经古文学却以考证为其特色,所谓"多详章句训诂",这固然可以看作是一种方法,而且其本身较少道德

---

① 参见:Harold. J. Berman, *Law and Revolution*, p. 43。
② 参阅伯尔曼《法律与革命》一书中"The Scholastic Method of Analysis and Synthesis"和"The Application of the Scholastic Dialectic to Legal Science"二节。又可参见戴东雄"中世纪意大利法学与德国的继受罗马法"一文中"注释法学派"一节,载《固有法制与现代法学》,中国台北成文出版社有限公司 1978 年版。
③ 皮锡瑞:《经学历史》,中华书局 1981 年版,第 89—90 页。

色彩,然而同样真确的是,这种方法与构成西方中古法学之主要方法的经院逻辑,不仅没有关联,而且大有背其道而行的味道。分析与综合的经院方法旨在协调矛盾的规则,使之统一于更具有概括性的规则之下,其结果是原则的抽象化与解释的系统化。至经古文学则不然,其章句训诂"分文析义,烦言碎辞,学者罢老且不能究其一艺"。① 以这种方法应用于律学,非但不可能产生概念的抽象化与法典的系统化,反而会因其本身的烦琐而使法律固着于某种非系统化的状态。自然,法律以及法律学的发达与否或者发达程度若何,是受着多种条件制约的,然而正是在这个问题上,我们又可以发现表面上看似矛盾的方法、特征之间的协调一致。就以"明大义微言"与"详章句训诂"两种方法而言,它们在被应用于律学的时候,都表明了某种具体琐屑的特征,不同的只是一为特定情境的具体处理,一为字、句之间的训释解说,此二者之间的差别,与其说是简括与琐屑,不如说是价值与事实。正因为此,这两种方法是不妨兼收并蓄,互为补足的。东汉经学大师郑玄"兼通今古文,沟合为一",②他所为之法律章句也像他的经学一般颇负盛名,这即是一个很好的例证。

当然,说上面两种治经方法可以互为补足,并不意味着律学道德色彩的减弱。事实上,字句的训释必得服从道德的原则。历史上的法律章句与律例讲解无不体现着这种精神。东汉之末,律学寖微,③于是卫觊有设律博士之请。据《三国志·卫觊传》,觊奏曰:九章之律,自古所传,断定刑罪,其意微妙。百里长吏,皆宜知律,请置律博士,转相教授,事遂施行。后世置律博士之意,大抵亦如此。这里,"其意微

---

① 刘歆:《移让太常博士书》,转引自皮锡瑞:《经学历史》,第 90 页。
② 皮锡瑞:《经学历史》,第 142 页。
③ 汉末,律学与经学一同衰微,此小气候,唐宋而后律学不兴,此大气候。

妙"云云,实包含了字义与经义两重意义。沈家本作"重刻唐律疏议序"云:

> 律者,民命之所系也,其用甚重而其义至精也。根极于天理民彝,称量于人情事故,非穷理无以察情伪之端,非清心无以祛意见之妄。设使手操三尺,不知深切究明,而但取办于临时之检按,一案之误,动累数人,一例之差,贻害数世,岂不大可惧哉。是今之君子,所当深求其源,而精思其理矣。自李悝著《法经》六篇,汉萧何、叔孙通、张汤、赵禹递相增益,马融、郑康成以海内巨儒,皆尝为之章句,岂非以律意精微,俗吏所不能通晓与?……高宗又命长孙无忌等偕律学之士撰为《疏议》,即是书也。名疏者,发明律及注意,云议者,申律之深义及律所不周不达,若董仲舒《春秋决狱》应劭《决事比》及《集议考》之类。①

唐律疏议如是,则后人的讲解律例亦如是。这一点,沈家本在为"大清律例讲义序"时讲得清楚:"《大清律例》承《明律》而损益之,雍正、乾隆以来,叠经修改,其条例视明代增千数百条,律文则因者多而革者少。顺治初,以律文有难明之义,未足之语,增入小注。雍正三年,又纂总注附于律后,并列圣垂训,命官撰集。岂非以礼教之精微,事情之繁赜,正有非官吏之所能尽谙,颛愚之所能共谕者乎?此其所以讲之者,又如是之详且尽也。"②由是可见,古代的律学,不论所采取的形式

---

① 《寄簃文存》卷六。《唐律疏议》开篇缕述刑法源流,由"天垂象,圣人则之"一直讲到"德礼为政教之本,刑罚为政教之用",以下注"五刑",释"十恶",既伸理义,又作训诂。至卫禁律以下诸篇,则多言罪、刑适用方面比较具"技术性"的问题。
② 《寄簃文存》卷六。

为"大义微言",为"章句训诂",或者为"疏义",为"讲义",其要旨在于发掘律文的道德意蕴,其结果,一方面是保证更且加深了法律的道德化,另一方面是强化了古代法律的反系统化倾向。由这里,我们又可以发见前述两种治经方法的另一种共同点。如果说,它们应用于律学时表现出来的具体琐屑乃是其自身固有的特征的话,那么,由另外的一面来看,律学以及古代法律结构上的繁杂散漫却正好可以表明此两种方法的缺乏逻辑意义。

十二

如前文所述,古代法律的形式极其繁多,律、令、格、式之外,又有敕、科、比、例,这些不同的法律形式不仅经常同时并存,而且往往代代相因,层层相迭,新旧杂陈,错糅无常。值得注意的是,古代律学之兴不仅无助于改变这种状况,反而是在众多法律形式之外又增加一种可能的法律形式。① 汉时诸儒章句十有余家,仅"断罪所当由用者"便有二万余条,以致元魏太和中置律博士时,诏但用郑氏章句,不得杂用余家。唐人长孙无忌等所撰《疏议》,篇幅数倍于正典,同样具有法律效力。至于清代,诚如上引沈家本所言,律文有难明之义,未足之语,因不独增小注于其中,还要附总注于律后,并列圣垂训。显然,古代律学的兴起并不含有整理法律使成一逻辑体系的意蕴,这既是因为律学适用之方法本身就不具有逻辑意义,也是因为中国古代法本质上乃是一道德化的制度,而从根本上说,这两种现象又都是由古代家国不分衍生出的泛道德化的自然结果。

中国古代很早就有所谓"名家",然而逻辑学却始终未能产生。有

---

① 诸儒章句本身并非法律,然而也有经国家认可而具有法律效力的。

第十一章 礼与法：法律的道德化 317

人把这种情形归因于中国古代法律的特殊性，认为东西方逻辑学的发展所以大不相同，乃是因为东西方对"法"持不同观念的缘故。① 这种看法似乎过分地强调了法律在逻辑学发展方面的重要性。虽然法律以及相关学科比如法律研究的发展肯定会对一般思维形式产生影响，但是在这种影响发生之前，法律研究或者律文的编排活动等肯定已经受到了一般思维形式的制约。12 世纪注释法学家用以整理罗马法的基本方法——辩证法——来自古代希腊，对他们同样有用的形式逻辑和后来得广泛应用于法庭辩论的修辞学，也同样是古希腊人留下的遗产。着眼于这一点，我们可以说经学与律学的方法所以与神学和法学的方法不同，首先是因为中国人与西方人一般思维形式不同的缘故。在这层意义上，我们又不妨将前面提到的看法颠倒一下，把中国古时律学和法律的缺乏逻辑性和系统性归因于其逻辑学本身的不发达。② 当然，如果再追寻一步，问中国古代逻辑学何以不能够发达，则我们可能又回到古人强烈的道德关注问题上来。这种强烈的几乎是压倒一切的道德

---

① 唐德刚指出："东西逻辑学发展有如此差异，笔者个人总觉得是东西两方对'法'的观念不同的滋长有以致之。'法律'是最讲逻辑的。因而个个律师都是逻辑专家，而律师在西方社会里的地位——从古希腊罗马到今日的英美法苏——那还了得！可是我们传统中国人（古印度人也是一样）最瞧不起所谓'写蓝格子的'、'绍兴师爷'和'狗头讼师'。我们的'仲尼之徒'一向是注重'为政以德'的。毫无法理意识的'青天大老爷'动不动就来他个'五经断狱'。断得好的，则天理、国法、人情、良心俱在其中；断得不好的，则来他个'和尚打伞'，无法（发）无天，满口革命大道理，事实上则连最起码的逻辑也没有了。
"西方就适得其反。西方的律师，诉讼起来，管他娘天理、人情、良心，只要逻辑不差，在国法上自有'胜诉'。因而他们的逻辑也就愈发展愈细密了。"（唐德刚译注：《胡适口述自传》，第114页）

② 费正清先生写道："……中国学者未能制订出一套比较完整的逻辑体系，使人们能够据此以概念来检验概念，并系统地将一种陈述与另一种陈述进行对比。中国哲学家以为凡是他们提出的原理都是不需要证明。……他们那种著名的连锁推理法，曾被20世纪中国学者奉为不刊之论，而在希腊学者的眼中，这不过是一连串的如意算盘而已。"（《美国与中国》，第58页）

关注不仅深刻地影响着人们的一般思维形式,①而且也对中国古代法性格的形成发生了可说是决定性的影响。关于后一个问题,我们已经谈得不少了,这里只是要指出,古代律学乃至整个古代法在逻辑方面的欠缺,归根结蒂也是由此发生的。

道德化的法律不需要严密的逻辑结构。因为道德判断本身就不是根据逻辑得出的。董仲舒断狱引《诗经》曰:"螟蛉有子,蜾蠃负之",以此推出养父子与亲父子同的结论,这在今人看来是不讲逻辑。有人盗墓木,法官判曰:

> 许孜,古之贤士也,植松于墓之侧,有鹿犯其松栽,孜泣,叹曰:鹿独不念我乎?明日,其鹿死于松下,若有杀而致之者。兽犯不赦,幽而鬼神,犹将声其冤而诛殛之;矧灵而为人,岂三尺所能容哉!②

这同样是不讲逻辑。

近人有比较中外小说中审案异同者,发现外国小说主要写靠求证和推理去侦破罪案,着重的不是判案。而在中国,则自汉、唐的酷吏直到清末《老残游记》写的"清官",都是靠刑具和口供判案,"好像是欧洲重过程,中国重结果。有证,有供词,即作判断,无须推理、考核。"③这是很发人深思的。

---

① "在中国,思想史起点上的思想家,不论孔子和墨子,其所论究的问题,大部分重视道德论、政治论与人生论;其所研究的对象也大都以人事为范围;其关于自然认识,显得分量不大。""所有的自然事物与关于自然现象的认识,都是'取辨之物',即都是借以导出政治论或道德论上某些结论的手段或工具。"(侯外庐等著:《中国思想通史》第一卷,第131、133页)由这里产生出来的所谓"比附逻辑"(详见上引书第十一章第七节,"思孟党派"的"无类"逻辑)在中国历史上影响极大,经学、律学乃至司法推理都深受其影响。详见下。
② 《名公书判清明集》卷九,"庵僧盗卖墓木"。
③ 东方望:"谈武侠小说和侦探小说",载《读书》1985.7。

第十一章　礼与法:法律的道德化　319

我们的古代法律,因为道德化的缘故,只具有否定意义,其结果,不但是法律的应用被限制在尽可能低的水准上,司法制度也必定是简单粗陋。"以熟读诗书的文人治理农民,他们不可能改进这个司法制度,更谈不上保障人权。法律的解释和执行离不开传统的伦理,组织上也没有对付复杂的因素和多元关系的能力。"①这种组织上的欠缺,自然导致对于过程的忽略和对结果的重视。"刑事案件需要作出断然处置,不论案情多么复杂,判决必须毫不含糊,否则地方官就将被视为无能。于是他们有时只能依靠情理上的推断来代替证据的不足。"②普遍地使用刑讯和对于口供的看重也是因为这样的缘故。对只涉及户婚、田土、钱债一类事务的案件的处理大体也是如此。只是因为这类案件一方面通常与义利问题有关,另一方面又恰好属于州县自理的一类,法官的宣教职能以及作道德上安排的随意性也就格外地突出。这里,过程同样无关紧要,要紧的是结果,是社会的和道德上的效果。清代有人介绍其听讼经验云:

　　本署县涖斯土已逾七月,遇两造投到之案,不必责其人证齐全,无不为之一堂审结。且无不以礼让和睦惩忿窒欲之义,反复开导,以冀尔等之毋蹈讼累,毋贻后悔。③

听讼如此,则审判程序中技术手段的欠缺与简陋便可想而知。古

---

①　黄仁宇:《万历十五年》,第135页。
②　同上书,第154页。"杀人者死"一类古老立法原则的立意也是如此,"这样的立法意在避免技术上的复杂,简化案情中的疑难,而在大众之中造成一种清官万能的印象,即在有识见的司法官之前,无不先决断的案件。"(同前,第153页)关于"杀人者死"这一古老立法原则的社会意义,有兴趣的读者可以参见拙著《法意与人情》中"说抵"和"约法三章"诸文。
③　武穆淳:"劝息讼说",载《皇朝经世文续编·刑政》。

时通行的听断方法源自周代,《周礼·小司寇》曰:"以五声听狱讼,求民情,一曰辞听,二曰色听,三曰气听,四曰耳听,五曰目听。"辞听者听其出言,不直则烦;色听者观其颜色,不直则赧然;气听者观其气息,不直则喘;耳听者观其听聆,不直则惑;目听者观其眸子,视不直则眊然。① 以五听之法而辅之以刑讯,几乎无不能断的案件。当然,疑狱总是有的,只是以道德原则决断疑案亦非难事。明人海瑞所见极有代表性:

> 两造具备,五听三讯,狱情亦非难明也。然民伪日滋,厚貌深情,其变千状,昭明者十之六七,两可难决亦十而二三也。二三之难不能两舍,将若之何?……窃谓凡讼之可疑者,与其屈兄,宁屈其弟;与其屈叔伯,宁屈其侄;与其屈贫民,宁屈富民;与其屈愚直,宁屈刁顽。事在争产业,与其屈小民,宁屈乡宦,以救弊也。(乡宦计夺小民田产债轴,假契侵界威逼,无所不为。为富不仁,比比有之。故曰救弊。)事在争言貌,与其屈乡宦,宁屈小民,以存体也。(乡宦小民有贵贱之别,故曰存体。若乡宦擅作威福,打缚小民,又不可以存体论。)②

这种判案法是无须要逻辑的。宋时有兄弟二人争欲以其子为一堂兄之后,而置无后之亲兄于不顾,只因为此堂兄"生理颇裕",而亲兄"家道侵微"。对此徇利忘义之举,法官大伤嗟叹,于是唤上二子"焚香

---

① 《唐律·断狱篇》:"诸应讯囚者,必先以情,审察辞理,反复参验,犹未能决,事须讯问者,立案同判,然后拷讯",[疏]议曰:依《狱官令》:"察狱之官,先备五听,又验诸证信,事状疑似,犹不首实者,然后拷掠。"关于古人听狱讼之制的大致情况,又可以参见张金鉴:《中国法制史概要》,第三章第二节"听讼与断狱之程序"。拙著《法意与人情》中"清官判案"一文从另一角度讨论了这一问题。拙文同时指出传统听断狱讼的方法与彼时社会状态的一致,有助于比较全面地看待这一问题。
② 《海瑞集》(上册),第117页。

拈阄,断之以天,以一为瑞之嗣,以一人为秀发嗣,庶几人谋自息,天理自明,存亡继绝,安老怀少,生死皆可无憾"。① 这种断法虽无逻辑可言,却在道德上有着充分的理由,实与上引海瑞决断疑狱的原则有异曲同工之妙。过于强烈和普遍的道德化倾向造成了组织的不健全,组织上的欠缺又只能靠抽象的道德原则来补足,这原是同一事物的两个不同的方面。它们构成了一种自满自足的循环。② 法律结构、律学方法以及司法判决的缺乏逻辑都源自这里。

H. J. 伯尔曼曾言,11 世纪末和 12 世纪出现于西方的新的法律方法论——其逻辑,论题,推理式样,抽象概括之程度,以及它使得具体与普遍、个案与概念彼此发生关联的各种技术——乃是自觉将法律系统化,使之成为一门自主科学的关键所在。③ 在同样的意义上我们亦可以说,中国古代的律学所以不是法学,而且注定不能够成为一门科学,首先是因为它完全不具有此种方法上的准备。中国历史上过于强烈的泛道德倾向从根本上取消了这种可能性,就像它使得职业化的法律家阶层自始便无由产生一样。

十三

自然,无法学即无所谓法学家(jurist)。近人程树德尝作"律家考",集汉代律家七十有余,其中有作法者如萧何,引经断狱者如董仲舒,职司法律者如张汤,为法律章句者如马融、郑玄,更有一些史载其

---

① 《名公书判清明集》卷七,吴恕斋:"兄弟一贫一富拈阄立嗣",又可以参见同卷所收"探阄立嗣"一节。
② 由社会结构的方面讲古代法性质所以如此的原因,可以与本书开始几章由历史方面对古代法性质所作的说明互相印证。
③ 参见:Harold J. Berman, *Law and Revolution*, pp. 163-164。

"性严厉,好申韩之学","政严猛,好申韩之法,善恶立断","刻削少恩,好韩非之术"的人。① 这些人当中虽然有兼而研习法律者,却都不能算作法学家。埃斯卡拉写道:

> 一代又一代的法学家,其看法不受实在法的约束,也不管自己的意见实行起来可能是什么样子,只是因为其方法、学说和科学的品格而去创立"理论"或法律的纯理论体系,这样的传统在中国是缺乏的。中国没有"法律概要"、指南或论著。法学家如董仲舒……法典编纂者如长孙无忌……都不曾写出与盖尤士、居雅斯·波蒂埃或祁克的著作相当的东西。②

我们看到,12世纪的罗马法学者埋头于古典罗马法的研究,甚至全不顾当时法律的实际发展。他们以学究的方式、科学的方法处理那些古代材料,使得古典罗马法面貌一新。经他们锻造过的罗马法,系统性与合理性均大为提高,近世罗马法的普遍性正部分地建立在这样的基础上面。在中国,法律系统化的要求通常维持在一个较低的水准上面。完全是务实的律家既不曾把法律看成是一种可以纯科学方式处理的题材,也未能掌握所谓纯科学的手段。他们关心的主要是另外一些问题。这些问题可以包含某种系统化的要求在内,但同时又可能有力地抑制这一类要求,使它们不能够获得充分发展。历史上,法令滋章每每引出周期性整顿律令的要求,然而无须很长时间,又会出现法律由简而繁的变化,于是,同样的过程重又开始。这是因为,每一次法律整顿

---

① 参见程树德:《九朝律考》卷一,"汉律考"八。
② 转引自:Joseph Needham, *Science and Civilisation in China*, Vol. II, pp. 524-525。

都只是为了去掉因为诸多法律形式混杂并存乃至错糅无常而予奸吏以可乘之机的弊害。系统化本身从来不是导致这类变化的内在动因。在这种情形之下,法律要变成为一种高度逻辑化的体系,几乎是不可能的。

古代各民族法律演化的途径不尽相同。西方的法律肇始于希伯来,希伯来人的律法却又是上帝的诫命。至于希腊,法律虽有了长足的发展,却还不曾完全与礼俗与习惯划清界限,有时甚至还保有神谕的痕迹。只是到了罗马时代,法律的发展才真正获得飞跃。至少,12世纪的法学家在建立作为西方科学之样板的法学的时候,一手使用着希腊人的辩证法,另一手则接过了罗马人的全套概念术语。① 而在东方古代,印度法始终未脱宗教的藩篱。在中国,法律直接建立在道德的原则上面,并且为了道德的缘故而施行。这种以礼与刑(广义上)融铸而成的法基本只具有否定的价值,其应用因此总是被降低到一个尽可能低的水准之上。虽然这样做的结果必定是司法组织的简单粗陋,法律条令滋章繁杂的现象却未因此稍得改善。这里没有法学和法学家,也没有职业的法律家阶层。熟读诗书的文人依理、义诸原则解释和执行法律,司法从属于行政以便"政府的统治得以保持一元化",并使"文官集团的思想行动趋于一致"。② 这是一种颇为独特的状态。中国古代法就固着于这种状态上面长达二千余年(按一种比较保守的计算法)。虽然这个庞大的法律体系突然在 19 世纪的世

---

① 参见:Harold J. Berman,*Law and Revolution*,p.149。
② 黄仁宇:《万历十五年》,第 153 页。李约瑟先生指出,在古人心目中,同一等级的行政职位是完全可以相互交换的,而这意味着专门人才如数学家、天文学家、医生等往往被撇在一边而且几乎不能晋升到高位。(参见《李约瑟文集》,第 285—286 页)在我们看来,这种情形从根本上阻止了专门职业的出现。

变当中彻底崩塌,它毕竟有过一段漫长的历史,一个完整的形态,如果说,它在过去的历史和自身形态里面早已埋下了隐患,那么这隐患究竟是什么呢?

十四

社会学家马克斯·韦伯在对历史上不同类型的法律制度作某种比较研究的时候,使用了一个重要的概念:合理性。这是一个含义丰富的概念。它可以简单地用来指依据规则或者原则的统治,也可以指受理智控制的解决纠纷的手段。有时,合理化是指建立在"意义之抽象阐释"基础上的法律分析方法,又有时,它是指法律秩序的系统化特征。① 显然,这种合理性概念并非完全不可以应用于中国古代法。比如,曾在世界许多古代民族中流行的神判法,在中国法律史上很早就近于绝迹,听讼断狱的方法虽然简单,却也是受人类理知支配的。② 事实上,"理"的观念无论是在中国古代哲学还是古代法里面都据有重要地位。如果只就人之行为是否以人类的智力来判断这一点来衡量,中国古代法之合于韦伯所谓"合理性"则无疑义。只是在此范围之外,我们还必须注意到,中国传统的"理"的概念与西方通行的"理性"概念又有许多不同之处。经学、律学以及常见于古代法律文书中的理,很大程度上是一种

---

① 参见:*Max Weber on Law in Economy and Society*, edited by Max Rheinstein, Chapter 4, "Categories of Legal Thought" (New York, 1967); A. T. Kronman, *Max Weber*, pp. 73-75。

② 瞿同祖先生指出:"神判法在中国的历史时期虽已绝迹,但是我们只是说在规定的法律程序上不见有神判法而已。实际上神判法还依然有其潜在的功能。官吏常因疑狱不决而求梦于神,这显然是求援于神的另一种方式。"(《中国法律与中国社会》,第254页)在某种意义上说,以拈阄定取舍而断之于天的方式也是如此。不过,这些毕竟只是"遗迹",且于法律只有辅助的和极有限的意义。中国法的基本精神以理智为特征,这一点与其他古代民族相比较尤其明显。参见瞿同祖上引书第五章第一节,"神判"。

道德化的概念,而在西方,神学中的理性是与启示相对而言的。11世纪以后西方社会理性生活的恢复,首先表现在以"辩证法",即纯粹的逻辑推理,而非以启示和权威来论证神学问题这件事情上面。① 合理的法律分析方法以及法律秩序的系统化都是应用这样一种理性的结果。法律史上,所谓法律的"形式合理性"首先完成于西方近代法典体系之中绝非偶然。

这里,我们提到了"形式"(或形式性 formality)的概念,这是韦伯经常使用的另一重要概念。他以这种概念来描述法律和法律思维的两个不同方面:(1)简单指"依一般规则或原则的统治";(2)法律的独立或自治。在后一种意义上,不承认法律原则与非法律原则之间区别的法律秩序便是缺乏形式性的。② 由"合理的"与"形式的"两种概念,人们可以得出法律秩序或法律思维的四种基本类型,即形式合理性,形式非理性,实质合理性,实质非理性。③ 其中,作为法律之最高发展的形式合理性必定满足了这样一些条件:首先,所有具体的法律判决都是抽象之法律判断"适用于'具体事实情态'的结果;其次,在所有情况下,都可能借助于法律逻辑由抽象的法律判断得出判决;又其次,此种法律必须实际上或者实质上构成'无隙可寻'的法律判断体系,或至少被看成是这样一种严密的体系;再其次,凡不能够以法律术语作合理'解释者',亦是在法律上无关者;最后,人的所有社会活动必须总是被想像为法律判断的'适用'或'实施',要么便是对法律的'违反',因为法律体系的'无隙可寻'必定产生包容所有社会行为的无隙可寻的'法

---

① 参见拙文"中古神学的理性之光与西方法律传统",载梁治平:《法辨》,第170—183页。

② 参见:A. T. Kronman, *Max Weber*, pp. 92-93。

③ 参见:*Max Weber on Law in Economy and Society*, pp. 63-64。又可以参见:A. T. Kronman, *Max Weber*, p. 76。

律秩序'"。① 19 世纪以后对中国古代法律体系构成严重挑战,并且终而将其取而代之的正是这样一种建立在"意义之逻辑阐释"之上,且具有高度之系统化特征的法律秩序。显然,这是两种截然不同的法律秩序。

在我们这里,"理"所指向的纯然是另一个方向。中国古代法的合"理"不仅不能够造就一种严密的、无隙可寻的法律体系,反而使法律只具有否定的价值。虽然这种法律早已脱离神判,只依靠人的智力来判断真伪,但是它的系统化程度和可预知性并不高。大量的商业活动和民事纠纷并不依据法律决断,因为法律的任务只是维系此一社会的道德秩序(治安秩序亦包括在内),它将尽可能降低法律的适用率,尤其是在与商业和民事有关的领域。固然,每一个朝代都要颁布数量惊人的法律条令,而且也常常要求司法官员依据法律作出判决,然而维系我们这个帝国行动和思想统一的,与其说是法律,不如说是道德,是包括天子在内的每一个读书人都服膺的一套共同的价值观。我们的法律自然体现了这种价值追求,因为同样的缘故,法律的执行也必须符合这种精神。其结果,司法判决便常常摇摆于"经"与"权"之间:几乎在所有的案件里面,法官都要根据具体的事实情态作某种特殊安排,以便使天理、法意和人情彼此调合。在道德上同样也是法律上显得不甚重要的大量所谓词讼以这种方式处断自不待言,就是那些在法律上有着明确规定的案件也并不总是依照所谓严格法判决的。法律尽可以按照特定的道德原则来制定,但是无论它在被制定出来时可能是多么完备,放在具体的道德情境里都会显得简单粗陋,不敷应用。因此,为了达到一个"合理"的结果,人们有时不得不"屈法以伸情"。这种情形与古时希

---

① 参见:*Max Weber on Law in Economy and Society*, p. 64。又可以参见:A. T. Kronman, *Max Weber*, p. 78。

腊人的做法有某种相似之处。在比较进步的希腊社会中,法典很快地由繁杂的程序形式和不必要的术语中间解脱出来,然而法律的发展似乎太快了一些。梅因认为,这正是法律以及由法律结合在一起的社会,在其幼稚时代最容易遭受的两种特殊危险之一。① 希腊人虽然尊重法律,但他们没有把自己局限在狭窄的法律公式里面。由雅典民众法院的工作情况可知,"在希腊法院中有着非常强有力的倾向把法律与事实混淆在一起。……当时对纯粹的法律问题往往是用可能影响法官心理的各种理由来进行辩论的。"②

这也正是中国古时的情形,虽然具体的原因不尽相同。③ 这种将法律与事实混淆在一起的做法表明法律与政治、宗教、伦理之间并无严格的界限,法律还不曾获得独立的地位。借用韦伯的术语,我们可以说这种法律还不曾被"形式化"(formality)。当然,韦伯就中国法所作的分析已被证明是根据不足的,④我们在这里更无意将中国法与希腊法

---

① 〔英〕梅因:《古代法》,第43页。
② 同上书。我们可以比较李约瑟先生关于中国古代法的这样一种说法:"所有案件都被当作环境条件的总和来判决,而没有排除那些看起来可能与案件无关的因素。"(《李约瑟文集》,第286页)关于雅典民众法院以及希腊法的一般问题,又可以参见拙文"由苏格拉底之死看希腊法的悲剧",载梁治平:《法辨》,第159—169页。
③ 弗兰克(Frank)也认为这种所谓"案件个别化"是古希腊法区别于古罗马法,而在很大程度上与印度法和中国法共有的一项特征。有趣的是,他认为在追求法律确定性的罗马法中有某种"男性因素"(masculine element),而在根据具体情况灵活处理所有案件的东方法律里则有某种"女性因素"(feminine element)。确实,罗马法向以"家父权"为其特征,而且一般来说,父亲的形象总是严厉的,不通融的,母亲则代表着宽容和具体情况具体对待的原则。这种说法在李约瑟先生那里有一种更合理的解释。李约瑟指出,在中国历史上有着深远影响的道家便是强调阴柔的(feminine),汉儒之克服先秦法家过分的"阳刚"(maleness),部分是受了道家思想的影响,它同时也给了司法官依照衡平和"自然法"的原则裁断案件的极大自由。参见:Joseph Needham, *Science and Civilisation in China*, Vol. Ⅱ, pp. 531-532。
④ 有关韦伯的论说,参见马克斯·韦伯:《儒教与道教》第4章。批评性意见,参见拙著《清代习惯法:社会与国家》,第170—179页。

归于一类。不过,读一读梅因关于希腊法的精彩评论,对我们了解中国法的传统肯定不是无益的:"一个社会对某些特殊案件,为了要得到一个理想的完美的判决,就毫不迟疑地把阻碍着完美判决的成文法律规定变通一下,如果这个社会确有任何司法原则可以传诸后世,那它所能传下来的司法原则只可能仅仅是包括着当时正在流行的是非观念。这种法律学就不能具有为后世比较进步的概念所能适合的骨架。充其量,它只是在带有缺点的文明之下成长起来的一种哲学而已。"①

---

① 〔英〕梅因:《古代法》,第43—44页。

第十二章　自然法

天垂象,见吉凶,圣人象之;
河出图,洛出书,圣人则之。
　　　　　　　　——《易·系辞》

天命有德,五服五章哉。
天讨有罪,五刑五用哉。
　　　　　　　　——《书·皋陶谟》

一

有一种可以说颇为流行的看法,即认为"礼就是自然法"。① 考中国古代文献,并无"自然法"这样一种说法,事实上,以中国古代哲学来度量,"自然法"这个概念本身便表明了一种自相矛盾(详见下)。因此,今人所言之自然法,首先是指 19 世纪以后由西方传来的一个专门概念,而"礼就是自然法"云云,不过是就两个产生于不同文化背景的基本概念之异同,下了一个肯定的判断。值得注意的是,一些潜心研究中国古代文明的西方学者,也持有相近乃至相同的看法。宝道(Geor-

---

① 梅仲协:"法与礼",载刁荣华主编:《中国法学论著选集》,中国台北汉林出版社 1976 年版。

ges Padoux)认为中国人很早就相信有一种事物的自然秩序或自然法（natural law），①李约瑟先生更是明白无误地把礼说成是中国的"自然法"。② 他甚至在一个地方将"礼"放入 jus,droit 的系列，以与置于 lex,gesetz 系列中的"法"相比照。③ 按照本书确立的观点，这种说法显然是一种文化上的误解。不过，自然法问题的提出并不是没有意义的，探究这个问题有助于我们了解中国古代法律背后一些更为隐秘的东西。

二

在西方文化史上，自然法的观点不但渊源久远，更在法律与社会的变革中间产生过重要的影响。然而，所谓"自然法"并非任何一个元老院、国王、议会或者教皇制订的规则，它不是一般意义上的所谓"实在法"，毋宁说，它是实在法的准则或者依据，是一套价值评判的标准。在这种意义上，我们不妨称之为"道德法"。这样一种道德法当然不是我们在古代中国所见的那种建立在家、国合一基础上的道德法，但又不是全无关系。如果说，西方历史上自然法与实在法的对立表明了法律与道德、规则与其价值准则之间的一种特殊关系的话，那么，一般意义上法律与道德的关系肯定是一个普遍的问题。

古代中国人也曾面对着同样的问题，而且在解决这个问题时表现了与西方人颇为相似的立场与态度："中国人认为他们可以漠视成文的法律，如果他们发现这些法律与自然法不尽一致。……结果，实在法

---

① 参见：J. H. Wigmore, *A Panorama of the World's Legal Systems*, p. 143。

② 参见：Joseph Needham, *Science and Civilisation in China*, Vol. Ⅱ, pp. 521,532,539,544。李约瑟先生以"中国与西方的自然法和自然法则"为题写下的这一章，是我所见到的这方面中最为详尽的研究。

③ 参见同上书，第 532 页。

只在被认为得到社会之有效同意,亦即习惯之认可的范围内才被人遵守。"①"倘若法与礼相抵触,这法一定是虚假的。"②这些说法在某种特定意义上是成立的。也许正是因为这样一些形式的相似,使得这些研究者得出了礼即是自然法的结论。这正是危险所在。黑格尔尝告诫人们说:"当人们让他们自己为形式所迷惑,把东方的形式和我们的平行并列,或者还更爱好东方的形式时,内容不同这一点,在作这类的比较时是值得普遍注意的。"③比如"在中国人那里,道德义务的本身就是法律、规律、命令的规定。所以中国人既没有我们所谓法律,也没有我们所谓道德。"④这并不是惊人之语,前面两章的讨论已经就这问题谈得比较充分了。现在要弄清的问题是,如果说礼与法和自然法与实在法这两组关系之间在形式上确实有某种相似之处的话,那么它们在内容方面又有哪些异同。这种比较揭示出一些社会历史和文化方面的深刻蕴涵。

三

就相同的一面来看,礼与自然法是实在法的依据,但是同样确定的是,古人观念里面礼不是法,也不可能是法。"中国的秩序观绝对地排斥法的观念。"⑤这是由古代中国人对于秩序和法的特殊看法决定的。"礼的基本概念构想着一个以义务为中心且仅依义务来调整的社会。……

---

① 语出宝道,转引自:J. H. Wigmore, *A Panorama of the World's Legal Systems*, p.144。
② Joseph Needham, *Science and Civilisation in China*, Vol. Ⅱ, p.539. 试比较托马斯·阿奎那下面这段话:"如果一种人法在任何一点与自然法相矛盾,它就不再是合法的,而宁可说是法律的一种污损了。"(《阿奎那政治著作选》,第116页)
③ 〔德〕黑格尔:《哲学史讲演录》第一卷,第119页。
④ 同上书,第125页。
⑤ 格拉内(Granet)语,转引自:Joseph Needham, *Science and Civilisation in China*, Vol. Ⅱ, p.572。

在礼盛行的社会里,私利被置于由内心信念所激发的有效控制之下。"①这显然不可以与"Jus"相提并举。而在另一方面,尽管现在人们把失礼则入刑的礼说成是法,至少在古人心目中,礼却并非是法,在中国传统文化的价值体系里面,法只具有否定的意义。如果说,西方人把实在法的道德依据也说成是法(natural law),乃是表明了他们对于"法"(jus、droit、law 等)的尊崇的话,那么古代中国人对礼的强调,恰好表现了一种对于"法"的轻视。礼与自然法的差别还不止这些。

自然法学说本质上是种正义论,并且是西方历史上最早、最持久和最有影响的政治正义论。礼则不同,礼在根本上乃是围绕着家族伦常推衍出来的规则体系。古人云:"礼也者,理之不可易也",这是大处着眼,讲抽象的原则,如父慈、子孝、君仁、臣忠等等,此之谓大"义"。礼同时又是繁复琐屑的细则。抽象的原则亘古不变,具体细则却可能因时损益。李约瑟先生称之为"自然法之较低与较高的观念"。② 这种分层在自然法是没有的。人们或者可以列举出自然法的"第一"原则,却不大可能在自然法中作出高级与低级之分。这首先是因为,自然法的原则从来不是细微具体的,相对于实在法,它是一种更高级和更具普遍意义的抽象体系,这使它在与实在法的关系方面也不尽同于礼与法的关系。作为一种具体繁复的规则体系的礼,已经与实在法颇为接近了。而就失礼则入刑这一原则来说,我们又确实可以说,这种礼已经是实在法了。中国历史上礼与法的对立并不具有某种革命性,相反,这种礼—法制度只是一种封闭体系,应该说,这一特征部分是源自礼本身的具体、琐屑,它排除了发展的可能性。正是在这一点上,我们同样有理由说,自然法学说部分因为其抽象特性而能够适应历史的变化,并经常是

---

① Henry W. Ehrmann, *Comparative Legal Cultures*. p. 45, Prentice-Hall, 1976.
② Joseph Needham, *Science and Civilisation in China*, Vol. Ⅱ, p. 546.

社会变革中一种活跃的因素。当然,只是一定程度的抽象并不足以使一种学说或观念具有革命性或至少是开放性。

相对于礼,义是抽象的,而且古代中国人把"义"或者同等意义上的"礼"看成是人生来固有的和具有的普遍意义的原则这一点,与西方人对于自然法的看法也颇为接近。但在中国历史上,"义"同样不是一种开放体系或者革命性因素,究其原因,恐怕根本在于,建立在自然血亲关系基础上的"义"的体系,本质上的自然的。这正是它与以理性为其基本准则的自然法的又一个重要区别。这种区别同时也渊源于它们各自的特殊历史。在中国,实在法的根据所以是依据自然血亲关系推衍出来的"义"或"礼"的体系、原则,多半是由于"家"在这种文化体系中据有某种特殊地位,具体说是由于中国古时家、国合一的文化格局使然。而在西方,自然法抽象的理性特征首先源自古代的自然哲学:一种在对于自然的好奇心支配之下获得的纯粹知识。文德尔班说,希腊伦理学是以一个完全与物理学的第一个问题相似的问题开始的。① 斯多噶学派的宇宙理性可以上溯到赫拉克利特的"逻各斯"或阿那克萨哥拉的"奴斯",他们的永恒不变的自然法则本自早期哲学家们认为是万物本质的理性。② 理性的自然法一开始就不带任何"家"的色彩,它是宇宙法则的延伸,虽然它在物质的世界之上又加上了人类的道德世界,其原则却始终保持着单一和纯净的特征。③ 这种确定的单一和纯净同时又意味着某种不确定。它展示出一种广阔的前景,无限的可能性。

---

① 〔德〕文德尔班:《哲学史教程》(上卷),罗达仁译,商务印书馆1987年版,第104页。乔·萨拜因写道:"希腊的政治哲学和伦理哲学继续沿着业已为自然哲学所开辟的老路线前进——追求变化中的不变和多样性中的统一性。"《政治学说史》(上册),商务印书馆1986年版,第51页。

② 参见〔德〕文德尔班:《哲学史教程》(上卷),第90、104—105页。〔美〕乔·萨拜因:《政治学说史》(上册),第48—51页。

③ 参见〔英〕梅因:《古代法》,第31页。

在这种意义上,理性的恰好不是自然的,而是人为的。自然法云云,只是借助于某种古老的传统,而将人类自身的追求托附于一个客观的公式。这公式是普遍和永恒的,而不同时代人们填注于其中的主张却并不总是相同的。又因为自然法高于和优于实在法,运用这个公式的结果便往往是批判性的。在罗马,"自然法的概念使人们对风俗习惯进行有见识的批判。"①实在法的普遍性因此得以提高。

这种情形在古代中国是很难出现的。这不仅是因为这里没有产生"万民法"的历史条件,而且是因为,礼并非与风俗人情相悖,它恰好代表着社会关系中最具有稳定性和保守性的这一面。背离礼俗的实在法不但是不好的,而且也不能够得到真正的成功。这固然是因为习俗和惯例往往就是一个社会活的法律,但是同样重要的也是因为,我们的秩序归根结蒂是建立在礼俗而非法律上面。这意味着实在法须以礼俗为其根据,意味着在一切可能的情况下面,人们将直接诉诸礼俗。在理想社会的价值序列中,我们的先人矻矻以求的是一个没有法律的社会。其结果,礼深入于法,法消融于俗,礼与法的对立远不曾达到自然法与实在法那样一种紧张的程度。当然,这还不是理想的社会,理想的社会没有冲突,因此也没有法律。特别值得注意的是,在古代中国人眼中,那样一个理想中的和谐状态,恰好就是自然。事实上,所有人间重要的观念、制度都可以在自然里面找到根据。因为人们在塑造、表述和追求其理想的时候,从来都是以自然为其楷模和最后依据的。也许这也是人们认为有理由谈论中国古代"自然法"的一个重要原由。然而正是在这一个问题上,我们可以发现两种不同文化之间最深刻的差异之一。

---

① 〔美〕乔·萨拜因:《政治学说史》(上册),第196页。

四

西塞罗尝言:

真正的法律是与自然相一致的正确理性;它适用于所有人且不变而永恒;它以其命令召唤人们履行义务、以其禁令使人们避免恶行。它的命令或禁令虽然于恶人全无影响,但对于善良的人们却从不失效。想要改变这一法律是种罪孽,试图取消它的任何一部分也不能允许,而想要全部将它废除则是不可能的。我们无法因为元老院或人民的缘故而由对它的义务中解脱出来;我们无须于己身之外去寻求对它的解说或阐释。将不会在罗马有一种法律,在雅典有另一种,或者现在有一种,将来有另一种,有的只是一种永恒不变的法律,它对所有的民族和在任何时候都是有效的。将只有一个主人和一个统治者,那就是君临于我们全体的上帝,因为,他便是这法律的创造者、发布者和执掌权柄的法官。①

这段话被认为是古代自然法学说的完整的阐说之一。我们不妨拿它与被一些认为是中国古代"精辟且有其完整体系"的"自然法理论"作一比较。

夫礼,天之经也,地之义也,民之行也。天地之经,而民实则

---

① Cicero, *Der Republica*, Ⅲ, xxii, 33. 转引自:A. P. d'Entrèves, *Natural Law*, pp. 20-21 (N. Y. 1965)。

之。则天之明,因地之性,生其六气,用其五行。气为五味,发为五色,章为五声。淫则昏乱,民失其性,是故为礼以奉之。为六畜、五牲、三仪,以奉五味。为九文、六采、五章,以奉五色;为九歌、八风、七音、六律,以奉五声;为君臣上下,以则地义;为夫妇内外,以经二物;为父子兄弟、姑姊甥舅、婚媾姻娅,以象天明;为政事庸力行务,以从四时;为刑罚威狱,使民畏忌,以类其震曜杀戮;为温慈惠和,以效天之生殖长育。民有好恶喜怒哀乐,生于六气,是故审则宜类,以制六志。哀有哭泣,乐有歌舞,喜有施舍,怒有战斗,喜生于好,怒生于恶,是故审行信令,祸福赏罚,以制死生。生,好物也;死,恶物也。好物乐也;恶物哀也。哀乐不失,乃能协于天地之性。是以长久。①

这种于自然(天、地)中间找寻形上学根据的做法我们并不陌生,因为它是古代中国人固有思维方式的一种表现。礼与自然法更深一层的差异,正应在这里求得。

西塞罗大讲自然法的永恒不变,这并不使我们惊奇。一种常驻不变的准则的观念在我们也是容易接受的,倒是以神、上帝为这一永恒法律的创造者、发布者和执掌者的观念,在中国人是新鲜的,甚至是难以理解的。

西方文化最重要的典籍,也是西方历史上的第一部圣典,一开篇就讲了一个创世的故事。那故事说,最初是神,上帝耶和华,创造了天地万物、昼夜四季。② 西方人的宇宙观因此便围绕着一个人格神的观念

---

① 《左传》昭公二十五年,语出郑子产。梅仲协先生以为,这套"认礼之为自然法的理论,更属精辟,且有其完整的体系"。参见"法与礼",载《中国法学论著选集》。

② 详见《旧约·创世记》。

发展起来。这神是至高无上的,他创造了一种合理的秩序,并且以法律来统治这宇宙。他就是庄严的立法者。这类对西方历史有着深远影响的基本观念在我们是完全陌生的,老子曾提出过一种对后世颇有影响的创世理论:

  道生一,一生二,二生三,三生万物。万物负阴而抱阳,冲气以为和。①

  恐怕"道"便是中国哲学史上最早和最有影响的一个包罗宇宙万物的基本概念了。然而"道"纯为一"自然"概念,内中并不含任何"人格神"的观念。所谓"有物混成,先天地生。……吾不知其名,字之曰道,强为之名曰'大'。……人法地,地法天,天法道,道法自然"②,讲的完全是一种"自然"的宇宙观。
  宋、明时候流行的"理"被认为是一与"道"颇为接近的概念,它也如"道"一样,乃是统摄宇宙万物,行乎天地人心之间的规律、准则。所不同的是,"理"较之"道"有着更为浓厚的伦理色彩,正好比"道德"一词在儒家那里主要为一伦理的概念,而在道家那里却被强调来指顺应自然的一面一样。③ 当然,这些差别对我们来说并不十分重要,重要的是,这些具有本体意义的概念乃是建立在同样的宇宙模式和思维特征上面的。依照这样一种世界观,"宇宙万物的和谐合作,并非由外在于它们之较高权威的命令中产生,而是缘于这样的事实,即它们便是这构成宇宙模式之整体的等级序列中的各个部分,它们所服从的乃是其各

---

① 《老子》四十二章。
② 《老子》二十五章。
③ 参见陈鼓应:《老子注释及评介》,中华书局1984年版,第12页。

自本性的内在命令。"①数千年来,中国固有的伦理体系一直被认为是内在的、固有的,而不是由任何神圣命令所强加的,它无须由任何超自然的力量来维系。②

法律也是如此。诚如费正清先生所言,"中国人不把法律看作社会生活中来自外界的、绝对的东西;不承认有什么通过神的启示而给予人类的较高法律。摩西的金牌律是神在山顶上授予他的,但孔子只从日常生活中推究事理,而不求助于任何神灵。他并不宣称他的礼法获得什么超自然的认可。他只是拐弯抹角地说这些礼法来自自然领域本身的道德性质,来自这个世界,而并非来自人类无从认识的另一世界。"③然而,法律和道德的缺乏神圣渊源,并不意味着它们也没有任何意义上的形而上依据。事实上,正像我们已经看到的那样,它们并不缺少形而上意义上的依据。只是,问题并不在于人间的观念和制度是否具有这类根据,而在于这些根据本身的性质怎样。

进一步说,自然法之作为实在法的价值依据所以是绝对的和必然的,乃是因为它来自一个超验的世界,这个超验的世界或者是柏拉图的绝对理念,或者是基督教的神性的绝对存在。总之,这个超验世界是那"另一世界",一个与现世截然分离的另一世界。而在中国古代文化里面,"缺少"的正是这样一种超验世界。虽然道德和法律的根据被托附在道、理、天等具有本体意味的概念上面,但是所有这些概念都不曾表明"另一个世界"的存在。事实上,这里根本没有一种经验之外的超验世界,天道与人道其实只是一个道,就好像天地宇宙人心也只有一个理

---

① Joseph Needham, *Science and Civilisation in China*, Vol. Ⅱ, p.582.
② 参见《李约瑟文集》"中国固有的伦理观"一文。
③ 费正清:《美国与中国》,第86页。中国古代法律缺乏一种神圣渊源这一点也为其他一些学者指出,参见:Derke Bodde and Clarence Morris, *Law in Imperial China*, p.10;瞿同祖:《中国法律与中国社会》,第250页。

一样。这种人与宇宙的特殊关系一直可以追溯到周人"以德配天"的原始观念。其完整形态便是中国哲学史上著名的"天人合一"论。

　　大体言之,中国哲学史上的"天人合一"论不外有两种形态,一是天人相类,二是天人相通。天人相类讲"人副天数",自不免牵强,但其基本的道理却与天人相通说并无二致,它们都承认,"宇宙本根,乃人伦道德之根源,人伦道德,乃宇宙本根之流行发现。本根有道德的意义,而道德亦有宇宙的意义。""本根之理,即人伦日用之理,在人为性,在物为理,在事为义,都是宇宙本根之表现。"①这即是程颐所谓"天地人只一道也",既然如此,求道则"当处便认取,更不可外求"(程颢语)。悟道不假外求这一点,明人王守仁说得尤为透辟:"夫物理不外于吾心,外吾心而求物理,无物理矣;遗物理而求吾心,吾心又何物邪？心之体,性也,性即理也。……理岂外于吾心邪？"②虽然在重心还是重理、性即是理还是心即是理这些枝节问题上,古人常有不同的看法,但是所有的人都会同意说,万事万物都处在一个共同的有机体当中,它们互相作用和影响,且受着同样的"道"或"理"的支配;"道"或说"理"并非某种超自然存在的意志或法律,因为,这里并没有"造物主"的观念。"道"只是自然的秩序,是万事万物在没有任何外力(人为)干涉下的自发运动或自然状态。这里实际只有一个世界,一个"天地与我并生,而万物与我为一"③的世界。如果说,事实上绝大多数人都没有也不可能达到与天地万物合一的境界,那么同样肯定的是,个人与宇宙本体之间并无不可跨越的界限。"道"即在吾人心中,"大其心则能体天下之物。""圣人尽性,不以见闻梏其心,其视天下,无一物非我。孟子谓尽

---

①　张岱年：《中国哲学大纲》,第178—177页。
②　《阳明全书》卷二,"答顾东桥书"。
③　《庄子·齐物论》。

心则知性知天以此。"①事实上老子的"道"也是一种预设,以便将他在经验世界中所体悟的道理,附托于这预设的"道"上面。②

部分是因为这种固有的思想方式,在中国传统文化里面,就少了神圣法和世俗法之间的紧张和对立。也是在这样的意义上马克斯·韦伯指出,古代,尤其是斯多噶和中世纪意义上的自然法学说在古代中国并不存在。对于这种学说是核心的和必要的伦理概念在儒教是陌生的。③

五

到此为止,我们关于礼与自然法的比较、分析,着重于二者的歧异,尤其是根本上决定其文化蕴涵的思维方式的深刻差别。这样的讨论固然有助于我们了解那些产生于不同文化土壤的基本观念、概念的种种微妙差异,但这是远远不够的。归根到底,我们探寻礼或法的形而上依据及其性质,并不只是要说明礼不等于自然法,礼与法的关系并不就是自然法与实在法的关系。对我们来说,由此认识建立在一种独特思维形式上面的理论及其全部后果,至少是同等重要的。

汉儒董仲舒以为,"王者欲有所为,宜求其端于天。天道之大者在阴阳。阳为德,阴为刑,刑主杀而德主生。是故阳常居大夏,而以生育养长为事,阴常居大冬,而积于空虚不用之处。……天使阳出布施于上而主岁功,使阴入伏于下而时出佐阳;阳不得阴之助,亦不能独成岁。"④这个道理,他在另一处说得更清楚:

---

① 《张子全书》卷二,"正蒙"。
② 参见陈鼓应:"老子哲学系统的形成",载《老子注释及评介》。
③ Max Weber, *The Religion of China*, p.149.
④ 《汉书·董仲舒传》。

天之道，春暖以生，夏暑以养，秋清以杀，冬寒以藏，暖暑清寒，异气而同功，皆天之所以成岁也。圣人副天之所行以为政，故以庆副暖而当春，以赏副暑而当夏，以罚副清而当秋，以刑副寒而当冬。庆赏罚刑，异事而同功，皆王者之所以成德也。庆赏罚刑与春夏秋冬，以类相应也，如合符，故曰王者配天。谓其道，天有四时，王有四政，四政若四时，通类也，天人所同有也。庆为春，赏为夏，罚为秋，刑为冬，庆赏罚刑之不可不具也，如春夏秋冬不可不备也。①

如果说，董仲舒的"人副天数"说因为常常失之牵强而鲜为后人道的话，那么，上引这两段话却可以说是中国历史上最持久和最有影响的刑罚理论了。当然，从根本上说，无论这种理论本身还是它指导下的实践，都不是由汉代始，而是早早地源自三代的。在这方面，颇具有代表性的是古人对于行刑之时的看法。

《左传·襄公二十六年》："古之治民者，劝赏而畏刑，恤民不倦。赏以春夏，刑以秋冬。"《礼记·月令》更详言之曰：

> 孟秋之月，……命有司，修法制，缮囹圄，具桎梏，禁止奸，慎罪邪，务搏执，命理瞻伤、察创、视折，审断，决狱讼，必端平，戮有罪，严断刑，天地始肃，不可以赢。
>
> 仲秋之月，……乃命有司，申严百刑，斩杀必当，毋或枉桡。枉桡不当，反受其殃。
>
> 季秋之月……乃趣狱刑，毋留有罪。

这大约是关于周制行刑之时仅有且不乏权威性的记载。依此，则

---

① 《春秋繁露》卷十三，"四时之副"。

三秋之月皆可施刑,过此,则非其时矣。① 《周官》以刑官司寇掌邦禁、佐王政,而名之为秋官,绝非偶然。有趣的是,在秋官的职责里面,除后人所习见的掌刑法狱讼和执行刑禁之外,还有所谓"辟除",具体如冥氏,掌除猛兽;庶氏,掌除毒蛊;穴氏,掌除蛰兽;翨氏,掌攻猛鸟;柞氏,掌攻林木;薙氏,掌杀草;剪氏,掌除蠹物;壶涿氏,掌除水虫;庭氏,掌射国中夭鸟,等等。这种对人与自然不加区分,而将一切生命形式归为一类处理的做法或许令我们感觉新鲜,但不会使我们迷惑不解。因为我们在这里看到的此种做法,其内里的思维方式,它据以表露的宇宙观,都是我们久已熟悉的。《周礼》六官,本身即是按照天地四时之数排定的。以秋官为司寇,正是取其肃杀之意。也许,我们这里说,"取……之意",已经是相当"现代"的说法了。事实上,四时变化,包括秋日的萧瑟残败之象,在古人心目中都不是某种诗化的意象,而是颇具实体意味的。一切自然的生命之间都会有某种交流,甚至无生命的自然也与人息息相通。生命的荣枯与世事的流变遵守着同样的法则,这法则或者是道,或者是天,或者是理,总之是自然的秩序。周人于三秋之月行刑,是这种自然秩序的表露;他们将攻林木、除猛兽一类事务归入秋官司寇的职责当中,也是遵循这自然秩序的结果。只是,这种天人合一的宇宙观、秩序观在周人那里通常是取一种更为天真、质朴和直观的形式,这使他们有别于后人。

汉人早已改变了周人于刑戮、辟除不分的态度,但他们不曾更换由周人那里继承下来的宇宙观、秩序观。西汉之制,杀人尽冬月,立春之后,不复行刑。至东汉元和二年秋七月庚子,诏曰:"《春秋》于春每月书'王'者,重三正,慎三微也。律十二月立春,不以报囚。《月令》冬至之后,有顺阳助生之文,而无鞠狱断刑之政。朕咨访儒雅,稽之典籍,以

---

① 参见沈家本:《历代刑法考》(三),第 1235—1236 页。

为王者生杀,宜顺时气。其定律,无以十一月、十二月报囚。"①这件事在当时还曾引起过争论。据《后汉书·陈宠传》:"汉旧事断狱报重,常尽三冬之月。是时,帝始改用冬初十月而已。元和二年,旱,长水校尉贾宗等上言,以为断狱不尽三冬,故阴气微弱,阳气发泄,招致灾旱,事在于此。"帝以其言下公卿议,陈宠据理力争,认为这一修正"上有迎承之敬,下有奉微之惠",结果,"帝纳之,遂不复改"。

自然,行刑之时间改与不改在我们看来并不重要,重要的是当时的人普遍相信,天人之间有某种密切交流,它们互相作用和影响,这种自然运动便是道。王者当则天之道,因时为法,否则,一定会有种种灾难与不幸降临。认为章帝改制乃是招致旱灾的原因便是一例。而在中国历史上,这样的例子实在是举不胜举。董仲舒之言灾异都属于这一类。在汉代这种风习尤为盛行。《后汉书·郎𫖮传》:"今立春之后,火卦用事,当温而寒,违反时节,由功赏不至,而刑罚必加也。宜须立秋,顺气行罚。""方春东作,布德之元,阳气开发,养导万物。王者因天视听,奉顺时气,宜务崇温柔,遵其行令。而今立春之后,考事不息,秋冬之政,行乎春夏,故白虹春见,掩蔽日曜。凡邪气乘阳,则虹蜺在日,斯皆臣下执事刻急所致,殆非朝廷优宽之本。此其变常之咎也。"②这真是一种奇怪而有趣的思考方式。自然现象不以自然的原因来解释,却归之于世事,恐怕这并不简单就是比如列维-布留尔悉心研究的以"互渗"为

---

① 《后汉书·章帝纪》。
② 《隋志》:"帝常发怒,六月棒杀人。大理少卿赵绰固争曰:'季夏之月,天地成长,庶类不可以此时诛杀。'帝报曰:'六月虽曰生长,此时必有雷霆,天道能于炎阳之时震其威怒,我则天而行,有何不可。'遂杀之。"这已是强词夺理了,然而皇帝以其至高权威,却不能不寻一条合于天道的解释,这确是意味深长的。后人胡氏寅曰:"则天而行,人君之道,尧、舜、禹、汤、文、武之盛,由此而已,文帝所言,王言也,而其事则非也。宪天者,以庆赏法春夏,以刑威法秋冬,雨露犹人君之惠泽,雷霆犹人君之号令,生成万物之时,固有雷霆,而雷霆未尝杀物,隋文则取雷霆,而乘怒杀人,其违天多矣。"[转引自沈家本:《历代刑法考》(三),第1241页]这段批评大可以视为对隋政过早夭折的一种说明。

其特征的所谓"原始思维",①而是有其独特哲学蕴涵且相对发达的思维形式。这种把人、社会、自然、宇宙设想为一个有机整体的哲学或可以被称为"有机自然主义"(如李约瑟先生认为的那样)。在关于行刑之时的观念与制度之外,这种"有机自然主义"也在其他许多方面表现出来。②

六

古人通常认为,"政事不修是致灾的原因,而政事中刑狱杀人最为不祥,其中不免有冤枉不平之狱,其怨毒之气可以上达云霄,激起神的忿怒。"③换句话说,统治者悖天的行为将招致天谴,上天以灾异示与世人,它表明自然秩序的和谐遭到了破坏。此时,统治者便须要则天顺时,调整自己的行为,或清理狱讼,或大赦天下,事实上,中国历史上的许多"德政"不但是以这样的名义,而且是在这样的信仰支配之下作出的。在涉及到人命问题的时候,古人表现出一种特别的慎重,这当然不是因为有比如说基本人权的观念在起作用,而是因为,无论是在一般社会秩序还是整个自然秩序里面,生命的保存或者丧失都是具有特别严重意味的事情。古人说"人命关天",并非如今人那样只当作一种比

---

① 参见〔法〕列维-布留尔:《原始思维》,丁由译,商务印书馆1985年版。
② 有关行刑之时的制度,至清代仍有相当严格的规定。此外,与行刑之时相对,历代又有关于停刑日期的规定,沈家本:《历代刑法考》(三),有"停刑日期"一条,所论颇详,可以参考。又可以参见瞿同祖:《中国法律与中国社会》,第五章第三节"刑忌"。
③ 瞿同祖:《中国法律与中国社会》,第256页。对于我们这里正在讨论的问题,瞿同祖先生的这一节(该书第五章第二节"福报")特别具有参考价值。只是,瞿先生在这里用了"神"这个字似乎欠妥。如前所述,在中国古代,"有机自然主义"哲学当中是没有神的位置的。悖道行为在自然界引起的连锁反应,与其说是神的不悦或忿怒,不如说是自然秩序的自动反应更为恰当。

喻，而是具有深刻哲学蕴涵和实体意味的。① 这样一种对于生命的看法，亦可以在很大程度上解释，何以古代统治者如此频繁地大赦天下。

清人沈家本作赦考十二卷，其中分类列举历史上得用来赦免天下之种种缘由，如践阼、改元、立后、建储、后临朝、大丧、帝冠、郊、祀明堂、封禅、立庙、巡狩、徙宫、定都、克捷、年丰、祥瑞、灾异等竟不下二十种。此或以免灾，或以祈福，总之是意在邀福而归诸己也。虽然反对帝王以各种各样的理由频繁赦免罪人的亦代不乏人，但即使是这些反对者"也并不是否认上天与刑罚的关系。所不同者只是说赦免犯罪的人使罪人幸免而使无辜的被害人含冤泉下，更将有伤和气而干天怒"。②

古时与赦罪之制有密切关系的是"录囚"之事，此事在汉代为郡守之常职。《汉书·隽不疑传》：拜为青州刺史，每行县录囚徒还。师古注曰："省录之，知其情状有冤（抑）[滞]与不也。"又《续汉书·百官志》：诸州常以八月巡行所部郡国，录囚徒。注胡广曰："县邑囚徒，皆阅录视，参考辞状，实其真伪，有侵冤，即时平理也。"③因为涉及"断治冤狱"，历史上的录囚便不但常常是出自帝王之命（有时甚至是帝王亲自为之），而且与灾变发生密切的联系。史籍中多有某年某月，有彗星出于某处，理囚；某年某月，以旱理京师囚，或者，以雨霖，理囚，以蝗旱理囚，以久雨决系囚一类的记载，④并且不乏因此奏效的例子。据《后汉书·和帝纪》：永元六年秋七月，京师旱。丁巳，幸洛阳寺，录囚徒，举冤狱。收洛阳令下狱抵罪，司隶校尉、河南尹皆左降。未及还宫而澍

---

① 据《魏志·明帝纪》："帝常言'狱者天下之性命也'。每断大狱。常幸观临听之。"
② 瞿同祖：《中国法律与中国社会》，第259页。关于这个问题，沈家本在其《历代刑法考》（二）"论赦一"、"论赦二"中收集有非常详尽的材料。
③ 转引自沈家本：《历代刑法考》（二），"汉代录囚"条。
④ 详见沈家本：《历代刑法考》（二），"唐代虑囚"、"宋代虑囚"、"审录"诸条。清代水旱兵灾常下诏书清理庶狱，且将天旱清理刑狱减免的规则定在条文之内。参见瞿同祖：《中国法律与中国社会》，"福报"。

雨。又据《后汉书·和熹邓皇后纪》：永初二年夏，京师旱，亲幸洛阳寺录冤狱。有囚实不杀人而被考自诬，羸困舆见，畏吏不敢言，将去，举头若欲自诉。太后察视觉之，即呼还问状，具得枉实，即时收洛阳令下狱抵罪。行未还宫，澍雨大降。古人正是在这类信念指导下思考和行事的。

　　由上面的事例，我们可以发现，中国古代的法律观念、法律理论及其指导下的实践，都与"自然"的概念有密切联系。而同样确实的是，这个对于中国古代法的发展可以说是核心的概念，与用同一个词翻译为中文的"natural law"（自然法）中的"自然"是两个全然不同的概念。"自然法"实际并非"自然"的，而是理性的。它有神圣的渊源，它源自至高无上的立法者，理性的存在。罗马人固然接受了自然法的观念，罗马法的发展也确实深受自然法学说的影响，但是，罗马人却从来不认为他们的法律，以及其他一切创造物，是自动显现的。他们并不认为自己从外部自然界里借用了什么，诸如"天垂象，圣人象之；河出图，圣人则之"一类的理论在罗马人是完全陌生的。耶林（Jhering）写道：

　　　　各种传说惯常把相对晚近时期的成就归于模糊而遥远过去的时日；而将早期历史中各种人类成果与自然现象说成是诸神的赏赐，进而以诸神仍驻足人间的黄金时代去礼赞那遥远的往昔。罗马的传统里面没有这类东西。罗马所是的一切，即它已实现或达到的一切，皆源自它自己的努力；一切都是创造与组织的产物。一切都要有计划，意图，计算。没有什么能自发产生，甚至氏族也不是，虽然它们直接出自家庭的自然发展；法律也不例外，尽管它主要源自社会习惯。国家、法律、宗教，罗马靠她自已创造出这一切。①

古代中国人却不认为自己创造的一切都是人类理性的产物。"天垂象,圣人象之"的神话表明人类社会制度的自然渊源。根据汉语本意,"自然法"翻译为英文应当是"spontaneous law",而不是"natural law"。② 自然的本意是自动、自发,不带丝毫人为的痕迹,其中绝不含造物主的观念。这种自然,通常不是用来指自然现象中的实体,毋宁说,它表明了一种事物运动和存在的方式。在中国人看来,运动与变化中的宇宙,没有神与人的干预本身即是完善的。完善的东西不容触及和重塑,而要任其自然。这不但是道家的学说,也是儒家和法家据以塑造其理想的思想背景。归根结底,它们都是想要回归宇宙原初的和谐。③ 而这种和谐,恰就是自然的状态。

自然的即是完善的,自然的即是和谐的,正因为如此,对待世事的最好态度便是无为。④ 孟子曾讲述过一个宋国农民"揠苗助长"的故事,自那以后,这个因为违悖自然而遭失败的愚蠢农民的形象,便随着那个有名的成语一道流传下来,不断地成为人们的笑柄。当然,这种对"自然"的崇尚,与比如儒家对礼的强调,或者说,"自然"的观念在中国古代法发展中的重要意义,与我们一再指出的礼对于法的深刻影响,二者并无矛盾。事实上,只有在了解了古代中国人对于自然的全部观念之后,我们才可能对于礼,以及历史上礼与法之间的特殊关系有真正深刻的认识。

---

① 转引自:Yosiyuki Noda,*The Far Eastern Conception of Law*,p. 126。
② 参见:Joseph Needham,*Science and Civilisation in China*,Vol. Ⅱ,p. 580。
③ 参见:Yosiyuki Noda,*The Far Eastern Conception of Law*,pp. 125-126。
④ 李约瑟指出,虽然无为的观念主要为道家所强调,但是实际上,这个观念乃是包括儒家在内的所有古代中国思想体系共同背景的一部分。Joseph Needham,*Science and Civilisation in China*,Vol. Ⅱ,p. 563。

七

作为一种特殊的社会制度或规范体系,礼在本质上可说是"自然的",这不只是因为礼据以推衍出来的核心概念如孝、慈等都建立在自然的血亲关系之上,且被认为是人人生而有之的自然情感,更主要是因为,它的形而上依据纯粹是自然的。作为一种社会秩序的礼,本身就是宇宙秩序的一个部分。二程《遗书》中有一条云:

> 万物皆只是一个天理,己何与焉?至如言"天讨有罪,五刑五用哉,天命有德,五服五章哉!"此都只是天理自然当如此。人几时与?与则便是私意。有善有恶,善则理当喜,如五服自有一个次第以章显之。恶则理当怒,彼自绝于理,故五刑五用,曷尝容心喜怒于其间哉?①

这里所谓理,实际是指自然的趋势,其间不带丝毫的人为与做作。一物之理,即是一物的自然趋势。天地万物之理,即是天地万物的自然趋势。程门高弟谢良佐亦云:

> 所谓格物穷理,须是认得天理始得。所谓天理者,自然底道理,无毫发杜撰。今人乍见孺子将入于井,皆有怵惕恻隐之心。方乍见时,其心怵惕,即所谓天理也。……任私用意,杜撰用事,所谓人欲肆矣。……所谓天者,理而已。只如视听动作,一切是天。天命有德,便五服五章;天讨有罪,便五刑五用。浑不是杜撰做作来。

---

① 《二程集》《遗书》卷二上。

> 学者须明天理是自然的道理,移易不得。①

理是自然的,任私用意却是人欲。存天理,灭人欲,即是要去私而返于自然。因此,悖理的行为在古人看来并不只是一般地违反社会道德或习惯,而是对于整个宇宙之自然秩序的破坏。违背了礼也将产生同样的严重后果,因为礼原是理在人类社会中的敷衍,是理的规范化。违礼的行为,因此也变成一种对于自然秩序的破坏。我们应当在这样的意义上去理解"失礼则入刑"的原则,也就是说,不只是把犯罪理解为对于道德秩序(礼)的破坏,而且,甚至更重要的,是把它理解为自然秩序(道)中的骚乱不安。说到底,古人的犯罪概念是建立在某种自然秩序的观念之上的。古代判词中充斥了大量诸如"伤天害理"、"天理不容"一类的词句,适足表明这一点。

了解了这一点,我们就可以进一步理解,为什么在古人心目中争讼乃是绝对不可取的事情;为什么在现代人看来纯属"民事"纠纷的案件,也会以刑事手段来解决;为什么古人对道德上的过失也以犯罪目之;为什么古时所有的纠纷和争讼,原则上都可以刑罚来处断;以及为什么古代的法庭同时又是宣教的场所,判决书则往往是一纸道德训诫。实际情况是,在古人看来,天理流行、人欲窒碍处便是自然秩序的实现。人们以礼相待,和睦相处,绝不至发生利益的冲突或人与人之间的相残相害。由这样的立场来看,不仅犯罪,即便是利益之间的纷争也是对于自然秩序的破坏。社会对于犯罪的惩罚因此也变成了维系自然秩序的一项要求,这时,刑罚的确定也不是随意的,而必须依据自然秩序决定。"杀人者死,伤人者刑"一类原则之所以在数千年间一直是中国人坚守的信条,部分是因为它们表明了某种"自然公正"。这还不是西方人所

---

① 《上蔡语录》卷上,转引自冯友兰:《中国哲学史》(下册),第874页。

谓自然法的某项原则,毋宁说,这是古代中国人以自然秩序来度量所得出的自然生命之间的一种换算。正是因为有这样一种严整有序的自然秩序的存在,冤抑不平之狱以及刑罚的失当便可能酿成灾难。它们不仅不能够恢复自然的和谐,反倒使混乱变得更甚。这是整个自然秩序的破坏,因此它不仅表现为人与人之间的对立(祸乱),而且表现为人与自然之间的紧张(灾变)。这是一件足以危及统治者地位的严重事件,因为自远古以来人们便普遍地相信,统治都须秉承天命方能保有其王位,而一旦此统治者怠于恢复业遭破坏的自然和谐,昊天便要收回成命。中国历史上的改朝换代往往在"替天行道"的旗帜下完成便是为此。

自然,求得和谐的办法不只是,甚至主要还不是刑罚。如果说,刑罚之于自然和谐的恢复乃是不可或缺的话,那也只是因为,自然秩序中代表刑罚力量的"阴"对于"阳"是必要的补充。阳为德,主生,这是我们这古老文化的正面。

古人云:"明于五刑,以弼五教",《吕刑》所谓"士制百姓于刑之中,以教祗德",都是把刑视为辅教之不足的手段的。教化之所以重要,之所以为刑罚之本,要旨在于它是能够彻底消灭犯罪的不二法门,而教化之法所以能够奏效,又是因为古代中国人深信,人并非生来便有犯罪的欲念,甚至犯罪本身在原则上也不是不可避免的。人心中皆有善的本源,在孟子,这被称作善端;在宋、明新儒家那里,这是充塞于宇宙之间而为万事万物共同分享的天道、天理。人之于善朦然无知,甚至弃善趋恶,皆是为欲念所蔽彰,因此,人君的责任是施教于先,惩恶于后。惩罚要服从于教化的目的,施行惩罚的过程也因此变成为宣教的一种。在这样的情形之下,一旦有冲突被提交官断,法官便充当起调解人和道德判断者的角色。他首先要把所有的技术问题翻译为善恶的问题,进而作出道德上的分析和评判。在一些案件中,他可能对那些上悖天理、下违人情的"理亏"行为加以申斥和施以惩戒,而在更多的情况下,他并不关心是非问题,或者并不按照他所判明的是非作出最后的决断。他只是反复地申明"道理",希图以此唤醒争讼人心中固有的"天道"、"天理"观念,使他们明白,为了恢复他们所破坏的和谐与平和,他们的义务所在。因此,非常自然地,一方面,每一个案件都变成一个特例,其中,所有的细节,不拘性质与内容,都成为考虑的对象。另一方面,和解则成了维系社会平和的最受推崇的手段。①

八

总之,古代统治者总是自觉地扮演着自然秩序维护者的角色。他们相信,自然秩序本身是和谐的,这种和谐源自道德秩序,灾变则是表明这种和谐遭到破坏的异兆。统治者能够通过自己顺天的行为去影响外部世界的变化,也能够通过教化和刑罚,通过发掘人心中所固有的"道"、"理",恢复业遭破坏的和谐。

在这里,和谐乃是文化的最高价值,也是统治者的最高职责。一切文化的设计,观念、行为、价值、体制全都围绕着这个核心:个体没有独立自在的价值依据,私利、私欲也不曾获得文化上的认可;最高的理想是大公无私,现实的努力是使民不争;法律不是人们提出其主张的依据,而是统治者维护自然秩序的一种手段;诉讼活动是不可避免的,但这一切都在"无讼"的理想指导下展开;息讼与和解是恢复和谐的好办法,但这并不妨碍疾恶如仇的法官对悖理的行为严加处断。惩恶扬善

---

① 参见:Yosiyuki Noda, The Far Eastern Conception of Law, p. 128。这一段所讲的主要是对于州县自理案件以及大量不曾提交官断的纠纷处理的情况,其中的结论只可以部分地适用于其他场合。

原是他们的职责所在,而以熟读经书、对圣贤教诲了然于心的读书人治理国家,又可以说适得其所。在这里,法律只是"惩恶于后",因此只具有否定的价值,它又因此不能够成为一种正当的行业;没有法学家,也没有律师;讼师与地棍被视为一类,教唆词讼更是严重的罪名;杀戮的行为被安排在萧瑟肃杀的季节,灾变与异兆又往往成为清理狱讼、减免刑罚的理由;……。所有这一切,都源自古代中国人独特的宇宙观,源自天道和谐的观念,源自古代中国人对于自然和谐的不懈的追求。

"自然"的即是完善的、美好的、和谐的。在中国古代文化里面,礼、法以及人类社会所有的一切,最终都归根于"自然"。它们在"自然"里面获得其形而上的根据,它们依照"自然"塑造其面目,它们以"自然"为楷模、为追求的鹄的。在这一意义上,我们可以说,中国古代确实有某种可以被称为"自然法"的东西。这个"自然法"与其说是礼,倒不如说是"天道"、"天理"。不管怎么说,这是中国古代文化中所特有的观念和现象,它依旧不是西方人所熟悉的自然法,不是那种有着神圣渊源和超验思维背景的自然法。它是自然的自然法,而我们所以还勉强地称它作"法",也仅仅是因为,这样一种自然的宇宙观、秩序观,对于中国古代法的发展有着深刻的影响。诚如李约瑟先生所言:一个人如果没有认识到,礼所总括的习惯、惯行和礼仪并不简单就是那些被在经验中发现是与"天地之间"中国人体验到的何为正当、何为不正当的固有情感相一致的东西,它们还是那些被认为是与天"意",事实上是与宇宙结构相一致的东西,那么他就不能评判"礼"这个词所具有的全部力量。① 一个人如果不曾由同样的立场去观察和思考中国古代法的发展,他对于这个主题的研究也一定是不够深入的。

---

① 参见:Joseph Needham, *Science and Civilisation in China*, Vol. II, p.526。

第十三章 转捩点:过去与未来

> 她带着困惑步入新世界,
> 不知这是开始还是结束。
>
> ——作者

一

有史家把中国历史的发展分为这样三个时期:中国在中国;中国在亚洲;中国在世界。第一个时期,由商代勃兴至汉代衰落,历时两千年,为中国文化草创时期,在此期间,中国人在其固有疆域之内发展出一种独特的文化。中国历史的第二个时期,自汉衰而延至明末,约一千五百年,其间,中国与其他亚洲国家有广泛的交往,且一面受外部世界的影响,一面影响于外部世界。而由明末至今(此所谓今,在梁启超为清末,在雷海宗为民国,在我们则是今日),可以说是中国历史上的第三个时期,在这一时期,中国一直受着更大的外来压力。这种压力主要来自西方。① 这种基于文化演进所作的分期,大体上也可以用来说明中国古代法的发展。

虽然中国古代法发展至于唐代才有了完全成熟的形态,古代法的基本观念却是早在秦汉时期(甚至更早)就已经确立了的。延至汉末,

---

① 参见 R.V.戴福士:"中国历史类型:一种螺旋理论",载《走向未来》第二卷第一期。

春秋战国之后的价值重建已完成了基本的任务,魏、晋以及隋唐时人的努力不过是使业已确定了的框架更加充实和完备而已。与中国文化的一般发展略有不同,在中国历史上的第二个时期,中国古代法受外来影响不甚显明,它自身的影响,却由于中国在当时亚洲国家中的特殊地位,逐渐波及日本、朝鲜、安南等国,俨然成就一脉以唐律为核心的"中华法系"。然而随着中国的步入世界,中国古代法的命运开始发生根本性的转变。此时,它不但不能够继续保有它对于邻国的影响,甚至也不再能够把握它自身的命运了。

二

一位中国法律史研究者这样写道:

> 鸦片战争使我国对外之关系发生急剧之变化。是役结果,我国与英国缔结一八四二年之南京条约,承认所谓领事裁判权与特别法庭,为不平等条约之始作俑者。光绪二十六年,义和团事变爆发,八国联军迫订辛丑条约;而中英两国所缔之追加通商航海条约,亦随之诞生。在该约第十二条规定:"中国深欲整顿律例,期与各国改同一律,英国允愿尽力协助,以成此举,一俟查悉中国律例情形及其断案办法及一切相关事实皆臻完善,英国当放弃其领事裁判权。"我国为摆脱领事裁判权之桎梏,固不得不谋自救。①

至少,这确是清末改革法制的直接原因之一。光绪二十八年(1902年),清廷委派沈家本、伍廷芳二人为修律大臣,并设修订法律馆,以沈

---

① 林咏荣:《中国法制史》,第65页。

氏为总纂,伍氏辅之。法律馆成立后完成的一件工作,是就乾隆时代颁布的《大清律例》加以修正。修订后的刑律更名为《大清现行刑律》,于宣统二年(1910年)颁布施行。在这部过渡时期的法律里面,传统的刑罚制度如凌迟、枭首、戮尸、缘坐、刺字等遭到废除,杖刑等体罚则被代之以罚款。这部法典一直沿用至民国,在1928年之前继续有效。① 法律馆成立后的另一工作,是兼办法律学堂,并聘日本法律家冈田朝太朗、松冈义正和志田钾太朗为教习。光绪三十二至三十四年(1906—1908),《大清新刑律》由冈田、松冈二人完成;宣统元年(1909年)大清商律草案由日人志田钾太朗写成;宣统二年(1910年),刑事诉讼法与民事诉讼法由伍廷芳起草完成;宣统三年(1911年),大清民律草案在日本专家松冈、志田二氏协助下草就。至此,民法与刑法,实体法与程序法,刑事诉讼程序与民事诉讼程序均已分立,倘再加上宣统三年宣布的宪法性纲领"十九信条",则近代法律体系的基本框架便可以说确立起来了。

虽然清末六法未及施行,清廷即告覆亡,但是清末法律改革的深远意义却远在一系列政治变革之上。民国成立之初,所有前清施行的法律,除与国体相抵触者外,余均暂行援用;而以后刑、民、商诸法典的编订、修纂,也都可以被视为完成前清未竟之业。无论如何,20世纪以后中国法的发展是沿着清末法律改革所开创的方向,且在其基础之上进行的。

表面上看,这个新的发展方向的确只是19世纪中叶以后一系列政治冲突的附带结果,而实际上,它是一场文化冲突的产物,其历史的和

---

① 严格说来,这仍然是一部旧式的法典,除上面列举的修订和一些简化之外,基本上与原来的律例一样。参见《剑桥中国晚清史》(下卷),中国社会科学出版社1985年版,第456—457页。又见上引林咏荣书,第94页,杨鸿烈与江庸二人对该法典所作的评价。杨氏与江氏的评判相左,但就这法典为一旧式法典这一点而言,两人又是一致的。

文化的蕴涵远远超出了它的政治意义,正因为如此,恢复法权和废除不平等条约的运动虽然在20世纪40年代以后终于宣告成功,中国法的性质却已无挽回地改变了,它已不可能再回到原先的出发点去了。这并不是说中国法已由此从"封建"阶段进入了资本主义乃至于社会主义阶段。而是说它已由"中国在亚洲"的阶段进入到"中国在世界"的阶段。在这一阶段里,中国法失去了它先前所固有的性格,转而按照西方文化框架来设计和评判了。事实上,清末的法律改革一开始就表现为一场文化的冲突,这一点,我们由清廷修订法律的基本态度和当时人们围绕新法所进行的争论即可以看出。宣统元年(1909年)一道关于修改新刑律的上谕中说:

> 惟是刑法之源,本乎礼教,中外各国礼教不同,故刑法亦因之而异,中国素重纲常,故于干犯名义之条,立法特为严重。良以三纲五常,阐自唐虞,圣帝明王,兢兢保守,实为数千年相传之国粹,立国之大本。今寰海大通,国际每多交涉,固不宜墨守故常,致失通变宜民之意,但只可采彼之长,益我之短,凡我旧律义关伦常诸条,不可率行变革,庶以维天理民彝于不敝,该大臣务本此意,以为修改宗旨,是为至要。①

《大清新刑律》草案送交各省签注,因其内容多与礼教纲常相悖而遭到朝野多数派的反对。反对派认为,草案以十六岁为刑事责任年龄的规定不妥,年龄限度还应降低;对危害皇室、犯有叛逆一类罪行的人只处以绞刑,惩罚太轻;对掘墓或破坏、偷窃尸体者处以监禁劳役之刑

---

① "修改新刑律不可变革义关伦常各条之谕"(宣统元年正月二十七日谕),《清末筹备立宪档案史料》(下册),中华书局1979年版。

处罚太轻;把正当防卫的概念应用于卑亲属对尊亲属的场合难以接受;同样,对与无夫之妇通奸的行为不予惩罚的做法也是不能够接受的。①显然,引起争论的主要不是技术方面的改动,而是价值问题,或说,隐含在技术规定中的价值立场的变化。这种情形自然不限于刑法一支,在宪法、民法、诉讼法等其他许多法律部门,我们也都可以看到同样的文化冲突,而且实际上,这类冲突是无可避免的。

古代中国人从未按照西方人的标准对法律做出分类,这是事实。我们的祖先站在一种与西方人迥然不同的立场上看待和评价法律,这同样是事实。换句话说,公法和私法,或者宪法、民法、刑法和诉讼法这些分类本身已经不纯是技术问题了,它们代表着某种价值,某种思考社会问题的特殊立场,而这种立场或态度又不仅反映在法律的分类上面,也不可避免地反映于法律的原则、条文和概念当中。这就是为什么,清末政府在西方的强大压力之下改革法制的尝试竟遭到如此广泛的批评。下面援引的当时大学堂总监督刘廷琛关于新法的一段议论是颇有代表性的:

> 窃维政治与时变通,纲常万古不易,故因世局推移而修改法律可也,因修改法律而毁灭纲常则大不可。盖政治坏祸在亡国,有神州陆沈之惧,纲常坏祸在亡天下,有人道灭绝之忧,宗旨不可不慎也。……
>
> 乃查法律馆所修新刑律,其不合吾国礼俗者,不胜枚举,而最悖谬者,莫如子孙违犯教令及无夫奸不加罪数条,去年资政院议员

---

① 参见《剑桥中国晚清史》(下卷),第七章之六"其他改革方案";又可以参见《清末筹备立宪档案史料》(下册)各省奏议有关各条;以及林咏荣:《中国法制史》第四章,"考10","考11"。

彼此争持,即以其不合人心天理之公,稍明大义者,皆未肯随声附和也。今年为议民律之期,臣见该馆传钞稿本,其亲属法中有云,子成年能自立者,则亲权丧失,父母或滥用亲权及管理失当,危及子之财产,审判庭得宣告其亲权之丧失。又有云,定婚须经父母之允许,但男逾三十,女逾二十五岁者,不在此限各等语,皆显违父子之名分,溃男女之大防。管子曰:礼义廉耻,国之四维,四维不张,国乃灭亡。此等法律使果得请施行,窃恐行之未久,天理民彝渐灭寝尽,乱臣贼子接踵而起,而国家随之矣。盖天下大,所恃以保治安者,全赖纲常隐相维系,今父纲、夫纲全行废弃,则人不知伦理为何物,君纲岂能独立,朝廷岂能独尊,理有固然,势所必至。伏维皇上孝治天下,而新律导人不孝,皇上旌表节烈,而新律导人败节。该法律大臣受恩之深重,曾习诗书,亦何至畔道离经若此。臣反覆推求其故,则仍以所恃宗旨不同也。外国风教攸殊,法律宗旨亦异,欧美宗耶教,故重平等,我国宗孔孟,故重纲常。法律馆专意摹仿外人,值(置)本国风俗于不问,既取平等,自不复顾纲常,毫厘千里之差,其源实由于此……

　　臣今请定国是者,不论新律可行不可行,先论礼教可废不可废,礼教可废则新律可行,礼教不可废则新律必不可尽行,兴废之理一言可决。……①

这虽是守旧派的议论,其中却不乏清醒的识见。这位大学堂总监督不但明确意识到新法与旧法的牴牾隐含了价值上的冲突,而且也多少觉察到,这还是两种秩序之间的冲突。他关于天下所恃以保治安者,

---

① "大学堂总监督刘廷琛奏新刑律不合礼教条文请严饬删尽摺"(宣统三年二月二十三日),《清末筹备立宪档案史料》(下册)。

全赖纲常隐相维系的说法,在某种意义上是真实的,它促使我们去注意古代中国特定的文化格局以及维系此文化秩序的基本机制。而我们对于 19 世纪以后中国历史进程的认识和评判,我们对于现今乃至未来之中国文化(包括中国法)的把握,都应当由这样一个前提出发。

光绪三十四年(1908 年)完成的《大清新刑律》草案,因为守旧派的反对,几经挫折,在资政院议决时,亦只通过了总则部分,分则和补充章程则被搁置一边。直到宣统二年十二月,清廷方以实行宪政不得推迟颁布刑法为由,公布了该法的总则以及资政院尚未通过的分则和补充章程,以备实行。至于大清民、商草案,送交资政院,尚未议决便爆发了辛亥革命。可以说,迄清廷覆亡,清末的西方式立法没有一项是真正实行了的。尽管如此,中国法历史上的巨大转变——法律的西方化,却始于清末的法律改革,这个事实是不容否认的。在这意义上说,光绪二十八年(1902 年)的修订法律运动,乃是中国法创新的开端。自此之后,中国人在学习西方的科学技术、经营管理之外,又开始学习西方的法律,学习西方的治国之道 。

如果说,鸦片战争以后,中国人迫于西方列强的压力所进行的改革一般只具有"器"或"用"的意义的话,那么,法律改革却意味着中国开始在"道"或"体"的根本问题上动摇了。这当然是一个极为痛苦的抉择,法律改革遭到种种批评乃至激烈反对也是在所难免。值得注意的是,由移植西方法律的术语、借用其概念、袭用其原则、熟习其学说,直到完全的西方化,这样一个法律改革的过程并不十分漫长。就法律建制本身来讲,从开始到结束,不过三十余年光景。与此前中国古代法几乎四千年的历史相比,这个转变的过程显得过于短促了。但正是从这里,我们可以感觉到一个文明长期积聚于其内部的危机是如何深重,以及,在这危机终于爆发之时,文明的解体和崩颓又是如何的猛烈,势不可挡。

三

16世纪以后，随着欧洲的商业革命，也随着欧洲人的海外探险活动和地理大发现，以及资本主义在西方的兴起，真正的世界历史开始形成了。这是人类历史上划时代的大事变。从此以后，所有的人类活动，历史的、现在的，东方的、西方的，全都统一于共同的历史图景之中。再没有一个民族、一种文明可以在孤立状态下存续下去。无论什么人，此后都必须在这个新的背景下面思考和行动。这是无可奈何的事情，因为它只是一件事实，一件不可更改的事实，虽然作为事实，它对于不同的民族和文明，意义不尽相同。

对西方人来说，世界历史的形成是顺理成章的事情。因为事实上，推动世界历史进程的动力首先是来自西方社会内部。换言之，使得西方社会由中世纪跨入近代的东西，同时也是世界史据以形成的契机，那就是近代科学和西方资本主义。西方人凭借这两样东西改造和征服世界，这就是西方近代史，这就是近代以来的世界历史。①

中国则不然。她也像其他非西方国家一样（比其中的一些更甚），是在毫无准备的情况下，极不情愿地被纳入到世界历史的轨道中去的。对她来说，这一巨变不啻是一场深重的危机。虽然中国文化自汉唐以后，渐渐显出了颓势，而且，在这样一个早已经熟透并且不再有青春锐气的文化里面，靠着个人的道德自觉去补足组织和技术方面的不健全，只能使腐败变得更加不可救药。然而仅仅是这些，还不足以构成对于她生存的威胁。一个古老的帝国，连同她所有古老的理想，一代一代延

---

① 今天几乎所有非西方国家都程度不同地接受了西方人的民主思想、科学观念和工业制度，我们正是在这样的意义上谈论西方的"改造和征服世界"。

续下来。战争、灾祸和王朝更迭只是在历史的循环往复之中标明出各个不同的阶段,恰如那个久远的哲学所揭示的那样。没有人知道这个历史的循环会在哪一点上终止。

19世纪西方列强的入侵打破了中国历史的循环。中国人忽然发现,自己正置身于一个较过去远为广阔的新世界之中,而且,面对来自这个新世界的挑战,她发现自己根本上缺乏抗争的能力。此刻,数千年的积弊同时暴露出来,以往那些原本是无碍大局、甚至于文明机体健康有益的东西竟也显示出弊害。这已是一个文明濒临死境的征兆了。造成这种困境的主要原因在于,在世界历史所造就的新的世界里面,中国已不再是主动的评判者,在一个年轻而强有力的新文明面前,她只是被动地受人评判。鸦片战争以后,人们只能用世界历史的尺度去度量中国历史的进程,而这个可以说导源于西方的世界历史进程与循环往复延续了数千年的中国历史竟是那样的不合。我们正可以在这样的意义上去理解19世纪以后中国文化的危机,以及中国古代法最终完全为西方法律取而代之的悲剧性命运。

四

据马克斯·韦伯看,现代西方法律的理性化是两种力量共同作用的结果。一方面,资本主义的生产方式需要严格的形式法律和法律程序,它需要法律依可以预知的方式发生作用,就如一架性能良好的机器。另一方面,行政活动的理性化要求制度的法典化,要求由受过理性训练的官僚们运用法律实施管理。① 这样两种力量在中国历史上从来不曾有过,隐伏在这两种要求后面的法律观、秩序观在中国文化中更是

---

① 参见:Max Weber, *The Religion of China*, p. 150。

完全的陌生。

中国古代的法律虽然有久远的传统,而且自成体系,但如果以"形式的或者经济的'期待'(expectation)来衡量,它却是不尽合理的"。① 更重要的是,一向决定着中国法律发展的文化和社会因素,以及中国古代法发展趋向本身,都是与形式法律的发展背道而驰的。② 在许多具体案件中,古代法官为了直接实现结果上的公道,牺牲了法律的普遍性。它表明了一种泛道德化的倾向。由于同样的原因,一种高度复杂的专门的技术体系始终没有在中国建立起来。因此,作为实现自然秩序中之和谐的手段,无论这种法律本身可能包含有怎样的"合理"因素,一旦中国在外部世界的压力之下不得已而发展商业,进而实现工业化的时候,它便只能接受失败的命运,遭人抛弃。以现代工业文明的标准来衡量,它注定不能够传世。这时,接受西方的法制便是不可避免的了。虽然在一定限度内,这种法律的内容会因时因地而异,但是作为近代工业文明的产物,它的基本形式是确定的,不容置换。当然,形式法律本身也不只是一种形式,而是包含了特定价值在内的形式。一种可预见性很强,能够像一台合理的机器一般运转的法律秩序,不但可以有效地保护契约的履行,商业的发展,而且能够最大限度地保护个人自由。③ 毕竟,资本主义并不只是一种生产方式,它同时还是一种生活方式,一种价值。而在19世纪,中国人所面对的资本主义,又代表着一种纯粹是西方的生活方式,西方的价值。这就不仅使得文化的冲突变得不可避免,而且必定使它成为冲突的核心。

自然,我们在这里无须用更多的篇幅去描述19世纪中叶以后发生

---

① *Max Weber on Law in Economy and Society*, pp.264-265.
② 参见:*Max Weber on Law in Economy and Sociery*,p.237,以及本书前面各章。
③ 参见:A.T.Kronman,*Max Weber*,p.5。

在这个古老文明体中的急剧变革:旧秩序如何崩溃,传统的价值体系如何被从根本上动摇,以及,西方人的观念、制度如何随同其物质一道急速地涌入这片神秘的大陆等等。我们只须指出,对中国文化来说,这是一个重要的转捩点,一个较历史上任何转变都更重要的转捩点。她又一次面临价值的破碎与建构,与前次不同的是,这一次,她面临一种全新的挑战,一种她在其历史上不曾经验过的挑战。① 要成功地回应这种挑战,她必须能够从根本上解决这场文化的冲突,此外别无选择。事实上,19世纪以后的一系列改革、革命和文化论战,都可以看作是解决这场文化冲突的努力与尝试。至于说,这些努力究竟在多大程度上取得了成功,以及,如何评判这些尝试,那却不是本章所要考察的问题。本章的主旨是要探明清末法律改革的真正意义,而依照我们的看法,这只是在对19世纪前后的中国历史有着深切了解的基础上才是可能的。

的确,正如我们已经看到的那样,清末的法律改革是一场文化冲突的结果,是中国历史上一场前所未有的文化危机的一部分,也是中国人试图克服这场危机所作的一种努力。正因为如此,法律改革的命运在根本上取决于文化建设的成败。法律问题最终变成为文化问题。于是,我们不再专注于某一项具体的改革方案及其成败,而是更关心作为整体的文化格局、文化秩序的兴废。我们不但自觉地把每一项具体的改革放入这种整体性格局中去考察和评判,而且寄希望于一种崭新的文化秩序的建立。自然,在本章考察所及的那个历史年代,这样一种格局或说秩序还没有最终建立起来,而且,也许更重要的是,倘我们就生活在那个时代,我们一定没有把握得出一个前途乐观的结论来。

历史固然不曾告诉我们说哪一种文明必死,但它也不曾说过哪一

---

① 中国历史上,入主中原的游牧民族无一例外是中国文化的被征服者,在这层意义上说,19世纪来自西方的挑战是全新的。

种文明能够永生。它只说过，没有不死的文明。历史上的一切都在生与死之间流转。作为旧秩序的古代文明已然死去，要紧的是，我们还可能去建设一个新的文明，这便是希望所在。20世纪初的中国，就是处在这样一个历史的转捩点上。

参 考 文 献

中文部分

阿奎那,托马斯:《阿奎那政治著作选》,马清槐译,商务印书馆 1982 年版。
白居易:《白居易集》,中华书局 1985 年版。
柏拉图:《游叙弗伦 苏格拉底的申辩 克力同》,严群译,商务印书馆 1983 年版。
班固:《汉书》,中华书局 1987 年版。
蔡枢衡:《中国刑法史》,广西人民出版社 1983 年版。
蔡元培:"《罗马法》序",载《蔡元培全集》(三),中华书局 1984 年版。
曹培:"清代州县民事诉讼初探",载《中国法学》1984 年第 2 期。
陈鼓应:《老子注释及评介》,中华书局 1984 年版。
陈顾远:《中国法制史概要》,中国台北三民书局 1977 年版。
陈汉平:《西周册命制度研究》,学林出版社 1986 年版。
陈梦家:《殷墟卜辞综述》,科学出版社 1956 年版。
陈寿:《三国志》,中华书局 1987 年版。
陈义钟(编校):《海瑞集》,中华书局 1962 年版。
陈寅恪:"审查报告",载冯友兰:《中国哲学史》(下册),中华书局 1984 年版。
陈寅恪:《隋唐制度渊源略论稿》,中华书局 1977 年版。
程树德:《九朝律考》,中华书局 1988 年版。
达维德,勒内:《当代主要法律体系》,漆竹生译,上海译文出版社 1984 年版。
戴东雄:"中世纪意大利法学与德国的继受罗马法",载《固有法制与现代法学》,中国台北成文出版社 1978 年版。
戴福士:"中国历史类型:一种螺旋理论",载《走向未来》第二卷第一期。
戴望:《管子校正》,《诸子集成》本,河北人民出版社(影印本)1986 年版。
戴炎辉:《中国法制史》,中国台北三民书局 1979 年版。

戴震:《孟子字义疏证》,中华书局1982年版。
东方望:"谈武侠小说和侦探小说",载《读书》1985年第7期。
董诰等(编):《全唐文》,上海古籍出版社(影印本)1990年版。
董仲舒:《春秋繁露》,上海古籍出版社(影印本)1989年版。
杜佑:《通典》,中华书局1988年版。
恩格斯:"家庭、私有制和国家的起源",载《马克思恩格斯选集》第四卷,人民出版社1972年版。
《尔雅》,《十三经注疏》本,中华书局(影印本)1982年版。
《法国民法典》,李浩培译,商务印书馆1979年版。
法学教材编辑部〈中国法律思想史〉编写组编:《中国法律思想史资料选编》,法律出版社1983年版。
樊增祥:"樊山政书",载"近代中国史料丛刊",中国台北文海出版社(影印本)。
范晔:《后汉书》,中华书局1987年版。
方平:"'人'的悲剧",载《读书》1987年第12期。
房玄龄:《晋书》,中华书局1987年版。
费孝通:《乡土中国》,生活·读书·新知三联书店1985年版。
费孝通:《江村经济》,江苏人民出版社1986年版。
费正清:《剑桥中国晚清史》,中国社会科学出版社1985年版。
费正清:《美国与中国》,张理京译,商务印书馆1987年版。
冯友兰:《中国哲学史》,中华书局1984年版。
傅衣凌:《明清农村社会经济》,三联书店1961年版。
傅衣凌:《明清社会经济史论文集》,人民出版社1982年版。
刚毅:《牧令须知》,载"近代中国史料丛刊",中国台北文海出版社(影印本)。
故宫博物院明清档案部(编):《清末筹备立宪档案史料》,中华书局1979年版。
顾炎武:《日知录集释》,花山文艺出版社1990年版。
顾准:《希腊城邦制度》,中国社会科学出版社1982年版。
《国语》,上海古籍出版社1988年版。
韩非:《韩非子》,《诸子集成》本,河北人民出版社(影印本)1986年版。
郝懿行:《尔雅义疏》,北京市中国书店1982年版。
贺长龄 魏源等编:《清经世文编》,中华书局(影印本)1992年版。
黑格尔:《历史哲学》,王造时译,三联书店1956年版。
黑格尔:《哲学史讲演录》,贺麟等译,商务印书馆1981年版。

侯外庐:《中国封建社会史论》,人民出版社1979年版。

侯外庐:《中国思想通史》第一、五卷,人民出版社1980年版。

胡朴安(编):《中华全国风俗志》,中州古籍出版社(影印本)1990年版。

胡如雷:《中国封建社会形态研究》,生活·读书·新知三联书店1979年版。

胡适:《中国哲学史大纲》,商务印书馆(影印本)1987年版。

桓宽:《盐铁论》,《诸子集成》本,河北人民出版社(影印本)1986年版。

黄冕堂:"论清代前期的苏州、松江、嘉兴、湖洲四府的农业经济发展与资本主义萌芽",载南京大学历史系明清史研究室编《明清资本主义萌芽研究论文集》,上海人民出版社1981年版。

黄仁宇:《万历十五年》,中华书局1982年版。

吉尔兹:"深描说:迈向解释的文化理论",于晓译,载《文化:中国与世界》(1)。

加达默尔:《真理与方法》,洪汉鼎译,上海译文出版社1992年版。

卡西尔:《人论》,甘阳译,上海译文出版社1985年版。

黎靖德(编):《朱子语类》,中华书局1986年版。

《礼记》,《十三经注疏》本,中华书局(影印本)1982年版。

李觏:《直讲李先生文集》,"四部丛刊",上海涵芬楼影印本。

李华(编):《明清以来北京工商会馆碑刻选编》,文物出版社1980年版。

李约瑟:《中国科学技术史》卷一第一分册,科学出版社1975年版。

李约瑟:《李约瑟文集》,辽宁科学技术出版社1986年版。

李允鉌:《华夏意匠》,中国建筑工业出版社1985年版。

李泽厚:《中国古代思想史论》,人民出版社1985年版。

梁漱溟:《中国文化要义》,学林出版社1987年版。

梁治平:《法辨》,中国政法大学出版社2002年版。

梁治平:《法意与人情》,中国法制出版社2004年版。

梁治平:《法律的文化解释》,生活·读书·新知三联书店1998年增订版。

梁治平:《清代习惯法:社会与国家》,中国政法大学出版社1996年版。

林同奇:"格尔茨的'深度描绘'观与文化观",载《中国社会科学》1989年第2期。

林咏荣:《中国法制史》,中国台北,1976年版。

凌濛初:《二刻拍案惊奇》,上海古籍出版社1983年版。

刘敏:"清代讼师拾零",载《中国历史大辞典通讯》1984年第1—2期。

刘煦等:《旧唐书》,中华书局1987年版。

路德:"邱叔山府判录存序",载《皇朝经世文编续编·刑政》,"近代中国史料丛刊",中国台北文海出版社(影印本)。
《吕思勉读史札记》,上海古籍出版社1982年版。
吕思勉:《中国制度史》,上海教育出版社1985年版。
《论语》,《十三经注疏》本,中华书局(影印本)1982年版。
洛克:《政府论》,叶启芳等译,商务印书馆1983年版。
马承源:《中国古代青铜器》,上海人民出版社1982年版。
翁贝托·梅洛蒂:《马克思与第三世界》,高铦等译,商务印书馆1981年版。
梅因:《古代法》,沈景一译,商务印书馆1984年版。
梅仲协:"法与礼",载《中国法学论著选集》,中国台北汉林出版社1976年版。
孟德斯鸠:《论法的精神》,张雁深译,商务印书馆1982年版。
《孟子》,《十三经注疏》本,中华书局(影印本)1982年版。
穆尔,G.F.:《基督教简史》,商务印书馆1981年版。
欧阳修 宋祁:《新唐书》,中华书局1987年版。
帕斯卡尔:《思想录》,何兆武译,商务印书馆1985年版。
庞朴:《儒家辩证法研究》,中华书局1984年版。
皮锡瑞:《经学历史》,中华书局1981年版。
钱锺书:《管锥编》(1—4),中华书局1979年版。
瞿同祖:《中国法律与中国社会》,中华书局1981年版。
萨拜因,乔:《政治学说史》,盛葵阳等译,商务印书馆1986年版。
商鞅:《商君书》,《诸子集成》本,河北人民出版社(影印本)1986年版。
《商周考古》,文物出版社1979年版。
《尚书》,《十三经注疏》本,中华书局(影印本)1982年版。
沈家本:《历代刑法考》(1—4),中华书局1985年版。
慎到:《慎子》,《诸子集成》本,河北人民出版社(影印本)1986年版。
《诗经》,《十三经注疏》本,中华书局(影印本)1982年版。
石原皋:《闲话胡适》,安徽人民出版社1985年版。
实藤惠秀:《中国人留学日本史》,生活·读书·新知三联书店1983年版。
睡虎地秦墓竹简整理小组编:《睡虎地秦墓竹简》,文物出版社1978年版。
司马光:《司马文正集》,上海中华书局"四部备要"本。
司马迁:《史记》,中华书局1982年版。
《宋刑统》,中国书店"海王村古籍丛刊"(影印本)1990年版。
孙诒让:《墨子闲诂》,《诸子集成》本,河北人民出版社(影印本)1986年版。

苏州历史博物馆(编):《明清苏州工商业碑刻集》,江苏人民出版社1981年版。
唐德刚译注:《胡适口述自传》,中国台北传记文学出版社1983年版。
唐甄:《潜书》,中华书局1984年版。
脱脱等:《宋史》,中华书局1977年版。
汪辉祖:《佐治药言》,载"近代中国史料丛刊",中国台北文海出版社(影印本)。
汪辉祖:《学治臆说》,载"近代中国史料丛刊",中国台北文海出版社(影印本)。
王弼注:《老子注》,《诸子集成》本,河北人民出版社(影印本)1986年版。
王符:《潜夫论》,《诸子集成》本,河北人民出版社(影印本)1986年版。
王国维:《观堂集林》卷十,中华书局1959年版。
王溥:《唐会要》,商务印书馆,"丛书集成"本。
王先谦(注):《庄子集解》,《诸子集成》本,河北人民出版社(影印本)1986年版。
王亚南:《中国官僚政治研究》,中国社会科学出版社1981年版。
王阳明:《阳明全书》,上海中华书局,"四部备要"本。
王荫庭:"办案要略",载《皇朝经世文编续编·刑政》,"近代中国史料丛刊",台北文海出版社(影印本)。
韦伯,马克斯:《儒教与道教》,洪天富译,江苏人民出版社1993年版。
文德尔班:《哲学史教程》,罗达仁译,商务印书馆1987年版。
吴兢:《贞观政要》,上海古籍出版社1991年版。
武穆邨:"劝息讼说",载《皇朝经世文编续编刑政》,"近代中国史料丛刊",中国台北文海出版社(影印本)。
《孝经》,《十三经注疏》本,中华书局(影印本)1982年版。
辛妍:《文子》,上海古籍出版社(影印本)1989年版。
《刑台法律》:"海王村古籍丛刊"中国书店(影印本)1990年版。
亚里士多德:《政治学》,吴寿彭译,商务印书馆1981年版。
颜元:《颜元集》,中华书局1987年版。
杨鸿烈:《中国法律发达史》,商务印书馆1930年版。
杨向奎:"序《西周册命制度研究》",载陈汉平:《西周册命制度研究》,学林出版社1986年版。
叶适:《习学记言序目》,中华书局1977年版。
余英时:"中国近世宗教伦理与商人精神",载《知识分子》,纽约1986年冬季号。
余英时:《士与中国文化》,上海人民出版社1987年版。
中国社会科学院考古研究所编:《新中国的考古发现和研究》,文物出版社1984

年版。

中国社会科学院考古研究所编:《新中国的考古收获》,文物出版社1961年版。

中国社会科学院历史研究所宋辽金元史研究室(点校):《名公书判清明集》,中华书局1987年版。

张岱年:《中国哲学大纲》,中国社会科学出版社1982年版。

张光直:《中国青铜时代》,生活·读书·新知三联书店1983年版。

张光直:《考古学专题六讲》,文物出版社1986年版。

张光直:《中国青铜时代》(二集),生活·读书·新知三联书店1990年版。

张瀚:《松窗梦语》,中华书局1985年版。

张金鉴:《中国法制史概要》,中国台北正中书局1973年版。

张居正:《张太岳集》,上海古籍出版社(影印本)1989年版。

张廷玉等:《明史》,中华书局1987年版。

张载:《张子全书》,上海中华书局,"四部备要"本。

长孙无忌:《唐律疏议》,中华书局1983年版。

赵翼:《二十二史札记》,中国书店1987年版。

《周礼》,《十三经注疏》本,中华书局(影印本)1982年版。

周枏:《罗马法》,群众出版社1983年版。

朱勇:《清代宗族法研究》,湖南教育出版社1987年版。

《左传》,《十三经注疏》本,中华书局(影印本)1982年版。

英文部分

Berman, Harold J.

    1983 *Law and Revolution*, Cambridge: Harvard University Press.

Bodde, Derke & Clarence Morris

    1973 *Law in Imperial China*, Cambridge: Harvard University Press.

d'Entrèves, A. P.

    1965 *Natural Law*, New York: Harper & Row, Publisher.

Ehrmann, Henry W.

    1976 *Comparative Legal Culture*, Englewood-Cliffs: Prentice-Hall.

Friedman, Lawrence M.

    1969 Legal Culture and Social Development, *in Law and Society Review*, Vol. 4, No. 1.

Kronman, Anthony T.

　　1983 *Max Weber*, Stanford: Stanford University Press.

Needham, Joseph

　　1980 *History of Scientific Thought. Science and Civilisation in China*, Vol. II. The Syndics of the Cambridge University Press.

Noda, Yoshiyuki

　　1975 The Far Eastern Conception of Law, in *International Encyclopedia of Comparative Law*, Vol. 2, Chap. 1.

Rheinstein, Max (ed.)

　　1967 *Max Weber on Law and Society*, New York: Simonand Schuster.

Sawer, Geoffrey

　　1975 The Western Conception of Law, in *International Encyclopedia of Comparative Law*, Vol. 2, Chap. 1.

van der Sprenkel, Sybille

　　1962 *Legal Institution in Manchu China*, London: The Athlone Press.

Weber, Max

　　1962 *The Religion of China*, The Free Press of Glenwe.

Wigmore, J. H.

　　1936 *A Panorama of the World's Legal Systems*, Washinton Law Book Company.

索　引

A

阿奎那 Thomas Aquinas　38,96,97,331
阿伯拉尔 Peter Abelard　313

B

柏拉图　37,99,338
变法　60,62,147
辩证法　317,323,325
伯尔曼 Harold J. Berman　310—313,321
卜德 Derke Bodde　62,291

C

查士丁尼　32,105,124
阐释学　1
超验　338,352
陈寅恪　3,70,95,100,254,260,361
成文法　35,54,55,58—61,104,287,303,328
城邦　37,42,44,118,143,145,146,160
城市　21,23,43,44,128,140,143,144,156,160—163,204—206
答　47,48,185,187,190,231—233,245,288—290,297
传统　8—10,16,17,21,24,29—31,35,40—42,44,45,53,54,58,61—63,65,66,68,69,75,78,79,83,88—92,95,97—103,107,110,115,118,119,122,126—129,131,136,137,139,141,145—149,151,152,155—157,161,163,165,168,169,173,174,176,179,180,183,185,188,194,199,202,204,205,207,213,219,223—225,227,228,230,240,251,252,255,256,264,270,271,273,275,278,279,281,286,288,289,292,312,317,319,320,322,324,325,328,332,334,340,346,355,362,363
财产　32,33,50,62,110,122—124,127,133,136—138,141,145,156,159,184,186—189,194,237—241,245—253,256,273,297—300,302,358
春秋战国　34,45,58,61,63,68,149,151,196,278,281,354

D

大传统　9,10
大夫　22,35,40,44,53,61,63,74,83,85,134,153,155,170,177,280,286
大众文化　9
道　28,39,40,63—65,69—73,77—79,83,87—89,94—96,101,104,116,126—131,135,148,153,167,173,176—179,182,187,194—205,207—210,214,217,222,223,225,248,264,269,280,286,291,337—344,349—352,357,359
道德　4,15,34—36,38—41,43,45,57,66,67,69,70,72,78,88,89,91—94,96,97,101,102,107,108,113,119,120,122,128,129,131,151,152,163,168—170,176,179,183,188,207,209,211,212,219,223,226,228,231,232,234,235,

240,244,245,248,249,251—255,257,258,260,268—287,291—297,300—303,305,309,313,314,316—319,321,323,325,326,330,331,333,338,339,349,350,362

道德法 330
道德风范 77,88
道德规范 272,273,278
道德教化 64,71,72
道德精神 282,296
道德判断 226,318,350
道德示范 88
道德问题 88,188,207,226,228,250,252,253,272
道德训诫 216,283,295,349
道德原则 185,236,274,286,287,292,296,320,321,326
道德要求 96,168,228,272
道德依据 332
道德意识 227,275—278,283
道德义务 270,331
道德秩序 145,249—252,326,349,351
道德自觉 360
道家 172,173,199,203—205,207,208,327,337,347
德 27,39,41,63—65,68,71—73,75,78,80,86,93—95,99,130,151,173,192,208,214,215,257,269,272,279,282,286,293,315,317,339—341,343,344,348,350
地域(缘) 23,24,27,29,31,42,44,51,54,61,131,136,231,236,261,283
董仲舒 41,77,95,102,172,177,208,257,258,260,261,264,266,268—274,277,278,280,315,318,321,340,341,343

E

恩格斯 23,49,50
埃斯卡拉 Escarra 16,81,169,322
埃尔曼 Henry W. Ehrmann 332

F

法 3—5,9,15—18,35,46,47,50—58,60—82,100,102—108,110—114,116—119,125,153,172,173,190,198,216,225,226,229,233,236,237,257,263,268,272,274,280,281,283,288,293,296,303,308,310,317,347,352

法典 8,9,17,32,81,89,104—106,109—113,115,180,185,224,227,268,289,290,292,314,322,325,327,355,361

法官 15,57,71,186,188,191,213,221,229,238—241,244,248,253,274,276,284,285,287—291,293,294,296—298,303,309,318—320,326,327,335,350,351,362

法家 17,54,55,58,62—65,67,71,73—78,98,116,147,172,173,198—200,262,263,279,281,282,327,347

法经 46,54,55,58,59,63,104,105,108—110,262,315

法律 3,4,9,11,15,17—19,32—35,40,41,45,50—58,61—71,73—75,77,78,80—82,88,89,97—99,101,102,106—115,117—120,122—124,127,128,131,132,134—136,138,139,141—144,149,152,163—165,169,181,183—186,188,191,198,199,207,208,210—212,218,219,221,223—229,231—234,237—241,243,245—247,251—258,260—275,278—293,295—301,303—305,308—314,316—319,321—328,330,331,334—339,346,351,352,355—359,361—363

法律改革 267,355,356,359,363

法律史 2—4,40,46,54,59,104,105,109,185,190,213,242,257,262,263,290,324,325,354

法律体系 67,81,267,280,284,323,326,355

法律文化 2,4,8,9,15,16,21,45,56,

68，108，194
法律秩序　145，166，267，283，284，289，
　　325，326，362
法律职业　284—286，304，308，309
法学　265，309—314，317，321，323
法学家　105，107，243，305，309，311—313，
　　317，321—323，352
法治　4，70，71，78，82，102
反映　3，11，24，30，61，84，102，106，143，
　　160，161，165，200，207，237，257，275，
　　277，289，307，357
范畴　4，5，39，167—169，174，203
费孝通　119，125，137，305
费正清　62，113，164，166，317，338
分类　4，5，47，54，79，80，107，117，137，
　　231，237，311，345，357
封建　18，28，29，43，81，92，122，136，140，
　　141，143，146，156，160，161，356
冯友兰　17，92，95，129，171，172，202，204，
　　262，272，349
符号(的)　1—3，6，7，9，10，16，102，167，
　　168，183，184，193
父　22，27，32，33，36—38，77，78，118，
　　122—124，129—135，167，168，188，197，
　　200，210，214，230，246—248，259，260，
　　262，263，266，268，270，271，273，276，
　　281，292，296，297，318，327，332，336，358
弗兰纳利　Kent V. Flannery　50
弗兰克　Frank　327

G

概念　2—5，17，21，25，32，44，70，71，79，
　　81，102，107，108，112，115—119，121，
　　125，139，160，169，171，174，180，181，
　　183，203，225—229，240，242，253，255，
　　265，268，273，293，310，312，314，317，
　　321，323—325，328，329，331，334，337，
　　338，340，346，348，349，357，359
个人　25，31—33，35，38，51，62，68，69，81，
　　87，89，98，100，111，112，114，119—125，

128，129，131—133，135—137，141，163，
　　178，180，185，191，194，224—226，288，
　　291，305，339，360，362
个人主义　31，37，119，121，124，132，133
公　5，35，37，67
公法　4，5，32，33，81，106，107，111—118，
　　172，220，224，231，357
公民　37，70，71，82，113，118
功能　3，15，26，27，53，56，57，82，125，129，
　　133，201，230，237，242，244，247，282，324
古代法　4，9，16—19，52—56，58，61—63，
　　66—68，70，75，81，82，103，105，108，
　　111—113，118，144，165，166，186，209，
　　210，223，224，231，233，240，242—245，
　　250—255，257，258，261，264，268，273，
　　278，280—282，284，288，290，293，295，
　　304，309，316，318，321，323，324，326，
　　327，346，347，352—354，359，361
顾炎武　127，134，135
顾准　42
官法　80—82
管子　54，57，58，63，74—76，78，148，149，
　　153，230，358
规范　28，30，33，35，41，45，80，89，114，
　　194，206，236，240，241，245，253，254，
　　260，268，271，272，274，281—283，303，
　　348，349
规则　6，34，97，107，113，114，129，137，
　　138，141，142，168，205，235，237，239—
　　241，274，300，304，311，314，324，325，
　　330，332，345
国　5，21，22，26，29—35，37—40，42，44—
　　48，52，53，59—67，69，72—77，95，108，
　　125，127，148，170，172，192，228，261，
　　270，278，279，293，310，330，333，358
国家　9，17，21—34，38，42—45，48—52，
　　54，61，65，67，71—73，79—82，84，86，91，
　　92，96，97，99，101，111—114，117，123，
　　125—127，132，136，145，155，165，171，
　　172，180，185，191，227，229，234，246，

索引　375

254,261,279,284,297,300,302,303,
316,327,346,352—354,358,360
格拉提安 Gratian 313
格拉内 Marcd Granet 331

H

海瑞 191,210,301—303,320,321
韩(非)子 22,55,63—65,73,74,76,106,
116,117,172,173,198,214,224
韩愈 78
行会 160,161,163,164
合理性(化) 181,182,271,322,324,325
和谐 17,169,194,197—199,201,203,
204,206—211,218,220,222,223,225,
228,230,236,239,252,282,334,337,
344,347,350—352,362
黑格尔 254,274,275,331
侯外庐 35,38,39,44,45,103,156,318
胡适 126,128,129,131,133,317
户婚田土 110,114,115,117,190,213,
229,231,232,234,236,253,268,290,309
黄仁宇 91,242,255,278,284,319,323
价值观(念) 41,114,144,155,250,256,
280,326

J

耶林 Rudolph von Jhering 346
基督教 37,38,92,93,96,97,99,124,338
技术 10,18,23,24,26,34,47,54,56,58,
59,61,81,91,106,109,114,144,145,
193,225—228,241,245,252,253,265,
266,273,278,315,319,321,350,357,
359,360,362
技术革命 24,25,27,29,30
伽达默尔 5
家 5,21,22,29—33,35—38,40,42,44,
45,48,52,53,67,95,123,125,127—129,
131—141,145,148,170,190,191,228,
246,247,249,261,270,378,279,281,
316,330,333

家庭 22,23,31,33,38,50,107,111,112,
123—125,131,132,135,145,164,237,
240,346
价值 3,15,16,41,45,58,64,66,67,95,
97,102,114,115,119,129,131,144,145,
155,159,167,171,178—180,183,187,
191,193,195,196,203,212,250,256,
258,261,264—266,268,269,273,278,
280,281,284,310,311,313,314,323,
326,330,338,351,352,357,358,362,363
价值重建 261,264,266,268,354
价值判断 7,64,180
价值体系 111,121,129,179,180,223,
263,264,267,268,279,313,332,363
监察 83,85,86,90
监护 106,107,245—247,249,254
建筑 16,21,43,44,105,204—209,228
教化 34,64,65,127,186,193,209,210,
214—216,221,223,225,269,282,286,
293,297,303,350,351
阶级 18,21,40—42,50,54,112,120,131,
142—146,164,166,224,286
结构 7,11,22,28,90,102,119,125,149,
157,165,227,256,261,275,278,291,
293,316,318,321,352
解释 1,2,5—8,15,18,26,53,55,56,76,
92,116,125,144,146,165,166,180,206,
240,242,246,248,262,292,297,310,
311,314,319,323,325,327,343,345
解释学 2,5
禁 41,53,55,57—60,63—68,73—76,83,
89,103,109,110,133,134,148,152—
159,182,185,192,213—215,227,232,
235,246,252,263,268,273,281—283,
309,315,335,341,342,356
经验 3—5,16,21,24,30,31,44,48,77,
81,99,114,121,132,220,223,235,253,
258,264,266,288,297,311,319,338,
340,352,363
精神 3,15—19,38,70,78,80,81,91,101,

105，108，122，149，170，178，188，228，
233，240，251，254，255，260，261，263，
268，280，284，285，287，291，293，296，
297，314，324，326
纠纷　3，81，113，136，141，188，195，232，
237，241，252，253，298，309，324，349，351
精英文化　9
君(主)　17，22，58，69，72，74—80，82—89，
92，95，98，100—102，112，122，128，130，
131，147，148，150，153，167，168，170，
172，191，200，202，230，269，272，279，
332，335，336，343，350，358
君子　35，41，72，73，75，94，130，135，145，
170，172，173，176，179，180，182，199，
200，203，259，271，294，302，315

K

卡西尔　1
柯克　191
科举制　84，85
孔子　34，35，39，41，61，64，69，72，89，94，
95，129，170—172，195，199，200，204，
214，269，271—273，294，318，338
客观(性)　1，3—6，53，84，86，90，111，114，
127，144，149，169，179，180，182，193，
206，208，241，250，251，271，290，295，
311，334

L

老子　173，195—200，203，204，337，340
礼　5，17，27，28，33—35，39—45，53，59，
60，63—67，71—73，78，81，89，94，97，
114，119，122，126，127，130，132—135，
145，150，157，167，168，170，176—178，
186，188，189，194，199—202，204—206，
208—210，212，213，218，223，224，228—
230，233，236，237，239，240，252，255，
257，258，263，264，267—269，271—274，
278—284，296，302，303，306，315，319，
323，329—336，340，341，347—349，352，
356—358
礼法　5，35，40，71，132，133，135，147，149，
151，238，240，252，255，270，296，338
礼法文化　9，142，224，255
礼法秩序　66，252，253
李悝　46，54，59，104，105，108，261，262，
310，315
礼器　26—28，33，35，63
礼义　92，135，200，211，212，216，228，240，
283，286，287，293，295—297，358
李约瑟　18，44，81，145—147，155，160，
166，203，206，227，255，256，323，327，
330，332，338，344，347，352
礼乐　147，201—204，269，271
理　92，93，95，96，103，138，159，162，174—
177，185—190，192，193，201，209，212，
215—217，221，230，232—234，236，238，
238，239，241，243，248，251，253，274，
293，296—303，315，317，320，321，323，
324，326，332，337—339，342，343，348—
352，356，358
理解　3，5，7，9，10，16，29，32，42，45，63，
66，68，82，93，98，106，113，116，166，
168—170，180，189，194，218，222，226，
240，245，253，254，269，286，336，349，361
理性　64，109，274，324，325，333—335，
346，347，361
吏治　79，80，82，84—91，102，159，285，286
利　5，88，90，91，96—98，115，119，139，
147—150，153，157，160，169—183，187，
188，190，192，193，196—198，210，216，
220，222，226，230，239，248—251，260，
269，270，275，295，297，301，320，332，351
利益　42，49，50，52，59，67，99，109，113，
117，139，141，143—147，159，161，163—
165，169，180，181，183，227，231，241，
242，245，247，256，349
梁漱溟　235
吕思勉　28，29，43，53，60，126，127，149
律　5，46，47，53—55，57，58，60，61，65—

索 引　377

67,81,90,105,108—110,112—114,117,
124,132,137,138,152,185,186,213,
225,226,229,232—234,237,240,253—
255,259—268,270,273,277,279,282,
285—291,297,298,304,305,308—310,
313—317,321—323,336,342,343,354—
359
律师　219,284,305,306,308,309,317,352
律学　264—266,284,286,309,310,312—
318,321,324
伦常　35,37,111,115,129,131,247—250,
260,268,279,293,332,356
伦理　39,97,135,141,145,165,210,227,
232,237,257,258,261,268,278,279,
287,302,319,327,333,337,338,340,358
　伦理规则　129
　伦理实体　129,140,141,237
　伦理意识　122
罗马　17,23,29,32,33,36,47,49,50,52,
59,62,70,102,104,105,107,112,118,
119,122,123,143,181,184,226,246,
249,313,317,322,323,334,335,346
　罗马帝国　31,32,118
　罗马人　32,33,37,38,107,111,114,
115,117,224,231,243,247,323,346
　罗马私法　9,67,107,108,115,181,190
　罗马文明　32,181
　罗马法　32,105—107,114,118,122,123,
135,143,181,185,243,245—247,254,
255,312,313,317,322,327,346
逻辑　3,9,22,53,58,98,109,119,121,
228,233,277,295,311,313,314,316—
318,320,321,323,325,326
逻辑学　316,317
洛克　98,99

M

梅因　33,105,107,108,122—124,140,
327,328,333
孟德斯鸠　15,98,99

孟子　71,72,92,94,95,122,130,133,
170—172,176,208,294,302,339,347,
350
民法　4,8—10,33,111,113—115,118—
120,142,225—227,229,230,236,239,
241,242,245,252,254,255,355,357
民间　9,10,138,147,156,186,234,236
　民间团体　146
　民间词讼　117,211,217,229,231,233,
234,236,240,241,252,253,255
民事　9,113,123,139,187,189,224,227,
231,254,290,302,326,349,355
　民事法律　110,112,122,224,241
　民事关系　111,114,184,229,236
　民事纠纷　141,142,232—234,252,326
　民事权利　119
墨子　27,36,122,171,174,318
摩西　36,338
莫里斯 Clarence Morris　291

P

判决　180,233—235,238,240,253,276,
288—290,293—296,298,300,301,304,
311,319,321,325—328,349
平民　40—42,50,59,62,104,112,143,144

Q

契约　107,122—124,137—141,164,227,
242,244,251,362
钱锺书　48,53,179,182,204,287,302
亲属(缘)　22,23,28—30,32,43,50,51,
125,127,164,188,189,246,269,357,358
青铜工具　24
　青铜器　16,24—27,53
　青铜时代　24—28,31,34,39,44,45,49,
51,53,58,61,63,65,66,68,127,258,270
情理　132,220,303,319
瞿同祖　2,41,53,124,125,132,134,136,
139,141,188,214,232,258,263,266—
268,271,273,282,285—287,291,304,

305,324,338,344,345

权　27,32—34,40—42,48,50,56,57,60,67,70,71,74,76,77,80,82—85,87—90,98—100,106,112,116,118,119,123—125,127,129,131,132,137—139,145,148,151,155,161,164,180,183,194,231,238,248,251,268,280,287,288,302,326,335,354,356,358

权力　26—29,32,40,41,50,63,71,77,80,85,89,96,98—102,112,122,124,151,164,247,255,263

权利　33,47,50,59,62,66,71,82,98,102,112,113,118,119,121,123,139,141,150,164,169,180,181,183,185,186,191,193,224—227,230,236,242,243,246,247,249,250,254—256

R

人类学　1,2,9,22,23,27,50,51,56,106,117,233,254

人情　37,40,55,162,164,186,189,218,230,233,238,240,253,274,293,296,297,299,300,303,304,309,315,317,319,320,326,334,351

人权　71,227,255,291,319,344

人性　92—99,101,208,238,250,274

人治　70,78,79,84,85,87,89,91,101,102,154,179

儒家　16—18,63,65,66,71—75,77,78,93,95,168,170—174,199—205,207—209,230,257,258,260—263,267,268,279,282,337,347,350

S

商　24—28,41,48,49,59,147,269,353

商(君)鞅　46,48,55,62,63,65,73,74,76,109,125,136,147,149,197—199,262,279,281

商业　23,24,44,91,128,141,143,144,146,148,149,151,154—163,166,192,

193,242,255,326,360,362

上帝　36,38,39,93,96,97,191,323,335,336

社会契约　52,62,122

社会学　2,15,19,117,120,129,137,165,207,254,310,311,324

身份　27,40,41,89,118,124,131,136,137,139,141,146,147,168,188,246,257,293,305,306

沈家本　51,54,55,60—62,65,80,257—259,261,265,291,309,315,316,342—345,354

生产工具　23—26,29

圣贤　16,86,176,233,253,284,294,352

十二表法　32,36,104—110,112,123,124,143,184,185,242,243

时效　241—245,254

氏族　22,24,27—29,31,32,35,44,49,51,123,125,346

市民阶级　44

市民社会　165

事实　1—4,7,8,18,25,31,84,110,112,113,119,129,143,144,165,178—181,183,186,196,208,211,224—226,228,229,238,246,251,260,261,264,266,269,271,273,288—290,294,300,309,314,325—327,337,354,357,359,360

司法　22,58,99,123,141,186,223,227,233,237,240,255,256,274,284—288,290,292—296,309,318,319,321,323,326,328

私　5,17,23,31,33,35,38,50,62,67,71,78,89,92,97,99—101,104,106,107,111—113,116,118,119,133,134,137,138,163,164,171—176,178,179,181—183,186,187,190,193,194,196—198,208,210,211,225—229,231,232,239,246,248,251,254,256,259,260,268,273,295,299—301,332,348,349,351

私法　4,9,33,37,38,106,107,109—119,

135,137,140—142,144,166,184,186,190,194,224—229,231,242,243,254,255,357

私法文化 9,108,121,144,255

私法秩序 163

讼棍(师) 217—221,305—309,317,352

苏格拉底 36,37,327

所有权 32,106,107,111,137,185,242,243,245

T

态度 15,18,41,45,70,88,115,117,121,145,152,161,170,172—174,176,177,180—183,186,190,191,195,198—200,203,209,212,223,225,226,239,245,276,277,286,289,304,312,330,342,347,356,357

唐律 46,47,54,66,82,109,110,184,185,232,233,263,268,279,283,289,290,315,320,354

天人合一 39,45,93,208,209,339,342

天下 13,22,29,30,35,40,42,48,52,55,60,72,83,84,87,88,90,91,94—96,100—102,127,129,148,150—154,156,171,172,174—176,179,182,183,191,193,200,201,215,230,239,249,257,269,279,291,294,296,302,310,339,344,345,357,358

天下为公 102,167,178,194,199,204,229,251

天子 26,29,35,40,42,52,80,86,88,95,129,145,280,326

调处 135,210,216,234,236,302

V

斯普伦克尔 Sybille van der Sprenkel 2

W

汪辉祖 216,221,240,293,297,304,305

王符 64—66,75,77

王国维 35,40

王亚南 83—85,87,88,91,96

威格摩尔 J. H. Wigmore 113,288,330,331

韦伯 Max Weber 161,288,324,325,327,340,361

文化 1—4,6—11,15—19,22,24—26,28,30,35,42,44,45,47,53,56,57,59,66,68,69,80,89,91,92,102,103,106,108,109,111—115,118,119,122,124,125,127—129,131,132,136,137,141—147,149,152,155,157,159,160,164,165,167—169,173,176—186,188,190,193—197,199,200,204,208,218,219,224—230,234,235,237,240,242,245,249—252,255,263,278,280,281,283,286,293,310,329—334,336,338,340,350—357,359—363

文化传统 169,225

文化范式 68

文化解释 8,10

文化类型 3,4,18,19

文化式样 3

文化性格 3,9,15,68,106,109,121,145,209

文化选择 3

文明 10,15,17,19,21,23—27,30,31,42,44—48,53,58,68,70,77,93,96,99,103,106,111,114,121,123,144,160,169,181,193—195,209,229,242,250,251,266,278,328,329,359—364

无讼 120,137,194,195,199,209,210,212,213,218,223,239,282,286,351

五刑 39,46,47,51,53,267,268,315,329,348,350

X

西方 4,8,9,17,18,23,29—32,37,40,42—44,47,49,52,66—68,70,78,80,81,92,93,96,97,99,100,102,108,112,113,124,125,133,139,144—146,160,161,

165,166,169,183,190,193,205,219,
241,242,244,254,255,280,284,288,
310—314,317,321,323—325,329,330,
332,333,336,337,349,352,353,356,
357,359—363

西方法 108

西方人 8,18,47,70,78,108,124,183,
193,317,330,332,336,349,352,357,
360,363

西方文化 8,9,92,108,125,145,169,
255,330,336

西方文明 19,24,33,107,144

西塞罗 Cicero 335,336

希腊 17,36,37,42,43,47,49,50,52,62,
70,102,107,112,119,143,181,312,317,
323,327,328,333

希腊人 37,71,181,317,323,327

息讼 186,210,212,213,216—218,223,
232,233,307,319,351

习惯法 8,9,113,114,327

夏 24,26—28,33,46,49,51,52,54,57,59

先秦 17,30,31,64,65,69,71,73,74,79,
174,196,258,327

宪法 71,82,98,355,357

小传统 10

小人 35,41,94,134,135,170,171,173,
179,180,189,210,211,216,248,298,299

孝 22,35,36,38—40,73,78,121,126,
129—135,141,149,167,168,170,197,
210,212—216,230,239,262,263,268,
271,273,277,292,293,332,348,358

刑 5,9,17,34,35,39,46—48,51—68,
71—78,80—82,90,91,94,98,103,105,
110,112,113,124,130,132,134,138,
144,147,157,171,188,198—201,211,
212,216,217,220,224—226,229,231—
235,252—255,257,262—264,267—269,
271,278—283,286—291,297,304,305,
308—310,314,315,318—320,323,332,
340—345,349,350,355—359

刑罚 47,48,52,54—60,64—67,73,76,
91,98,112,113,116,117,135,193,208,
215,216,223,225,231,233—235,241,
252—254,270,274,280—282,288—290,
295,297,305,315,336,341,343,345,
349—352,355

刑法 4,51,54—57,61,62,65,66,71,80,
90,108,109,114,117,118,254,257—
261,264,265,283,291,315,342—345,
355—357,359

血缘 24,27—29,50,135,136,236,249,
261

荀子 48,69,72,73,75,77,95,101,183,
214

Y

亚里士多德 43,70,99

义 5,59,64,72,73,75—77,94,96,113,
115,119,121,126,127,130,134,158,
167—177,179,180,182,183,186—190,
197,200,202,210,211,216,221,224,
230,233,239,240,248—251,253,255,
257,259,268,271,274,277,285—287,
291,293—300,302,304,313—316,319,
320,323,332,333,335,336,339,358

义利 41,172—174,178,179,190,319

义利之辨 17,103,115,120,137,167,175,
176,179,182,193,249

义务 38,50,71,115,132,164,168,169,
237,242,246,247,249,270,272,274,
282,289,331,335,351

意义 2—10,15,16,19,23,26,29—32,
38—42,47,58,59,61—66,68,74,75,
78—81,92,94,97,103,107,108,113,
119,125,127,131—133,135,138,140,
141,145,153,154,160,161,166—169,
171,174,175,178,180,181,183,186,
189,191,205,209,223,224,227,230,
231,233,234,236,237,239,240,242,
244,245,251,252,254,255,257,265,

266,268,272,279,281,286,288,291,
296,298,304,305,308—310,313,315—
317,319,321,324—326,330—334,337—
340,347,349,352,355,356,359—361,
363

宇宙　17,18,93,97,194,202—204,206,
207,209,211,220,223,225,257,333,
336—339,342,344,347—350,352

语词　4—6,118,172

语言　4,5,19,21,31,47,54,99,102,226,
299

欲　8,40,57,60,80,88,90—92,95,107,
116,122,149—152,157,173—176,178—
182,190,193,197,200,201,203,204,
208—210,212,215,219,220,222,225,
226,230,238,248,251,253,259,267,
272,285,290,294,296,298,299,305—
308,319,320,340,346,348—351,354

乐　33—35,63,81,87,130,147,150,198,
200—202,204,208,223,230,258,264,
271

Z

战争　18,26,28,29,49,87,354,359,361

张光直　23—28,34,39,43,49,51

哲学　2,16—18,31,35,92—95,99,100,
107,114,121,122,126,129,131,144,
149,172—174,176,177,193,199,202—
204,207,209,254,262,272,274,275,
279,317,324,328,329,331,333,337,
339,340,344,345,349,361

治法　5,63,64,67,69—75,78,101,279

治人　5,28,39,64,69—73,75,78,101,
224,230,285

秩序　17,26,34,35,40,45,50,54,58,62,
77,94,97,101,102,113,127,131,135,
136,139,147,149,151,156,163,169,
193,196,201—203,209,211,220,226,
230,235,236,251,252,254,261,264,
266,281,309,326,331,334,337,339,

342,344,348,352,358,359,361,363,364

忠　22,59,73,78,80,86,89,130,131,167,
168,230,292,332

周　22,24—28,33—35,38,39,43,44,46,
49,51—53,59—62,65,80,81,123,125,
128,147,196,200,205,208,261,269,
279,320,339,341,342

周礼　33,34,39,41,46,54,57,60,80,195,
263,268,320,342

朱熹(子)　92,93,96,100—102,126,127,
175,177,179,212,214,286

诸侯　22,27,29,34,35,40,44,61,62,150

主观(性)　3,5—7,43,86,88,90,180,193,
250,251,260

庄子　39,173,260,339

资本主义　18,92,139,164,166,356,360—
362

子产　59,60,62,336

自然　5,114,173,195,196,200,203—211,
222,223,225,228,336—339,344,346—
352

自然秩序　17,252,330,342,344,349—
351,362

自然法　4,181,327,329—336,338,340,
346,347,350,352

自由　38,98—100,122—124,132,133,
136—138,141,144,150,154,160,161,
164,191,229,272,274,275,281,289,
311,312,327

宗法　27—30,38,61,63,123,125—128,
140,141,163,238,239,247,248

宗教　6,15,18,21,28,37—39,62,96,98,
106,108,119,123,125,128,131,133,
161,165,237,249,323,327,346

宗族　22,27—29,33,34,43,133,163,183,
188,213,215,234,235,237—239,249,
250,252,253

族长　28,29,43,125,135,136,234,248,
255

后　记

这本书从去年暑假写起，经历了一个相当艰苦的过程，现在终于完成了。对我来说，讨论中国古代法律文化这样一个大题目，仅仅一年的时间是远远不够的。尽管如此，这里提出的看法毕竟代表了作者阶段性的研究成果。我希望，这对于我下一步的研究也是一个好的开端。

本书的写作得益于许多朋友的帮助，我的妻子莽萍女士也做了大量的工作。公平地说，这本书是在他们的参与和帮助下完成的。我愿借此机会，对他们，尤其是这里没有提到姓名的朋友，献上我真诚的感谢和最最诚挚的友谊。最后，北京大学历史系的阎步克君认真读完了全稿。在此一并致谢。

作　者

1988 年 9 月 10 日凌晨于北京西郊